9 INDUSTRYINNOVATION AND INFRASTRUCTURE

Build resilient infrastructure, promote inclusive and
sustainable industrialization and foster innovation

建造有抵御灾害能力的基础设施，促进包容性的可持续工业化，推动创新

中国社会科学院创新工程学术出版资助项目

THE GLOBAL GOALS
For Sustainable Development
2030 年可持续发展议程研究书系

主　　编：蔡　昉
副 主 编：潘家华　谢寿光
执行主编：陈　迎

可持续工业化与
创新驱动

SUSTAINABLE
INDUSTRIALIZATION AND
NNOVATION DRIVEN

黄群慧　郭朝先　刘艳红　胡文龙　等　著

社会科学文献出版社
SOCIAL SCIENCES ACADEMIC PRESS (CHINA)

"2030 年可持续发展议程研究书系"
编 委 会

专家委员会

主　　　任：蔡　昉　解振华

委　　　员（按姓氏笔画排序）：

王玉庆　　王国刚　　田雪原　　朱　玲

刘燕华　　杜祥琬　　李　林　　汪同三

金　碚　　张车伟　　张宇燕　　张晓山

陈光金　　陈泽宪　　赵白鸽　　秦大河

高培勇　　黄群慧　　魏后凯

主　　　编：蔡　昉

副 主 编：潘家华　　谢寿光

执 行 主 编：陈　迎

编委会成员（按姓氏笔画排序）：

于法稳　　王小林　　王　谋　　尹　慧

孙若梅　　李英桃　　李　际　　李春玲

何晶晶　　张建平　　顾佳峰　　郗亮亮

徐奇渊　　高文书　　郭朝先

总　序

可持续发展的思想是人类社会发展的产物，它体现着对人类自身进步与自然环境关系的反思。这种反思反映了人类对自身以前走过的发展道路的怀疑和扬弃，也反映了人类对今后选择的发展道路和发展目标的憧憬和向往。

2015 年 9 月 26 ~ 28 日在美国纽约召开的联合国可持续发展峰会，正式通过了《改变我们的世界：2030 年可持续发展议程》，该议程包含一套涉及 17 个领域 169 个具体问题的可持续发展目标（SDGs），用于替代 2000 年通过的千年发展目标（MDGs），是指导未来 15 年全球可持续发展的纲领性文件。习近平主席出席了峰会，全面论述了构建以合作共赢为核心的新型国际关系，打造人类命运共同体的新理念，倡议国际社会加强合作，共同落实 2015 年后发展议程，同时也代表中国郑重承诺以落实 2015 年后发展议程为己任，团结协作，推动全球发展事业不断向前。

2016 年是实施该议程的开局之年，联合国及各国政府都积极行动起来，促进可持续发展目标的落实。2016 年 7 月召开的可持续发展高级别政治论坛（HLPF）通过部长声明，重申论坛要发挥在强化、整合、落实和审评可持续发展目标中的重要作用。中国是 22 个就落实 2030 年可持续发展议程情况进行国别自愿陈述的国家之一。当前，中国经济正处于重要转型期，要以创新、协调、绿色、开放、共享五大发展理念为指导，牢固树立"绿水青山就是金山银山"和"改善生态环境就是发展生产力"的发展观念，统筹推进经济建设、政治建设、文化建设、社会建设和生态文明建设，加快落实可持续发展议程。同时，还要继续大力推进"一带一路"建设，不断深化南南合作，为其他发展中国家落实可持续发展议程提供力所能及的帮助。作为 2016 年二十国集团（G20）主席国，中国将落实 2030 年可持续发展议程作为今年 G20 峰会的重要议题，积极推动 G20 将发展问题置于全球宏观政策协调框架的突出位置。

围绕落实可持续发展目标，客观评估中国已经取得的成绩和未来需要做出的努力，将可持续发展目标纳入国家和地方社会经济发展规划，是当前亟待研究的重大理论和实践问题。中国社会科学院一定要发挥好思想库、智囊团的作用，努力担负起历史赋予的光荣使命。为此，中国社会科学院高度重视 2030 年可持续发展议程的相关课题研究，组织专门力量，邀请院内外知名专家学者共同参与撰写"2030 年可持续发展议程研究书系"（共 18 册）。该研究书系遵照习近平主席"立足中国、借鉴国外，挖掘历史、把握当代，关怀人类、面向未来"，加快构建中国特色哲学社会科学的总思路和总要求，力求秉持全球视野与中国经验并重原则，以中国视角，审视全球可持续发展的进程、格局和走向，分析总结中国可持续发展的绩效、经验和面临的挑战，为进一步推进中国乃至全球可持续发展建言献策。

我期待该书系的出版为促进全球和中国可持续发展事业发挥积极的作用。

王伟光

2016 年 8 月 12 日

目 录

|CONTENTS|

第一章　导论 ··· 001

　第一节　关于工业化的基本认识 ·································· 002

　第二节　包容的可持续工业化 ······································ 007

　第三节　中国的工业化进程 ·· 012

　第四节　以创新深化中国的包容可持续工业化 ············ 027

第二章　包容的可持续工业化国际实践 ················· 044

　第一节　包容的可持续工业化基本内涵 ····················· 045

　第二节　完善绿色韧性现代基础设施建设 ·················· 054

　第三节　建设协同合作的国家创新体系 ····················· 078

　第四节　推进"再工业化"和"两化融合" ·············· 090

　第五节　实施人才强国战略 ·· 107

　第六节　促进中小企业发展 ·· 115

第三章　中国的工业化进程 ··································· 128

　第一节　中国工业化发展历程 ······································ 129

第二节　中国工业化发展阶段判断……………………………… 168

第四章　包容的可持续工业化"中国经验"……………… 186
　第一节　因地制宜、循序渐进推进工业体制改革……… 189
　第二节　把握时机、坚定不移融入全球产业分工体系… 205
　第三节　与时俱进、"五化协同"走新型工业化发展之路 … 221
　第四节　"有效市场＋有为政府"打造中国特色
　　　　　工业发展模式……………………………… 235

第五章　中国包容的可持续工业化问题与挑战……………… 241
　第一节　中国包容的可持续工业化存在的主要问题……… 242
　第二节　中国包容的可持续工业化面临的主要挑战……… 252

第六章　深化国际合作，促进包容的可持续工业化………… 266
　第一节　中国工业开展国际合作历程……………………… 268
　第二节　"一带一路"跨境基础设施建设与国际产能合作… 299
　第三节　自由贸易区建设…………………………………… 325
　第四节　科技领域国际合作………………………………… 342

第七章　展望……………………………………………………… 358
　第一节　新时期中国包容的可持续工业化机遇…………… 359
　第二节　推进中国可持续工业化的对策建议……………… 373

索　引………………………………………………………………… 382
后　记………………………………………………………………… 385

第一章　导论

要点：

（1）促进包容和可持续性的工业发展是联合国《变革我们的世界：2030年可持续发展议程》（简称《2030议程》）中提出的第九项目标。目标要求：建造具备抵御灾害能力的基础设施，促进具有包容性的可持续工业化，推动创新。这为世界各国促进持久、包容和可持续的工业增长提供了发展方向和行动指南。

（2）以1978年改革开放为分水岭，新中国的工业化进程可以区分为传统的社会主义工业化道路时期和中国特色社会主义工业化道路时期。改革开放以来，中国以接近两位数的平均经济增速长期、持续、快速推进了一个13亿人口大国的工业化进程，中国预计将在2020年基本实现工业化，在2030年前后完全实现工业化，这是一个人类历史上前所未有的伟大的现代化进程。

（3）近年来中国先后提出新型工业化道路，"四化同步"战略，以及五大发展理念等与包容的可持续工业化深度契合的工业发展理念和战略，努力走出一条具有中国特色的、包容的可持续工业化道路。为进一步落实《2030议程》的要求，促进包容和可持续的工业发展，中国需要着重推进以下七个方面的任务：①坚持创新驱动，实施工业强国战略；②保持合理的基础设施投资，提高基础设施韧性；③大力实施绿色制造，推动工业绿色发展；④促进"两化"深度融合，大力推进智能制造；⑤持续推进工业化进程，避免"过早的去工业化"；⑥促进区域协调发展，拓展工业发展空间；⑦实施精准产业政策，促进中小企业发展。

（4）工业化不仅仅是一个国家和地区经济发展的道路，还是关于人类社会发展和人类自身未来的宏大主题。这意味着当一个国家和地区基于自身资源禀赋和国内外社会经济环境制定合理的工业化战略的时候，需要有长远的视野和全球视角，需要响应人类社会责任和全球发展义务。传统的工业化理论更多地强调单纯的经济增长视角，而现代的工业化研究文献和近些年来全球组织更关注工业化的包容性和可持续性问题。对于中国工业化而言，迄今为止已经取得了世界工业化史上从未有的伟大成就，未来中国将进一步实施的新型工业化战略，会更加重视如何通过创新实现包容的可持续工业化。

第一节 关于工业化的基本认识

从历史的视角看，工业化一直是发展的中心内容，[①] 人类工业化进程始于瓦特发明蒸汽机后的工业革命。帕尔默等认为，在1815年以前约30年的时间里，世界发生了法国革命和工业革命两次"革命"，而工业革命的"革命"虽然更多是比喻意义，但要比法国革命和其他任何革命更为重要，因为自8000年前农业文明之

---

① 〔美〕钱纳里等：《工业化和经济增长的比较研究》，吴奇等译，上海三联书店，1989，序言。

后，工业革命又开启了过去的两百多年的现代全球文明。^① 在传统的工业化理论中，工业革命最初多被专指英国经济史 1800 年前后的一段时期，随着德国开始 1870 年的工业革命、美国 1880 年以来的工业革命，工业革命已经不是专指英国的工业革命了，^② 而被视作一个国家或者地区的工业化进程最初的开始阶段。从发展经济学视角看，由这个初期阶段开始，工业化就是工业驱动的一个国家或地区人均收入的提高和产业结构从农业主导向工业主导的演进的过程。《新帕尔格雷夫经济学大辞典》对工业化（Industrialization）这样描述："工业化是一种过程。下面是一种明确的工业化过程的一些基本特征。首先，一般来说，国民收入（或地区收入）中制造业活动和第二产业所占比例提高了，或许因经济周期造成的中断除外。其次，在制造业和第二产业就业的劳动人口的比例一般也有增加的趋势。在这两种比率增加的同时，除了暂时的中断之外，整个人口的人均收入也增加了。"^③ 而更为通俗的解释是：工业化是近代工业或现代工业的建立和推进并对一国社会经济发生有力的作用的过程。^④

相对于对工业化描述而言，工业化背后的经济要素之间的联系和机理则十分复杂，大量的经济增长理论试图揭示为什么会发生工业逐步取代农业成为经济结构中主导部门、人均收入逐步增

---

① 〔美〕R. R. 帕尔默等：《工业革命——变革世界的引擎》，苏中友等译，世界图书出版社，2010，第 1～2 页。

② 张培刚：《农业与工业化》，华中工学院出版社，1984，第 82 页。

③ 〔英〕约翰·伊特韦尔、默里·米尔盖特、彼得·纽曼：《新帕尔格雷夫经济学大辞典》，中译本，经济科学出版社，1992，第 861 页。

④ 厉以宁：《工业化和制度调整——西欧经济史研究》，商务印书馆，2010，第 1 页。

加的现代经济增长过程，也就是工业化过程。而发展经济学则更多关注发展中国家如何通过工业化战略来持续推进自己的工业化进程。新古典经济学给出了恩格尔定律所揭示的最终需求结构变革牵引了经济结构的变革、效率驱动了工业和农业部门结构转换、分工和专业化大大地促进新的工业行业的产生和现代化大工业的发展、受土地资源约束出口农产品等初级品来促进经济增长不可能持续等解释。① 库兹涅茨等人的经验研究（包括截面分析和历史分析）也表明，一个国家的收入水平与其工业化程度呈正相关关系，工业化国家都经历了经济结构从农业为主向工业为主的转变。与新古典经济学强调经济结构转变是经济增长的副产品不同，钱纳里等人的研究则认为经济结构的转变能够加速经济增长，这对发展中国家的意义更为重要，工业特别是制造业在国民经济中的份额增加的原因不仅仅是恩格尔系数所揭示的最终需求变化，更重要的是结构变动而形成的中间需求增加。由于制造业具有对工业品需求收入弹性较高、可贸易程度大、专业化水平和规模收益高以及是技术进步的主要原因等特点，因而制造业比重增长能够对经济增长发挥更大和持续的促进作用。②

上述经典理论和早期的研究基本将工业化狭义地等同于工业主导的经济发展，但随着城市化的推进和服务业成为经济结构最大部门，以及信息技术的发展和突破，这些研究就不能更好地解释近些年经济服务化和信息化的趋势了。这其中关键的问题在于上述工业化的定义过于狭义，主要关注工业部门本身发展对经济

① 郭熙保：《经济发展：理论与政策》，中国社会科学出版社，2000，第98~100页。
② 〔美〕钱纳里等：《工业化和经济增长的比较研究》，吴奇等译，上海三联书店，1989，第483页。

增长的推动力，而没有更为深入地看到工业发展背后更为关键的
技术创新。因此，如何重新定义工业化这项开拓性的工作是由张
培刚教授来完成，张培刚教授基于熊彼特的创新理论，进一步认
为："工业化是国民经济中一系列基要的生产函数（或生产要素组
合方式）连续发生由低级到高级的突破性变化（或变革）的过
程。"① 基于这个界定，无论是经济服务化的结构变化，还是当今信
息化的大趋势，都可以纳入工业化的分析框架中，只是将这些变化
可以归结为一种更为高级的新的生产要素组合而已。考虑到生产要
素组合的向高级突破性变化的原始动力是工业革命，可以认为工业
化是由于工业变革和产业发展而引起的生产要素组合从低级向高级
的突破性变化的过程，这就自洽地将工业革命嵌入到整个工业化过
程中，同时又将工业化与笼统的经济增长或者经济发展进行了区分。
从历史上看，无论是第一次工业革命带来的机械化时代，还是第二
次工业革命带来电气化时代，都是突破性地推进了一系列基要生产
函数或者说生产要素组合从低级向高级的变化，从而把人类带进了
伟大的工业化时代，并不断深化推进工业化时代。基于这里对工业
化的界定，当前新一轮工业革命所带来的信息化时代，是以信息技
术为主导的科技革命带来的基要生产函数的一次次突破性的由低级
向高级变化的过程，也是工业化的深化过程。也就是说，当前的信
息化时代也只是工业化深化到以信息化为主要特征的工业化新时代，
但并不能说明超越了工业化时代，当今世界仍处于工业化时代。发
达国家近年来推进的"再工业化"战略，是在"去工业化"后的

① 张培刚：《农业与工业化（中下合卷）——农业国工业化问题再论》，华中科
技大学出版社，2002，第5页。

"再工业化",这是在开启工业化进程的一个新时代,一个信息技术主导驱动、智能制造为先导产业的工业化新时代。[①]

当然,这种从技术创新、工业革命角度对工业化较为宽泛的界定,并不妨碍以人均国民收入水平、制造业占比、三次产业结构占比、城市化水平等为主要指标来衡量工业化水平和划分工业化的阶段。因为虽然这里将工业化界定为动态的、不断向前发展的过程,更等同于经济现代化,但基于当今发达国家的工业化历程提出标准值并进行阶段划分对于发现工业化规律、分析国情和制定工业化战略仍是有价值和有意义的。[②] 从工业化水平角度而言,已经实现了工业化的国家再次强调推进发展制造业,"再工业化"战略一词在这个意义上提出使用是可以成立的。同样,从工业化战略角度看,"过早地去工业化"的提法对发展中国家的工业化战略选择同样是有意义的。当一个国家和地区制造业增加值占 GDP 比重达到30%以后,制造业所带来的技术渗透效应、产业关联效应和外汇储备效应都已经得到充分体现,服务业效率提高能够成为承担支持经济增长的引擎,此时制造业占比降低被认为是"成熟地去工业化";但是当一个国家和地区的制造业就业低于整体就业的5%就开始降低制造业在国民经济中比重,这就是"过早地去工业化",由于制造业发展不充分,取代制造业的可能是低技能、低生产率、低贸易度类型的服务业,这些服务业无法作为经济增长的新引擎来替代制造业的作用,无法保证经济的可持续增长。[③] 如果从工业化

---

① 黄群慧、贺俊等:《新工业革命:理论视野与战略》,社会科学文献出版社,2016。

② 也正是从这个意义上,罗斯托的《经济增长的阶段》是有价值的。

③ 联合国工业发展组织:《2016年工业发展报告——技术和创新对包容和可持续工业发展的作用》,2015。

是生产要素组合从低级向高级的突破性变化的过程这个界定出发，"过早地去工业化"实质是没有实现生产要素组合向高级突破性变化而是对工业化进程的中断。

第二节　包容的可持续工业化

以上的讨论更针对将工业化局限在经济领域内。但是，工业化只是"首先表现为生产技术和社会生产力的变革，然后表现为由此而引起的国民经济结构的挑战和变动，最终必然会导致并表现为人民思想观念和文化素质的变化；在一定情况下，它将导致整个经济体制或社会制度的改革。另一方面，社会制度或者经济体制也将会对工业化的实现产生重大的影响，因情况之不同而对它起到推进、延缓或阻碍的作用"。[①] 因此，无论是从为推进工业化进程创造良好的社会环境角度思考，还是保证工业化进程能够带来更美好的人类社会角度分析，都有必要将工业化问题拓展到更为宽广的语境中。而这必然要提及的是和工业化紧密关联的另外一个范畴——现代化。有关现代化的研究可谓汗牛充栋，几乎整个人文社会科学的各个学科都会对此有所研究。但是，现代化一个比较普遍的解释就是人类社会从传统的农业社会向现代工业化社会转变的历史过程，这意味着现代化的实质就是落后国家实现工业化的过程，[②] 只是工业化更加强调经济增长和结构变革，而

---

① 张培刚：《农业与工业化（中下合卷）——农业国工业化问题再论》，华中科技大学出版社，2002，第5页。
② 罗荣渠：《现代化新论——世界与中国的现代化进程》，商务印书馆，2004，第11页。

这正是现代社会变迁的动力，所有可以更为直接地认为工业化就是经济现代化。①

如果将工业化作为现代社会变迁的动力，制定工业化战略的时候就不能只考虑通过技术创新促进经济增长的效率目标，还需要关注更多的社会公平目标和可持续发展目标。正是在这种背景下，联合国在《变革我们的世界：2030 年可持续发展议程》中，将促进包容和可持续性的工业发展作为第九项目标提出。可以认为，如果我们基于上述"工业化是国民经济中一系列基要的生产函数（或生产要素组合方式）连续发生由低级到高级的突破性变化（或变革）的过程"的界定，那么包容的可持续的工业化就是满足社会包容性和环境可持续性约束条件的一系列基要生产函数（或者生产要素组合方式）连续发生的由低级到高级突破性变化的过程。

2015 年联合国工业发展组织发布《2016 年工业发展报告——技术和创新对包容与可持续工业发展的作用》，该报告指出，包容与可持续工业发展包括三个要素：第一个要素是长期、可持续的工业化，这是推动经济发展的动力；第二个要素是具有社会包容性的工业发展和社会，其提供平等就业机会和利益公平分配；第三个要素是环境可持续性，其使工业活动所带来的繁荣与自然资源过度使用和负面环境影响脱钩。实际上，传统的工业化道路较少考虑社会包容性和环境可持续性这两个要素，因为这两个要素往往被认为是影响工业化速度的约束条件，而要真正实现成功的工业化战略，是需要在保持经济增长、促进社会包容性和努力实

---

① 陈佳贵、黄群慧：《工业发展、国情变化与经济现代化战略——中国成为工业大国的国情分析》，《中国社会科学》2005 年第 4 期。

现绿色经济转型中所面临的许多利弊中权衡，这也正是工业化战略和政策的关键点所在。实际上，包容的可持续工业化战略与传统的工业化战略的驱动力同样是创新驱动的科技革命和产业变革，但两者的关键区别在于需要权衡选择什么样的技术创新在满足社会包容和环境可持续性的前提下推进经济增长和工业化进程。当然，社会包容性本身也是一个内涵丰富、非常复杂的概念，平等就业机会、收入分配公平、区域发展协调、发展人人可负担得起并公平利用的优质的基础设施（包括应对自然灾害的基础设施以及医疗、教育和信息等城市基础设施）等，都可以被认为是社会包容性的主要内容。也就是说，包容的工业化战略和政策需要思考什么样的技术组合、创新类型既有利于一个国家工业化进程推进，又有利于创造更多的就业机会、改善社会收入分配，这需要考虑技术创新与这个国家和地区的发展阶段、人力资源要素禀赋、市场结构、基础设施、国际环境等多重因素之间的匹配关系。从环境可持续性角度看，清洁能源技术、绿色制造技术等环境友好型技术应用和推广无疑是技术创新的主要方向，这些技术创新可以体现为具体生产工艺变化和产业结构变化两个方面，前者一般是企业生产过程中技术创新，而后者则是在国家层面上通过推进高技术与低技术的替代而实现的。当然，这种技术替代和工艺创新的采用，面临着高昂成本的制约。这些都需要从战略和政策层面考虑如何推进实施包容的可持续工业化。

联合国《变革我们的世界：2030 年可持续发展议程》具体从基础设施建设、促进包容性增长、绿色清洁环保工业、鼓励工业科技创新、推进工业信息化发展、加强国际合作支持后发展国家工业扶贫等六个方面指出了当前世界包容的、可持续工业化的核心目标和任务。具体包括六个方面。（1）发展优质、可靠、可持续和有抵御灾害能力的基础设施，包括区域和跨境基础设施，以支持经济发展和提升人类福祉，重点是人人可负担得起并公平利用上述基础设施。（2）促进包容可持续工业化，到 2030 年，根据各国国情，大幅提高工业在就业和国内生产总值中的比例，使最不发达国家的这一比例翻番。（3）增加小型工业和其他企业，特别是发展中国家的这些企业获得金融服务，包括负担得起的信贷的机会，将上述企业纳入价值链和市场。（4）到 2030 年，所有国家根据自身能力采取行动，升级基础设施，改进工业以提升其可持续性，提高资源使用效率，更多采用清洁和环保技术及产业流程。（5）在所有国家，特别是发展中国家，加强科学研究提升工业部门的技术能力。鼓励创新，大幅增加每 100 万人口中的研发人员数量，并增加公共和私人研发支出。（6）在工业领域加强国际合作支持发展中国家和最不发达国家扶贫。①向非洲国家、最不发达国家、内陆发展中国家和小岛屿发展中国家提供更多的财政、技术和技能支持，以促进其开发有抵御灾害能力的可持续基础设施；②支持发展中国家的国内技术开发、研究与创新，包括提供有利的政策环境，以实现工业多样化，增加商品附加值；③大幅提升信息和通信技术的普及度，力争到 2020 年在最不发达国家以低廉的价格普遍提供因特网服务。

如果基于上述分析，综合起来，我们可以提出用图 1-1 表示的包容的可持续工业化的基本实现路径。在取得共识的基础上，结合自己国情制定相应的工业化战略和政策，其核心是通过技术创新、制度创新及其国际合作，实现创新驱动的满足社会包容性和环境可持续性要求的工业发展和经济增长，具体包括促进中小企业发展与扩大平等就业，区域协调发展，收入增加与社会收入分配公平，发展优质的、人人负担得起并公平使用的基础设施，绿色生产工艺广泛采用、绿色工业迅速发展，清洁能源广泛使用、能源效率大幅提升等各方面的内涵。这里需要进一步强调两点。一是包容的可持续工业化的实现一定是工业的可持续发展，而不是"去工业化"，没有工业的发展，也就没有现代化。社会包容性和环境可持续性一定要通过创新推进工业可持续增长来实现，没有工业尤其是制造业的高水平发展，技术创新能力都会被削弱甚至根本谈不上技术创新；二是包容的可持续工业化的实现，一定要基于本国的国情，脱离本国国情而制定的工业化战略和政策恰恰是不可持续的。各国需要基于自己的物质和人力资源禀赋，本国经济发展阶段和社会状况，权衡各类利弊，进行相应的技术创新和制度创新，选择正确的技术组合，才能实现包容的可持续工业化。

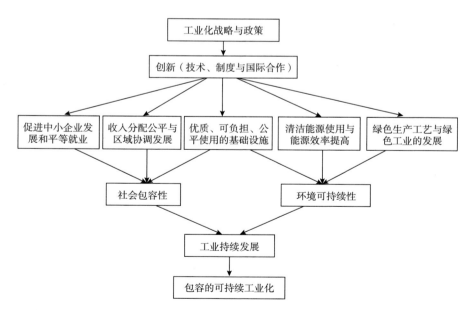

图 1-1　创新驱动的包容的可持续工业化示意
资料来源：作者根据有关内容整理。

第三节　中国的工业化进程

中国的"资本主义萌芽""现代化因素"最早可以追溯到 16 世纪。到 19 世纪 60 年代,伴随着早期洋务思想的"采西制""制洋器""兴机器制造"的经济主张,出现了相对于传统手工业的现代化工业,这种现代机器生产较之手工生产"省费倍微,售价既廉,行销愈广"。[①] 据估算,在 1920 年,中国相对于传统手工业的现代化工业部分占工业总产值的 19.59%,占工农业总产值的 6.36%。到 1936 年,现代化比重相应上升为 36.04% 和 13.58%。到 1949 年,现代化机器大工业产值也仅占工农业总产值的 17%,[②] 而且这种现代工业大部分属于纺织工业,重工业中除了采矿和生产原料的工业以外,机器制造业很少。

新中国成立以后,古老的中国开始了自己的以工业化为核心的新的现代化征程。新中国的工业化进程可以被划分为两个大的重要时期:一是 1949 年到 1978 年传统的社会主义工业化道路时期;二是 1979 年至今,为中国特色社会主义工业化道路时期。[③]

传统的社会主义工业化模式主要是学习苏联的赶超型经济发展战略,其基本特征是:(1)以封闭的计划经济体制、极低的人

[①] 赵晓雷:《中国工业化思想及发展战略研究》,上海财经大学出版社,2010,第 275 页。

[②] 吴承明:《中国的现代化:市场与社会》,生活·读书·新知三联书店,2001,第 97、105 页。

[③] 陈佳贵、黄群慧等:《中国工业化进程报告》,社会科学文献出版社,2007,第 3~4 页。

均国民收入为基本国民经济背景；（2）以快速发展赶超资本主义
国家、建立独立的工业体系、满足国内市场需求为目标；（3）以
优先发展重工业、优先发展国有经济并逐步实现对其他经济成分
的改造、采用高关税和高估本币等方式推进进口替代、采用外延
增长方式改善工业生产布局和区域经济不平衡为四项基本的工业
化战略。① 在当时的背景下，新中国刚刚成立，受到西方发达国家
的敌视和封锁，而苏联的发展又为中国树立了榜样，这使得这种
道路选择具有合理性和必然性。但是，由于缺乏重工业与其他产
业的协同发展机制，导致了"重工业重，轻工业轻"的结构性缺
陷，轻工业及其他产业严重落后，表现出"高积累、低消费、低
效率"的特征。消费品严重短缺，消费需求受到严格抑制。在此
期间，工业尽管保持了较高的增长速度，但工业与第一、第二、第
三次产业之间、轻重工业之间、积累与消费之间的关系极不协调，
资源配置和结构状况存在明显缺陷。工业化过程经常处在工业高
速增长—结构关系失衡—调低工业发展速度—恢复比例关系—再
提高工业发展速度的反复循环过程中，国民经济增长处在严重波
动的状态中。国民经济因结构矛盾而缺少稳定、持续的增长能力。
虽然传统工业化道路产生了许多问题，但经过近 30 年发展，中国
初步奠定了工业化基础，建立了较完整的工业经济体系，成功地
发射了"两弹一星"，工业生产能力和工业化水平都有了较大的
提高。

改革开放以来，中国进入了建设中国特色社会主义工业化道路

---

① 基于以下文献总结概括：武力《中国工业化路径转换的历史分析》，《中国经
济史研究》2005 年第 4 期；中国社会科学院工业经济研究所《中国工业发展
报告（2000）》，经济管理出版社，2000，第 2 ~ 3、15 ~ 17 页。

时期，其工业化道路的基本特征可以概括为：（1）以市场化改革和对外开放、较低的人均国民收入为基本国民经济背景；（2）以改善国民经济结构，促进经济发展和人民富裕为目标；（3）以农轻重工业均衡发展和促进产业高级化、多种经济成分共同发展、积极利用外资和国内外两个市场、梯度发展的区域经济政策为四项基本的工业化战略。① 迄今为止的中国特色社会主义工业化道路时期大致可以划分三个阶段：一是 1978 年到 2000 年前后，这是一个结构纠偏、轻重工业同步发展阶段，劳动密集型产业主导发展显著，大致可以对应工业化初期阶段。二是 2000 年到 2010 年前后，重化工业加速发展、产业结构明显高度化阶段，资金密集型产业主导作用加大，这大致对应工业化中期阶段。三是进入到 2011 年以后的阶段，重化工业发展开始逐步减缓，高新技术行业快速发展，逐步表现为技术密集型产业主导，这大致对应工业化后期。也是中国经济逐步步入经济增速趋缓、结构趋优的经济增长新常态的时期。

中国特色的社会主义工业化道路取得了巨大的成功，连续 30 余年的经济高速发展，中国经济总量、人均国民收入得到了巨大的提高，产业结构也得到了极大的提升，中国成为一个工业大国，中国创造了经济增长的奇迹。中国这个世界第一人口大国持续成功地推进了市场化改革和高速工业化的进程，经济连续 30 余年保持高速增长，人均 GDP 在 1978 年还不足 100 美元，到 2015 年中国国内生产总值达到 67.7 万亿元人民币，按照当年平均汇率计算中国人均 GDP 接近 8000 美元。从工业看，2015 年全部工业增加值达

---

① 陈佳贵、黄群慧等：《中国工业化进程报告》，社会科学文献出版社，2007，第 4 页。

到 228974 亿元，中国制造业产出占世界比重超过 20% ，自 2010 年始连续几年保持世界第一制造业大国地位。在 500 余种主要工业产品中，中国有 220 多种产量位居世界第一。从进出口贸易看，2014 年中国货物进出口贸易额为 43030 亿美元，约占世界贸易总量的 11% ，在 2013 年中国进出口贸易总额就超过美国成为世界第一大货物贸易大国；随着工业化的推进，中国重大基础设施建设成效显著，铁路、公路、民航、水路、管道等交通基础设施规模不断扩大、网络化程度不断提高。2015 年通车运营的铁路里程达到 12 万公里，仅次于美国，高速公路通车里程 125373 万公里，光纤宽带网络和 3G 网络已覆盖所有城镇，2014 年移动电话普及率 94.5% ，互联网普及率 47% 。中国经济发展不仅仅体现在数量增加上，也体现在质量改善上。例如，"十二五"期间，中国取得了探月"嫦娥"、入海"蛟龙"、中国高铁、"天河一号"、国产大飞机 C919、"天宫一号"等一批体现高精尖制造业复杂性生产能力突破的重大科技成果。[①]

中国之所以成功地推进工业化进程，至少可以归结为以下几方面的经验。[②] 一是建设和谐稳定的发展环境，保持工业化进程的连续性。新中国成立以后，中国一度由于"文化大革命"而使得工业化进程中断。改革开放以来，虽然遇到了这样和那样的危机，中国始终坚持"稳定压倒一切"，努力构建和谐稳定的发展环境，保证中国工业化进程连续性不受影响。因此，构建和谐稳定的发展环境，保证工业化进程连续性，既是中国历史的教训，更是中

---

① 黄群慧：《打牢实体经济的根基》，《求是》2016 年第 4 期。
② 陈佳贵、黄群慧等：《中国工业化进程报告》，社会科学文献出版社，2007，第 14~18 页。

国改革开放以来的宝贵经验。二是遵循产业结构的演进规律，促进工业化进程的高级化。工业化的核心表现是产业结构的高级化，一个国家要实现工业化，必须实现产业结构的优化升级。要实现这个目标，一方面必须从自己的国情出发制定工业化战略，另一方面遵循产业结构的演进规律，处理好三次产业的关系、轻重工业的关系、城市和农村的关系以及市场和政府的关系。改革开放以来，不仅三次产业结构得到优化升级，而且扭转了由于长期的计划经济体制下的"重工业优先战略"而造成的工业结构失衡。这种产业结构高级化进程，是遵循产业结构演进规律、结合自己的国情制定和实施科学的工业化战略的结果。进入 21 世纪以来，中国经济国情已经从农业大国转向工业大国，但仍不是工业强国。面对新工业革命和发达国家"再工业化"战略，中国将工业化与信息化融合，2015 年中国推出的《中国制造 2025》《关于积极推进"互联网＋"行动的指导意见》等文件，进一步引导了中国工业转型升级的方向。这都体现了遵循产业结构高级化规律、积极引导工业化进程的努力。三是坚持"内外双源"发展，构建全面的工业化动力机制。一个国家的工业化模式可以划分为"内源性工业化"和"外源性工业化"，前者主要是依靠国家内部经济增长要素（企业家才能、自主技术和自由资金积累等）来推动的工业化，而后者是依靠国外要素供给来推动的工业化。中国的改革开放政策，实际上为中国工业化进程提供了"内外兼具"、全面的动力机制。一方面，通过市场化改革的制度创新，培育了国内丰富、强大的动力源；另一方面，通过对外开放，从设立特区到开放沿海十四个城市，再到加入 WTO，再到"一带一路"倡议，在中国市场对外开放的同时，也逐渐吸引大量的外资，引进了大量的先进技术和管理知识，同时也利用了国外的市场资源，实现了大量的出口，这极大地促进了中国经济增长和工业化进程。四是探索正确的区域工业化模式，注重发挥工业园区的作用。伴随着经济体制改革的深入，中国各地方经济发展的积极性和创造性被调动起来，各个地区结合自己的具体情况，创造出许多不同的经济发展模式。中国曾产生了一些具有鲜明地区特点和时代特征的经济发展模式，例如以发展外向经济为主的"珠江三角洲模式"，以发展乡镇集体经济为主的"苏南模式"，以民营经济发展为主的"温州模式"。中国地域广阔，各地的资源禀赋、经济条件、文化习惯等差异性较大，允许地方发挥创造性，积极探索适合本地区的区域工业化模式，是中国工业化成功的一个重要经验。在推动各地的工业化进程中，工业园区发挥了重要作用，工业园区是现代化产业分工协作生产区，包括经济技术开发区、高新技术产业开发区、保税区、出口加工区等。工业园区能通过政策引导聚集生产要素，提高集约水平，突出产业特色，优化产业布局，对转变经济发展方式、推进工业化具有重要意义。中国工业园区建设最初主要借鉴国外经验，但经过几十年发展，已基本实现本土化，积累了一些成功经验，如主动引导产业向工业园区集聚，解决企业分散和土地无序开发等问题；以"五通一平"甚至"七通一平"的基础设施建设为"先手棋"，利用财政投入、土地出让和土地抵押贷款等方式筹集资金；加大对工业园区招商引资、企业发展、共性技术平台建设、公共服务等的支持力度，改善"软环境"；构建组织保障机制，成立工业园区管委会和各类开发公司，等等。

如果把中国的工业化进程放到世界工业化史中去分析，中国的工业化进程有什么样的特征呢？我们可以概括地讲，改革开放以来的工业化进程，是一个 13 亿人口大国的快速工业化，以及人类历史上前所未有的伟大的现代化进程。具体而言，中国工业化进程有以下几方面突出的特征。①

第一，中国的工业化是一个具有十几亿人口大国的工业化，中国的人口超过了所有工业化国家和地区人口的总和。

根据世界银行的数据，迄今为止约有 35 个国家和地区达到了人均 GDP 约 1 万美元（按 2000 年美元不变价）以上，也就是说，如果简单按照人均 GDP 指标来判断一个国家和地区是否实现了工业化，那么世界上约有 35 个国家和地区实现了工业化。② 其中，卢森堡、挪威、日本、美国、冰岛、瑞典、瑞士、丹麦、英国、芬兰、奥地利、荷兰、加拿大、德国、比利时、法国、澳大利亚、巴哈马群岛等国家和地区早在 1970 年以前就实现了工业化；以色列、意大利、中国香港、爱尔兰、新加坡、中国台湾、中国澳门、西班牙、塞浦路斯、韩国、希腊、安提瓜和巴布达、葡萄牙等国家和地区则是在 20 世纪末（20 世纪 70 到 90 年代）先后实现了工业化；进入 21 世纪后，斯洛文尼亚、马耳他、特立尼达和多巴哥、阿根廷等先后达到了工业化国家人均 GDP 标准。这 35 个国家和地区的人口总和约为 10.3 亿人，而 2011 年中国大陆的人口就达到了约 13.4 亿。从工业化史看，经过 200 多年的发展，世界上也只有约 10 亿人实现了工业化，而中国的工业化则是一个具有 13 亿人口大国的工业化，因此，中国的工业化进程对整个人类的工业化进程

---

① 黄群慧：《中国工业化进程：阶段、特征与前景》，《经济与管理》2013 年第 7 期。

② 一些中东国家，仅仅依靠石油出口而使得人均 GDP 超过 1 万美元，这里没有将其列为工业化国家。

具有"颠覆性"的影响，中国是否实现了工业化，不仅事关一个国家能否繁荣富强，还决定着整个人类的现代化进程，中国的工业化进程将改写人类历史。

第二，中国的工业化是一个长期、快速推进的工业化，中国在2020年将基本实现工业化，在2030年前后将完全实现工业化，成为一个工业化国家。

国际经验表明，在长期的工业化进程中，会出现相当长一段时间的经济高速增长，这段时间一般持续20多年。二次大战后，经济增长率超过7%、持续增长25年以上的经济体包括博茨瓦纳、巴西、中国、中国香港、印度尼西亚、日本、韩国、马来西亚、马耳他、阿曼、新加坡、中国台湾和泰国13个。[①] 其中，日本在1951年到1971年间平均经济增速为9.2%，中国台湾地区1975年到1995年的平均经济增速为8.3%，韩国在1977年到1997年平均经济增速为7.6%，[②] 而中国1978年到2010年平均经济增长率高达9.89%，连续30多年经济平均增速接近两位数。

自2006年我们开发出工业化水平综合指数以来，我们一直利用工业化水平指数对中国工业化水平进行了连续的跟踪评价[③]。如果把工业化划分为前工业化、初期、中期、后期和后工业化阶段，我们利用人均GDP、三次产业产值比例、制造业增加值占总商品增加值比例、人口城市化率、第一产业就业占总体就业比重五个

①　张晓晶：《增长放缓不是"狼来了"：中国未来增长前景展望》，《国际经济评论》2012年第4期。
②　林毅夫：《展望未来中国经济发展格局》，《中国流通经济》2012年第6期。
③　陈佳贵、黄群慧、钟宏武：《中国地区工业化进程的综合评价和特征分析》，《经济研究》2006年第6期。

指标并赋予不同权重，取发达国家这五个指标在不同工业化阶段的经验数值范围作为标准值，构造了工业化水平综合指数。对应工业化的前工业化、工业化初期阶段、工业化中期阶段、工业化后期阶段和后工业化阶段，该指数分别取值为 0、1 到 33、34 到 66、67 到 100 和大于 100。我们利用工业化水平综合指数最新测算表明，在经历了"十一五"时期的快速增长后，2010 年中国工业化水平指数为 66，中国的工业化水平处于工业化中期的后半阶段，即将步入工业化后期。2011 年以后中国工业化水平就进入到工业化后期。整个"十二五"时期中国经济逐步步入增速放缓、结构趋优的经济新常态，到 2015 年，中国的工业化水平指数达到 84[①]，中国工业化水平快速地推进到工业化后期的后半阶段。这意味着中国离基本实现工业化已经很近，而且我们从来没有离实现工业化如此之近。

我们进一步可以对 2020 年的工业化水平进行粗略估计。[②] (1) 从总体工业化水平指数看，如果我们根据"十二五"时期工业化速度推测，假定"十三五"中国能够保持"十二五"时期工业化速度，到 2020 年工业化水平综合指数将超越 100。但是考虑到工业化后期工业化进程逐步放缓的趋势，只要"十三五"时期工业化速度不大，幅度低于"十二五"时期（不低于 60%），到 2020 年工业化水平综合指数也会大于 95，大体接近 100。另外，如果采用计算出 1990~2015 年中国历年的工业化综合指数，我们将这一时间序列利用 Matlab 软件进行"S"形轨迹的拟合，结果在

① 黄群慧、李芳芳等：《中国工业化进程（1995~2015）》，社会科学文献出版社，2017，第 47 页。

② 黄群慧、李芳芳等：《中国工业化进程（1995~2015）》，社会科学文献出版社，2017，第 1 页。

2025 年前后工业化水平综合指数达到最大值 100。（2）从工业化进程的具体衡量指标看，到 2020 年，中国人均 GDP 超过 1.2 万美元，服务业比重达到 55% 以上，制造业增加值占商品增加值比例60% 左右，城镇化率超过 60%，三次产业结构中非农产业就业占比超过 80%。人均 GDP 指标和三次产业产值结构指标已经落到了后工业化阶段标准值范围中；制造业增加值在 2010 年已经超过了60%，达到后工业化后期的阶段，近年有下降趋势，大体应该能够稳定在工业化后期阶段标准值范围中；城镇化率和三次产业结构中非农产业占比指标值则属于工业化后期的标准值范围。（3）从具体省级区域看，到 2015 年，上海、北京和天津都已经步入后工业化阶段，浙江、江苏、广东、福建等东部地区的工业化水平综合指数也已经大于 90，预计到 2020 年，绝大多数东部省份和部分中部省份会步入后工业化阶段，大多数中部省份步入工业化后期后半阶段，而一半左右的西部省份将步入工业化后期的前半阶段。因此，综合上述三方面的分析，对于中国这个预计 2020 年人口将达到 14.2 亿人口的大国而言，中国工业化水平综合指数大体接近100，人均 GDP 和三次产业产值比例这两个关键指标达到后工业化阶段标准，可以认为中国已经基本实现了工业化，完成了十八大提出的基本实现工业化总体目标。但是，由于中国工业化进程的不平衡性，人口城市化率相对于工业化国家还较低，一些中西部省份工业化水平还较落后，到 2020 年，中国还没有全面实现工业化，还不是一个真正意义上的完全的工业化国家。这意味着，2020年中国基本实现工业化后，中国还面临着继续深化工业化进程、推进全面实现工业化的重大任务。

如果到 2030 年，再经过 10 年左右的工业化进程的深化，不仅工业化水平综合指数肯定超过 100，而且各个单项指标都会有更大的进展。综合现有的各家机构预测，在 2030 年中国 GDP 总量将超过美国成为世界第一，人口城镇化率也将超过 70%，服务业增加值占比超到 65%，非农就业占比达到 90%，从这些指标看大致都会处于后工业化阶段。从各个省级区域看，绝大多数省份都会步入后工业化阶段。而且，基于《中国制造 2025》规划，在 2025 年中国将步入世界制造强国行列，2035 年将达到世界制造强国的中等水平，这也意味着 2030 年前后中国应该是一个工业化国家。因此，如果不出现大的曲折，中国将在 2030 年前后全面实现工业化，进入工业化国家行列，成为一个真正意义的工业化国家。

第三，中国的工业化是一个区域发展极不平衡的工业化，中国各地区工业化进程差异之大在工业化史上实属罕见。

由于梯度发展战略，以及各个区域资源禀赋、工业发展基础差异等原因，中国的工业化进程在不同地区发展极不平衡，形成了东部、中部和西部逐步降低的梯度差距。在一个时点上，中国会有分别处于工业化初期、工业化中期、工业化后期和后工业化阶段的不同省级区域的共同存在，考虑到一般一个国家和地区实现工业化的过程会达百年，这意味着一个国家内部省级区域经济发展水平相差最大会是百年。虽然随着中国工业化进程的快速推进，中国处于工业化较高阶段的地区数量不断增加，东部、中部和西部工业化水平的总体差距也在不断缩小，但这种区域发展极不平衡的格局并没有根本上改变。如表 1-1 所示，1995 年，30 个省份中，2 个处于前工业化阶段，25 个处于工业化初期阶段，1 个处于工业化中期阶段，2 个处于工业化后期阶段。到 2015 年，各省份的工业化分布阶段上移，31 个省份中，已经没有处于工业化初期阶段的省级区域，12 个处于工业化中期阶段，16 个处于工业化后期阶段，3 个处于后工业化阶段，但是总体差距还是较大。

表 1 – 1　中国工业化进程的地区结构特征（1995～2015）

	1995	2000	2005	2010	2015
后工业化阶段	0	0	0	2	3
工业化后期阶段	2	3	6	10	16
工业化中期阶段	1	4	4	16	12
工业化初期阶段	25	23	21	3	0
前工业化阶段	2	1	0	0	0

资料来源：黄群慧、李芳芳等：《中国工业化进程（1995～2015）》，社会科学文献出版社，2017，第 51 页。

第四，中国工业化是一个外向型工业化，不仅得益于上一轮全球化背景，而且在"一带一路"倡议的号召下，中国工业化进程也会对未来全球化的影响日益深远。[1]

中国的工业化是低成本的出口导向的工业化，几乎在世界的每个角落都能够找到价廉物美的中国制造产品。出口导向和进口替代是后发国家实现工业化过程中常采用的两种发展战略，各有不同的优缺点。由于进口替代发展战略在中国实施中产生了许多弊端，以及日本和亚洲"四小龙"运用出口导向发展战略获得成功的示范作用，中国逐渐从进口替代转向了出口导向发展战略。长期以来，中国的劳动力成本一直比较低，中国环境污染是低付费的，中国依靠引进为主的技术进步也是低成本的，人民币币值是低估的，这构成了中国低成本比较优势，成为企业竞争力的主要源泉，也是中国可以实施出口替代战略的基础。低成本出口导向战略在中国的实施，

[1]　黄群慧：《中国工业化进程及其对全球化的影响》，《中国工业经济》2017 年第 6 期。

现在看来虽然也产生了许多不可轻视的负面效应，例如对国内资源破坏严重，压制了劳动者福利水平的提高，引发了大量的贸易摩擦，削弱了国内消费的扩张，等等，但是，中国低成本出口导向工业化战略成绩斐然，为中国的经济保持长期稳定的增长做出了巨大贡献，同时也为世界的经济发展做出了贡献。

改革开放以来，在上一轮全球化背景下，中国成功推进了低成本的出口导向的工业化战略的发展，在世界的每个角落都能够找到价廉物美的中国制造产品，中国对全球化做出了自己的贡献。随着中国工业化进程逐步推进，已经步入工业化后期的中国工业化对全球化的贡献将不仅仅主要停留在基于中低价值链环节的全球分工格局下的低成本产品出口，而且是将会表现为资本、技术和劳动力等生产要素的全面的国际流动，也就是产能的国际合作。2013 年 9 月和 10 月中国国家主席习近平分别提出建设"新丝绸之路经济带"和"21 世纪海上丝绸之路"的"一带一路"倡议构想，旨在借用古代"丝绸之路"的历史符号，高举和平发展的旗帜，主动地发展与沿线国家的经济合作伙伴关系，共同打造政治互信、经济融合、文化包容的利益共同体、命运共同体和责任共同体。这可以理解为全球化的一种全新理念。在"一带一路"倡议的全球合作框架下，中国将与接受"一带一路"理念和倡议的国家通过政策沟通、设施联通、贸易畅通、资金融通、民心相通的"互通互联"，进一步带动工业产能合作以及其他各个方面的更广、更深层面的区域经济合作。

工业产能合作是中国工业化发展到后期阶段的新的合作方式，会对推进全球化进程产生新的巨大影响。所谓产能合作可以理解为在两个或者多个存在意愿和需要的国家或地区之间进行产能资源跨国或者跨地区配置的活动。产能合作的合作机制一般表现为在政府达成"互联互通"、多边合作共识国际规则的前提下，借助多边投资机制，基于产业的互补性推进的企业和项目合作。从现有的中国与"一带一路"沿线国家合作的案例看，合作项目多是具有基础设施投资性质的、对民生有巨大贡献的重大战略性意义的工程。

从工业化视角看，"一带一路"战略的推出，表明一个和平崛起的大国的工业化进程正在产生更大的"外溢"效应。基于最初倡议，"一带一路"沿线至少涉及包括东南亚、中亚、中东欧等地的 65 个国家和地区（包括中国在内），覆盖约 44 亿人口，经济总量约 21 万亿美元，人口和经济总量分别占全球的 63% 和 29%。"一带一路"发端于中国，贯通中亚、东南亚、南亚、西亚乃至欧洲部分区域，东牵亚太经济圈，西系欧洲经济圈，这是世界上跨度最长的经济大走廊，也是世界上最具发展潜力的经济合作带。我们研究表明，"一带一路"沿线有 65 个国家和地区，这些国家和地区之间工业化水平差距较大，处于前工业化时期的国家和地区只有 1 个，处于工业化初期阶段的国家和地区有 14 个，处于工业化中期阶段的国家和地区有 16 个，处于工业化后期阶段的国家和地区有 32 个，而处于后工业化时期的国家和地区只有 2 个。有 14 个国家和地区的工业化水平高于中国，有 44 个国家和地区的工业化水平低于中国。中国在"一带一路"沿线国家和地区中工业化水平处于上游的位置。① 因此，中国的工业化经验将对大多数"一带一路"国家具有借鉴意义。"一带一路"沿线国家和地区处

① 黄群慧等：《"一带一路"沿线国家工业化进程报告》，社会科学文献出版社，2015，第14~15页。

于不同的工业化阶段，具有不同的经济发展水平，并形成了不同的优势产业类型。而这些产业也形成了三种不同的梯度，即技术密集与高附加值产业（工业化后期国家）、资本密集型产业（工业化中期国家）、劳动密集型产业（工业化初期国家）。这就决定了中国与这些国家的产业合作空间巨大。通过产能合作，中国将会促进"一带一路"沿线国家和地区产业升级、经济发展和工业化水平的进一步提升，这对世界工业化进程的推进意义巨大。如果说，长期以来，中国在参与全球化进程中主要表现为提供价廉物美的中国制造产品为主，那么，在"一带一路"合作框架下，中国也将给全球化带来合作方所需要的一体化的服务方案。这意味着中国对全球化的影响更为深远。

第五，中国实现的工业化是中国特色的新型工业化，是符合"四化"同步发展要求的，与信息化深度融合的工业化。

无论是到2020年中国基本实现工业化，还是到2030年中国全面实现工业化，我们需要明确的是，中国所实现的工业化，并不是传统意义的工业化，而是信息化时代以信息化引导工业化、信息化与工业化深度融合的新型工业化道路下的工业化。中国的工业化道路既要符合中国工业化阶段的国情，又要适应发达国家"再工业化"的世界工业化趋势。与老牌工业化国家的发展环境不同，中国的快速工业化进程与世界信息化趋势叠加。党的十六大就提出，中国要走区别于传统工业化道路的新型工业化道路。所谓新型工业化道路就是坚持以信息化带动工业化，以工业化促进信息化，其具有科技含量高、经济效益好、资源消耗低、环境污染少、人力资源优势能充分发挥的特征。党的十八大提出要推进新型工业化、城镇化、信息化和农业现代化四化同步发展。从世界工业化发展趋势看，美国国际金融危机后，发达国家纷纷关注以重振制造业和大力发展实体经济为核心的"再工业化"战略。"再工业化"战略不是简单地提高制造业产值比例，而是通过现代信息技术与制造业融合、制造与服务的融合来提升复杂产品的制造能力以及制造业快速满足消费者个性化需求的能力。在政府的大力推动下，制造业信息化和制造业服务化成为世界工业化进程中的两个重要趋势。《中国制造2025》的提出，也正是中国响应这种世界工业化发展趋势而制定的一项深化工业化进程的战略。

在"四化"同步战略驱动下，中国工业化与信息化融合已经取得了积极的进展，基于中国电子信息产业发展研究院研究（2016）评估，① 中国"两化融合"发展指数已经由2011年的52.73增长到2015年的72.68。我们预计，到2020年，"两化"深度融合得到更大力度、更加实质的推进，"两化"融合发展水平进一步提升，"两化融合"发展指数提高至85以上。到2030年，"两化融合"发展指数提高至95以上。也就是说，到2030年中国全面实现的工业化，是工业化和信息化深度融合的新型工业化。

第四节　以创新深化中国的包容可持续工业化

中国自党的十六大提出新型工业化道路以来，一直在努力探索走出一条与传统工业化道路不同的新工业化道路。所谓新型工业化道路，是指以"坚持以信息化带动工业化，以工业化促进信

---

① 中国电子信息产业发展研究院：《2015年度中国信息化与工业化融合发展水平评估报告》，https://www.image.ccidnet.com。

息化，走出一条科技含量高、经济效益好、资源消耗低、环境污染少、人力资源优势得到充分发挥的新型工业化路子"① 为核心内容的工业化战略。显然，新型工业化是与传统工业化相对而言的，如果传统工业化是指一国或地区的经济结构由农业占统治地位向工业占统治地位转变的经济发展过程，那么新型工业化就是在这个转变过程中叠加了信息化和现代科学技术发展趋势；如果说传统工业化过程是以牺牲资源和环境为代价的，那么新型工业化则注重经济的可持续发展；如果传统工业化强调发展中国家要学习发达国家以前推进工业化进程的经验，那么新型工业化则重视将工业化规律与本国人力资源条件有机结合；如果说传统工业化强调在工业化进程重工业数量的扩展，那么新型工业化过程则重视在工业化过程中依靠现代科学技术提升工业质量和经济效益。② 因此，所谓新型工业化战略的内涵，实质也是推进包容的可持续工业化的基本要求。从这个角度看，从 2002 年党的十六大以来，中国一直在努力走出一条自己的、中国特色的、包容的可持续工业化道路。

党的十八大提出新型工业化、城镇化、信息化和农业现代化"四化同步"，进一步明确了中国工业化的方向及强调了工业化与城镇化、信息化和农业现代化的协调发展。而"十三五"规划提出的创新发展、协调发展、绿色发展、开放发展、共享发展的五大发展理念，更是指导中国工业化的基本原则，成为中国未来深化

---

① 江泽民：《全面建设小康社会，开创中国特色的社会主义事业新局面》，人民出版社，2002，第 21 页。

② 陈佳贵、黄群慧：《新型工业化战略下的工业现代化》，《当代财经》2003 年第 9 期。

包容的可持续工业化的根本保证。中国的"十三五"规划在建议"十三五"时期经济社会发展主要目标中提出：在提高发展平衡性、包容性、可持续性的基础上，到 2020 年国内生产总值和城乡居民人均收入比 2010 年翻一番。这意味着，"十三五"时期中国经济发展目标是包容的、可持续性的，有质量、有效益、没水分的经济增长。因此，无论是新型工业化道路，还是"四化同步"战略，以及五大发展理念，都是与包容的可持续工业化深度契合的。也正是基于这样的共识，中国政府积极响应 2030 年可持续发展议程中关于推进包容的可持续工业化的要求，在《落实 2030 年可持续发展议程中方立场文件》中，中国明确提出："推动工业化进程。统筹推进包容和可持续工业化和信息化、城镇化、农业现代化建设，为城乡区域协调发展、经济社会协调发展注入动力。在改造提升传统产业的基础上，培育壮大先进制造业和新兴产业。"不仅如此，2016 年 12 月 3 日国务院颁布了《中国落实 2030 年可持续发展议程创新示范区建设方案》，试图通过示范区的建设更好地推进包容的可持续工业化进程，提高包容可持续工业化战略执行力。

具体而言，中国推进包容可持续工业化进程至少应该包括以下几项重大任务。

一　坚持创新驱动，实施工业强国战略

党的十八届五中全会和"十三五"规划提出：创新是引领发展的第一动力，坚持创新发展，必须把创新摆在国家发展全局的核心位置，不断推进理论创新、制度创新、科技创新、文化创新等各方面创新，让创新贯穿党和国家一切工作，让创新在全社会蔚

然成风；坚持创新发展须把发展基点放在创新上，形成促进创新的体制架构，塑造更多依靠创新驱动，更多发挥先发优势的引领型发展。以习近平同志为核心的党中央提出的创新、协调、绿色、开放、共享的五大发展理念回答了中国发展的动力、方法论原则及关于发展的一些重大问题，"创新发展注重的是解决发展动力问题，协调发展注重的是解决发展不平衡问题，绿色发展注重的是解决人与自然和谐问题，开放发展注重的是解决发展内外联动问题，共享发展注重的是解决社会公平正义问题"[①]。这实际上也系统地回答了创新是未来深化包容的可持续工业化的动力。在创新理念指导下，《国家创新驱动发展战略纲要》确定了创新驱动发展的"三步走"目标。第一步，到2020年进入创新型国家行列，基本建成中国特色国家创新体系。创新型经济格局初步形成，自主创新能力大幅提升，创新体系协同高效，创新环境更加优化。第二步，到2030年跻身创新型国家前列，发展驱动力实现根本转换，经济社会发展水平和国际竞争力大幅提升。主要产业进入全球价值链中高端，总体上扭转科技创新以跟踪为主的局面，国家创新体系更加完备，创新文化氛围浓厚，法治保障有力。第三步，到2050年建成世界科技创新强国，成为世界主要科学中心和创新高地。

与国家创新战略相适应，2015年5月19日，中国正式发布《中国制造2025》，[②] 这是一个制造强国建设的10年行动纲领，也意味着中国开始全面部署实施制造强国战略。中国提出制造强国

<hr>

① 习近平：《在党的十八届五中全会第二次全体会议上的讲话》，十八届五中全会第二次全体会议，北京，2015年10月29日，第1页。
② 黄群慧：《全面实施制造强国建设的新阶段》，《经济日报》2017年5月19日。

战略是基于中国的工业大国国情、世界工业化趋势和中国的工业化发展阶段提出的深化中国工业化进程的重大发展战略。从中国的国情和工业化发展阶段看，中国的基本经济国情也已经从一个农业经济大国步入工业经济大国，中国已经成为世界上工业规模最大的国家。但是，从工业增加值率、劳动生产率、创新能力、核心技术拥有、关键零部件生产、所处全球价值链环节、高端产业占比等各方面衡量，中国的工业是大而不强的，中国是工业大国而不是工业强国。工业化后期对中国通过技术创新驱动产业结构转型升级提出了新要求，而工业尤其是制造业既是技术创新的来源方又是技术创新的应用方，没有制造业从大到强的转变，整个经济就无法实现转型升级，也就无法实现党的十八大提出到2020年全面建成小康社会、基本实现工业化的目标。因此，实施制造强国战略、推进制造业从大到强的转变是中国深化工业化进程、实现工业化梦想的必然要求。从世界工业化进程看，近些年发达工业国积极推进"再工业化"战略，其"再工业化"战略的核心是通过推出一系列的规划，引领新一轮工业革命的潮流，适应制造业信息化和服务化的趋势，不断强化其制造业在全球竞争优势和价值链的高端地位。例如，美国的先进制造业伙伴计划、德国的"工业4.0"、法国的新工业34项计划、日本的产业复兴计划，等等。在新工业革命这种世界工业化新趋势下，中国需要在分析新工业革命给中国带来的机遇与挑战的前提下，制定出自己的制造强国战略目标，这既是中国自身经济发展和转型升级的需要，也是适应世界工业化趋势的需要。中国提出了以《中国制造2025》为10年行动纲领的制造强国战略。《中国制造2025》是一个具有全局性、系统性、长期性、国际竞争性的战略规划文本，是着眼于国内国际经济社会发展、产业变革的大趋势制定的一个长期的战略性规划和高端产业、技术进步的路线图。该规划以应对新一轮科技革命和产业变革为重点，以促进制造业创新发展为主题，以提质增效为中心，以加快新一代信息技术与制造业融合为主线，以推进智能制造为主攻方向，以满足经济社会发展和国防建设对重大技术装备需求为目标，通过实施国家制造业创新建设、智能制造、工业强基、绿色发展、高端装备五大工程，明确未来发展新一代信息技术、高档数控机床和机器人、航天航空装备、海洋工程装备及高技术船舶、先进轨道交通装备、节能与新能源汽车、电力装备、新材料、生物医药及高性能医疗器械、农业机械装备十大重点领域，从而促进产业转型升级，实现中国从工业大国向工业强国的转变。

二 保持合理基础设施投资，提高基础设施韧性

我们在强调创新驱动的同时，还必须加强对基础设施的投资，但创新驱动和投资驱动并不是截然对立的两个独立过程。一方面，由于进入经济"新常态"、市场需求增速下降，导致企业投资意愿不足，另一方面，为了保障技术创新，又需要保持一定的投资增速。从这个意义看，投资驱动和创新驱动并不是绝对矛盾的非此即彼的关系，创新驱动需要以保持一定的经济增长和投资增速为条件，关键是如何提高投资的效率、优化投资的环境，从而提高技术创新的效率和实现溢出效应。目前，中国工业化和城镇化发展正处于深化阶段，一方面由于中国区域发展不平衡、不协调，因此很多地区基础设施还很不完备；另一方面，一些城市基础设施已经陈旧，大量的洪涝灾害、高温、干旱等极端气候现象不断

考验着城市基础设施的安全性与可靠性，尤其是国内的信息化基础设施与国外相比还相差较大，建立质量高和复原能力强的基础设施，建设具备抵御灾害能力的基础设施，已是中国目前工业发展和城市建设的当务之急。如果基于系统生态学（systems ecology）"韧性"概念，"抵御能力、吸收能力与恢复能力"是韧性系统的三个主要特征，中国需要加大基础设施投资，提高基础设施的韧性。在中国的"十三五"规划中，明确提出了实施建设重大公共设施和基础设施工程，加快构建高速、移动、安全、泛在的新一代信息基础设施，加快完善水利、铁路、公路、水运、民航、通用航空、管道、邮政等基础设施网络，加强城市公共交通、防洪防涝等设施建设，实施城市地下管网改造工程。另外，国务院办公厅2015年10月印发《关于推进海绵城市建设的指导意见》，部署推进海绵城市建设工作。而中国庞大的工业产能和多年形成的基础设施建设能力正大有用武之地。不仅在国内，在"一带一路"战略下，中国庞大的工业生产能力也正在国际上的基础设施建设方面发挥着重要作用。

三 大力实施绿色制造，推动工业绿色发展

《中共中央关于制定国民经济和社会发展第十三个五年规划的建议》将"绿色发展"作为一大发展理念提出并在全文中一以贯之，不仅提出加快建设制造强国，实施《中国制造2025》，而且具体要求"支持绿色清洁生产，推进传统制造业绿色改造，推动建立绿色低碳循环发展产业体系"。《中国制造2025》将绿色发展列入了五大基本方针和五大重点工程，推进绿色制造体系建设将是"十三五"时期及更远的未来的重大任务。绿色制造要求在保证产

品的功能、质量的前提下，综合考虑环境影响和资源效率，通过开展技术创新及系统优化，将绿色设计、绿色技术和工艺、绿色生产、绿色管理、绿色供应链、绿色就业贯穿于产品全生命周期中，实现环境影响最小、资源能源利用率最高，获得经济效益、生态效益和社会效益协调优化。《中国制造2025》提出了构建绿色制造体系的一系列具体内容，包括开发绿色产品，建设绿色工厂，发展绿色园区，打造绿色供应链，壮大绿色企业，强化绿色监管。

改革开放以来，中国制造业发展取得了举世瞩目的巨大成就，已成为世界第一制造大国和第一货物贸易国，然而，以"高投入、高消耗、高污染、低质量、低效益、低产出"的增长模式在较长时期内主导工业发展，使国内资源浪费、环境恶化、产业结构失衡等问题突出。当前，在经济新常态下，中国进入工业化后期，制造业仍有广阔的市场空间，同时也面临新工业革命以及"工业4.0"时代新一轮全球竞争的挑战。后国际金融危机时代，发达国家倡导"低碳发展"的理念，推动绿色经济发展。在这种大的国际国内背景下，"十三五"时期大力发展绿色制造具有重大意义，不仅是新型工业化、推动中国制造由大转强的重要要求，而且是加快经济结构调整、转变发展方式的重要途径，同时也是应对全球低碳竞争的重要举措，是保障中国能源和资源安全的重要手段。

"十三五"时期积极构建绿色制造体系，与单纯节能减排的强制性约束不同，更宜采取以正向激励为导向的政策思路，政策着力点要放在理念转变、技术支持、标准完善等方面，实施方式应以鼓励和引导为主，一是要加快核心关键技术研发，实现绿色制造技术群体性突破；二是要深入推进工业结构调整，构建绿色工业体系；三是借鉴国际经验，尽快建立绿色技术、绿色设计、绿色产品的行业标准和管理规范；四是鼓励金融机构创新产品，加大对绿色制造资金支持；五是大力发展绿色运输，推动绿色物流发展；六是启动政府绿色采购工程，引导绿色消费行为；七是充分发挥行业协会的作用，促进企业绿色经营管理创新；八是加强人才培养体系建设，为绿色制造提供人才保障①。

四　促进"两化"深度融合，大力推进智能制造

国家"十三五"规划提出，要围绕结构深度调整、振兴实体经济，通过推进供给侧结构性改革，培育壮大新兴产业，改造提升传统产业，来加快构建现代产业新体系。现代产业体系是一个国家经济现代化的核心支撑，国家经济现代化的重要标志之一是产业结构高级化，努力构建现代要素显著的产业结构，是一个国家经济现代化战略和产业政策的重要目标。

传统发展经济学认为，伴随工业化进程的推进，存在一个产业体系中三次产业依次主导的高级化过程，现代产业结构往往表现为现代服务业主导，占比可以达到 70% 的产业结构。但是，在新一轮科技和产业革命背景下，工业化和信息化深度融合，三次产业的边界日趋模糊，新技术、新产品、新业态、新模式不断涌现，现代产业体系的内涵正在发生变化，统计意义的三次产业结构数量比例关系越来越难以度量产业体系的现代化程度。随着信息技术的突破发展，云计算、大数据、互联网、物联网、个人电脑、移动终端、可穿戴设备、传感器及各种形式软件等"云网端"

---

① 黄群慧、杨丹辉：《构建绿色制造体系的着力点》，《经济日报》2015 年 12 月 10 日。

信息基础设施的不断完备，信息（数据）逐步成为社会生产活动的独立投入产出要素，对社会经济运行效率和可持续发展发挥着关键作用。信息（数据）要素就成为产业体系的核心现代要素，产业体系的现代化程度主要表现为信息（数据）作为核心投入对各传统产业改造的程度以及新兴产业发展的程度，从度量的经济指标看，则主要表现为由于信息（数据）要素投入而导致的产业边际效率改善和劳动生产率提升程度。随着信息（数据）作为核心要素的不断投入，在计算机、互联网和物联网（或者说是物理信息系统）技术的支持下，现代产业体系正沿着数字化、网络化、智能化的发展主线不断演进，现代产业体系的最终方向是智能化，并进一步支持了整个社会向智能化方向转型。①

五 持续推进工业化进程，避免"过早的去工业化"

对于中国深化包容的可持续工业化进程而言，当务之急是要注意避免"过早的去工业化"，积极通过创新改造传统工业，培育壮大战略性新兴产业。这不仅决定包容的可持续工业化的推进问题，更关系到步入工业化后期的中国能否实现全面工业化。虽然中国离全面实现工业化的梦想如此之近，但这并不意味着中国可以一帆风顺地实现全面工业化。工业化史表明，后发国家的工业化进程往往是曲折的，迄今为止真正成功"赶超"而实现工业化的国家屈指可数，除了几个小的经济体外，大约只有日本和亚洲"四小龙"等少数国家和地区成功实现了工业化。近些年，中国出

---

① 黄群慧：《以智能制造为先导构建现代产业新体系》，《光明日报》2016 年 6 月 8 日。

现了随着工业化水平的提高，中国经济服务化的趋势加大，中国经济发展中呈现出"脱实向虚"的问题。这主要表现在以下几个方面：① 一是虚拟经济中的主体金融业增加值占全国 GDP 比例快速增加，从 2001 年的 4.7% 快速上升到 2015 年的 8.4%，2016 年初步核算结果也是 8.4%，这几乎已经超过所有发达国家，美国不足 7%，日本也只有 5% 左右。二是中国实体经济规模占 GDP 比例快速下降，以农业、工业、建筑业、批发和零售业、交通运输仓储和邮政业、住宿和餐饮业的生产总值作为实体经济口径计算，其占比从 2011 年的 71.5% 下降到 2015 年的 66.1%，2016 年初步核算结果是 64.7%。三是从上市公司看，金融板块的利润额已经占到了所有上市公司利润额的 50% 以上，这意味着金融板块企业利润额超过了其他所有上市公司利润额之和。麦肯锡最近一份针对中国 3500 家上市公司和美国 7000 家上市公司的比较研究结果表明，中国的经济利润 80% 由金融企业拿走，而美国的经济利润只有 20% 归金融企业。四是实体经济中的主体制造业企业成本升高、利润下降、杠杆率提升，而且在货币供应量连续多年达到 12% 以上，2011 年到 2015 年货币供应量 M2 是 GDP 的倍数从 1.74 倍上升到 2.03 倍比例的情况下，面对充裕的流动性，制造业资金却十分短缺、资金成本较高，大量资金在金融体系空转、流向房地产市场，推动虚拟经济自我循环。金融业过度偏离为实体经济融资服务的本质，虚拟经济无法有效地支持实体经济发展，这种"脱实向虚"的问题表明，实体经济供给与金融供给之间、实体经济供给与房地产供给之间存在着严重的结构性失衡。这个结构性失衡问题，

---

① 黄群慧：《着力提升实体经济的供给质量》，《光明日报》2017 年 3 月 20 日。

中国必须高度重视。否则伴随着以制造业为主体的实体经济萎缩，会出现经济结构高级化趋势明显，但效率反而降低的"逆库兹涅兹化"问题。对于处于中等收入阶段中国而言，效率下降会使得我们加大步入"中等收入陷阱"的风险，进而使中国不能够顺利地实现工业化。

要深化工业化进程，我们必须高度重视工业的发展。当今整个世界仍处于工业化时代，工业的重要地位并未改变。中国应该更加关注工业本身所蕴含的生产能力和知识积累，工业特别是制造业不仅是技术创新的主要来源，而且还是技术创新的使用者和传播者。实际上，快速的、低成本的工业化战略造就了数量庞大的中国工业，但是也遗留下工业大而不强、工业发展质量亟待提升的重大问题。虽然从 2010 年开始中国制造业产值已经居世界第一位，但中国制造业劳动生产率还不及美国的 1/5。如果不能够继续进一步深化工业化进程、促进制造业转型升级、进而提高效率，那么中国可能会因"过早的去工业化"而最终无法实现成为一个工业化国家的中国梦，即使现在中国离这个梦想仅一步之遥。而且，在中国深化工业化进程过程中，还面临着国际金融危机以来美国、德国、日本等工业化国家积极推进"再工业化"战略所带来的高端制造工业的挤压及资源争夺压力。美国总统特朗普对制造业的高度重视，意味着中国与美国的经济竞争更多的是实体经济的竞争，是制造业发展的竞争。因此，未来中国深化工业化进程，促进制造业转型升级面临巨大的挑战。

中国要迎接这些挑战，一是要处理好城市化与工业化的关系，避免城市化与实体经济脱节，不能让房地产仅成为炒作对象，要让城市化进程发挥其对实体经济转型升级的需求的引导作用。二是要处理好信息化与工业化的关系，促进工业化和信息化的深度融合。深化工业化进程的重点是以智能制造为主导推进工业互联网发展，要注意尽量减少由于电子商务的大发展而产生对高质量产品的"挤出效应"以及对低成本实体经济需求的"扩张效应"。三是要处理好国际化与工业化的关系，要坚持技术引进与消化吸收再创新、原始创新相结合，在扩大开放的基础上交流融合创新，推进中国工业沿着高端化、智能化、绿色化、服务化方向转型升级。

六 促进区域协调发展，拓展工业发展空间

中国经济发展的区域差距很大，长期以来形成了东、中、西三大区域的梯度发展的格局，从包容的可持续工业化要求看，区域间协调发展无疑是一项重大任务。如何协调各区域工业生产要素配置问题，促进工业生产要素跨区域的有效流动，化解工业资源配置在地区间不平衡、不协调的结构性矛盾，提高工业生产要素在空间上的配置效率，拓展工业发展空间，这是中国推进包容的可持续工业化进程的必然要求。从国家角度看，已经出台京津冀协同发展、东北老工业基地振兴和长江经济带等重大区域发展，未来要积极推进京津冀协同发展、东北老工业基地振兴和长江经济带等区域发展，实现工业生产要素区域间合理流动和有效配置，构造区域工业发展新生态。① 京津冀协同发展战略旨在优化空间格局和功能定位，有序疏解北京非首都功能，构建一体化现代交通网络，扩大环境容量和生态空间，推动公共服务共建共享等措施，探索人口经济密集地区优化开发新模式，形成以首都为核心、辐

---

① 黄群慧：《论中国工业的供给侧结构性改革》，《中国工业经济》2016 年第 9 期。

射带动环渤海地区和北方腹地发展的世界级城市群，这不仅可以创造在基础设施方面的巨大工业投资需求，同时也努力构造研发与制造产业链条京津冀三地跨区域协同发展的新的工业生态系统；长江经济带战略覆盖全国 11 个省份，将中国东、中、西三大地带连接起来，有利于优化城市空间布局和工业分工协作，形成东中西互动合作的制造业协调发展带，有望形成若干符合《中国制造2025》战略方向的、世界级的、有竞争力的先进制造业集群；东北老工业基地振兴则旨在到 2030 年将东北地区打造成为全国重要的经济支撑带，具有国际竞争力的先进装备制造业基地和重大技术装备战略基地，国家新型原材料基地、现代农业生产基地和重要技术创新与研发基地。这些大的区域协调发展战略，既以工业生产要素有效配置为基础，也促进了工业生产要素的合理流动，是这些区域层面的工业供给侧结构性改革的有利抓手和服务目标。因此，推进大的区域发展战略，要从长期着手，应该通过工业供给侧结构性改革，整体优化工业资源在各地的区域配置和产业价值链分工格局，提高供给要素质量，促进工业要素合理流动，逐步打造出工业发展的新产业生态系统。

七 实施精准产业政策，促进中小企业发展

一般而言，产业政策出台是政府为解决产业结构失衡和层次低等经济发展中的问题，实现产业转型升级和优化发展，促进经济快速增长和发展而制定和实施的相关政策措施，是一种相对长期的、供给侧管理的经济政策。虽然产业政策一直伴随着争议，但对于中小企业给予产业政策扶持，一直是国际上通行的惯例。中小企业发展不仅对于促进就业、增加收入具有重要的意义，有

利于实现包容性的工业化，而且中小企业还在技术创新中具有重要作用，尤其是对颠覆性创新具有重要意义。学术界和政府都认识到了培育高技术中小企业、促进高技术创业对经济发展的重要性。通过精准的产业政策，有力的知识产权保护，激发中小企业进行创新的积极性，为中小企业生存发展和创新奠定制度条件，是推进包容的可持续工业化的重要任务。中小企业创新"生态位"的优势比较低，无论是创新资金获取，还是科技成果来源，以及政府的产业政策倾斜，都与大型企业相比处于劣势地位。因此，对于中小民营企业而言，推进供给侧结构性改革，进一步完善"大众创业、万众创新"的环境，为中小企业创新能力提升创造更好的创新生态系统十分重要。

参考文献

1. 陈佳贵、黄群慧等：《中国工业化进程报告》，社会科学文献出版社，2007。

2. 陈佳贵、黄群慧、钟宏武：《中国地区工业化进程的综合评价和特征分析》，《经济研究》2006 年第 6 期。

3. 陈佳贵、黄群慧：《工业发展、国情变化与经济现代化战略——中国成为工业大国的国情分析》，《中国社会科学》2005 年第 4 期。

4. 陈佳贵、黄群慧：《新型工业化战略下的工业现代化》，《当代财经》2003 年第 9 期。

5. 郭熙保：《经济发展：理论与政策》，中国社会科学出版社，2000。

6. 黄群慧：《中国工业化进程及其对全球化的影响》，《中国工业经济》2017 年第 6 期。

7. 黄群慧：《全面实施制造强国建设的新阶段》，《经济日报》2017 年 5 月 19 日。

8. 黄群慧：《着力提升实体经济的供给质量》，《光明日报》2017 年 3 月

20 日。

9. 黄群慧、李芳芳等：《中国工业化进程（1995～2015）》，社会科学文献出版社，2017。

10. 黄群慧：《论中国工业的供给侧结构性改革》，《中国工业经济》2016 年第9 期。

11. 黄群慧：《以智能制造为先导构建现代产业新体系》，《光明日报》2016 年6 月 8 日。

12. 黄群慧：《打牢实体经济的根基》，《求是》2016 年第 4 期。

13. 黄群慧、贺俊等：《新工业革命：理论视野与战略》，社会科学文献出版社，2016。

14. 黄群慧、杨丹辉：《构建绿色制造体系的着力点》，《经济日报》2015 年 12月 10 日。

15. 黄群慧等：《"一带一路"沿线国家工业化进程报告》，社会科学文献出版社，2015。

16. 黄群慧：《中国工业化进程：阶段、特征与前景》，《经济与管理》2013 年第 7 期。

17. 江泽民：《全面建设小康社会，开创中国特色的社会主义事业新局面》，人民出版社，2002。

18. 厉以宁：《工业化和制度调整——西欧经济史研究》，商务印书馆，2010。

19. 联合国工业发展组织：《2016 年工业发展报告——技术和创新对包容和可持续工业发展的作用》，维也纳，2015。

20. 林毅夫：《展望未来中国经济发展格局》，《中国流通经济》2012 年第6 期。

21. 罗荣渠：《现代化新论——世界与中国的现代化进程》，商务印书馆，2004。

22. 〔美〕钱纳里等：《工业化和经济增长的比较研究》，吴奇等译，上海三联书店，1989。

23. 〔美〕R. R. 帕尔默等：《工业革命——变革世界的引擎》，苏中友等译，世界图书出版社，2010。

24. 吴承明：《中国的现代化：市场与社会》，生活·读书·新知三联书店，2001。

25. 武力：《中国工业化路径转换的历史分析》，《中国经济史研究》2005 年第 4 期；

26. 习近平：《在党的十八届五中全会第二次全体会议上的讲话》，十八届五中全会第二次全体会议，北京，2015 年 10 月 29 日。

27. 〔英〕约翰·伊特韦尔、默里·米尔盖特、彼得·纽曼：《新帕尔格雷夫经济学大辞典》，中译本，经济科学出版社，1992。

28. 张培刚：《农业与工业化（中下合卷）——农业国工业化问题再论》，华中科技大学出版社，2002。

29. 张培刚：《农业与工业化》，华中工学院出版社，1984。

30. 张晓晶：《增长放缓不是"狼来了"：中国未来增长前景展望》，《国际经济评论》2012 年第 4 期。

31. 赵晓雷：《中国工业化思想及发展战略研究》，上海财经大学出版社，2010。

32. 中国电子信息产业发展研究院：《2015 年度中国信息化与工业化融合发展水平评估报告》，https：//www. image. ccidnet. com。

33. 中国社会科学院工业经济研究所：《中国工业发展报告（2000）》，经济管理出版社，2000。

第二章 包容的可持续工业化国际实践

要点：

（1）包容的可持续工业化是 20 世纪 60 年代以来反思传统工业发展方式和发展路径缺乏包容性和不可持续的思想产物。它从人类可持续发展的视角出发，强调工业化是人口、资源和环境协调发展的包容的可持续过程。

（2）升级基础设施是促进可持续工业化的先导条件。发达国家在建设和完善传统基础设施的基础上，大力发展有抵御灾害能力的韧性基础设施，并将绿色、低碳、智能等可持续发展的理念融入基础设施建设之中。

（3）发达国家已经形成了"政产学研金介"多主体协同合作的国家创新体系，充分调动政府、研究机构、工业企业积极性，将政府的创新资源和战略、研究机构的成果和企业的生产能力结合起来，为工业可持续发展提供良好的体制基础。

（4）发达国家实施"再工业化"战略，以及在"再工业化"背景下，大力促进工业化和信息化融合发展战略，就是要保持其在工业和科技领域的制高点地位。"再工业化"战略实施促进形成了以创新驱动、扶持新兴产业、绿色产业为重点的有别于传统工业化发展道路的新型战略体系，在促进就业和提高经济发展水平的同时，减少了对环境的负面影响，实现包容性和可持续的工业发展。

（5）发达国家出台一系列扶持中小企业发展的政策，培养企业家创新精神，促进工业包容性发展和可持续增长。

本章首先阐释了包容的可持续工业化基本内涵，然后从发达国家构建促进包容的可持续工业化所需的基础设施建设、国家创新体系、信息化与工业化融合发展、实施人才强国和促进中小企业发展等方面的做法进行阐述，总结发达国家在包容的可持续工业化获得的宝贵经验，以资借鉴。

第一节　包容的可持续工业化基本内涵

工业是国民经济中最重要的物质生产部门之一，一直被称为国民经济的主导产业。它决定着国民经济现代化的速度、规模和水平，在当代世界各国国民经济中起着主导作用。工业的包容可持续发展是经济包容可持续发展的基础，也是社会包容可持续发展的重要保证，工业能否包容可持续发展一定程度上决定着人类生产、生活方式是否可持续。2015 年 9 月召开的"联合国可持续发展峰会"通过了《变革我们的世界：2030 年可持续发展议程》，提出了今后 15 年的工业发展的目标是：建造具备抵御灾害能力的基础设施，促进具有包容性的可持续工业化，推动创新。这为世界各国促进持久、包容和可持续的工业增长提供了发展方向和行动指南。

一 包容的可持续工业化的提出

过去很长一段时间，理论界、学术界和实务界关注的都是"工业化"这一议题，"工业化"的"包容性"和"可持续性"长期被人所忽略。事实上，包容的可持续发展本身就是人们反思传统工业发展方式和发展路径缺乏包容性和不可持续的思想产物。20世纪 60 年代末期，工业可持续发展理念初步提出；20 世纪 70 年代以后，工业可持续发展理念引起了国际社会的普遍关注；到了20 世纪 80 年代，可持续发展理念已经超越工业领域成为人类社会普遍认同的科学发展观念。进入 21 世纪以来，人们逐渐意识到：正是由于工业发展缺乏"包容性"和"不可持续性"，才导致社会贫富差距扩大、利益冲突矛盾激化等社会问题和资源极度消耗、环境严重污染等环境问题。2015 年 9 月，"联合国可持续发展峰会"提出包容的可持续工业化理念，成为世界上绝大多数国家和组织承认和接受的全新工业发展观，包容的可持续工业化理念由此在全球范围内达成共识。1997 年，中国共产党第十五次全国代表大会提出区别于传统工业化的新型工业化道路概念，可被视为中国包容的可持续工业化的开始，在此之前中国工业发展更多关注"工业化"本身而对其"包容性"和"可持续性"关注不够。中国新型工业化道路，就是中国特色的包容的可持续工业化发展路径。

包容的可持续工业化的提出，是工业发展理念随着人类社会经济生产方式的发展逐渐演化而来的。工业化本身就是一个复杂多元动态的概念，不同历史发展阶段常常从不同的认知维度重新定义其内涵。西方古典经济学家亚当·斯密（Adam Smith）和大卫·李嘉图（D. Ricardo）最早提出工业化概念，他们指出，资本积累和建立在劳动分工上的技术进步是影响国民经济增长的两大因素；经济增长可能性在于现代都市社会的形成和随之而来的工业化。① 德国经济史学家鲁道夫·吕贝尔特指出："随着从单件生产过渡到系列生产，过渡到大规模生产，人类社会才开始了巨大的变化，我们称之为工业化的这种变化。"② 这是早期从社会分工和生产组织方式的角度对工业化概念内涵的理解。20 世纪 40 年代，中国经济学家张培刚认为："工业化可以被定义为一系列基要的'生产函数'连续发生变化的过程。"（张培刚，1991）鉴于"生产函数"不易为一般读者所理解，张培刚重新定义工业化是"国民经济中一系列基要的生产函数（或生产要素组合方式）连续发生由低级到高级的突破性变化（或变革）的过程"，张培刚由此拓展了工业化概念的外延，指出"'工业化'的含义，它不仅包括工业的机械化和现代化，而且也包括农业的机械化和现代化"（张培刚，2002）。

与早期工业化概念不同，目前一般意义上的工业化，主要是指一国或地区的经济结构由农业占统治地位向工业占统治地位转变的经济发展过程，这是从国家经济结构变化的角度来定义的工业化内涵。《新帕尔格雷夫经济学大辞典》认为"工业化是一种过程。首先，国民收入（或地区收入）中制造业活动和第二产业所占比例提高了。其次，在制造业和第二产业就业的劳动人口的比例也有增加的趋势"。③ 印度著名经济学家 S. Y. Thaker 认为工业化

---

① 《马克思恩格斯选集》（第 1 卷），人民出版社，1995，第 277 页。
② 〔德〕鲁道夫·吕贝尔特：《工业化史》，戴鸣钟译，上海译文出版社，1983，第 1 页。
③ 〔英〕约翰·伊特韦尔等：《新帕尔格雷夫经济学大辞典》（第 2 卷），经济科学出版社，1992。

是脱离农业的结构转变，即农业在国民收入和就业中的份额下降，制造业和服务业份额上升（谭崇台，1989）。这个定义侧重工业化过程中经济结构（包括技术进步）的变化，从而与早期工业化概念中强调劳动分工和生产组织方式有所不同。

国内学者赵晓雷从生产工具、劳动过程和经济结构三个视角归纳了工业化的定义，指出："所谓工业化，是一个以生产方式的变革为实质的经济进步过程。这种变革的特征在劳动资料（生产的技术基础）上表现为机器和机器体系代替手工工具；在劳动过程的分工和劳动者的结合方式（生产的组织形式）上表现为社会化或共同的劳动代替单个的或简单协作的劳动；在经济结构上表现为现代工业代替传统农业成为主导的和主要的社会生产部门。"（赵晓雷，1992）这个定义比较全面地揭示了工业化的基本内涵和重要特征，但对工业化概念外延的认识仍局限于工业领域，没有意识到工业化进程对农业等其他产业的影响和作用。工业化不单是从工业生产的视角实现机器代替手工劳动，社会化劳动代替个体或简单协作，更为重要的是工业的生产技术手段、劳动组合方式等应用到农业、服务业等社会经济各领域。

美国经济学家西蒙·库兹涅茨从资源配置市场化结构的角度阐述了工业化的内涵，指出："产品的来源和货源的去处从农业活动转向非农业生产活动，即工业化过程"，产业结构变动是"从农业转向非农产业，常被称为工业化"（西蒙·库兹涅茨，1989）。由于早期工业化国家更多依赖社会自发形成的市场机制实现了工业化，因此工业化从实质上意味着市场化。国内学者武义青等也指出："一部工业化的历史，完全可以说就是市场经济的历史"，"市场制度不仅是引导和推动工业化进程的基本经济制度，同时也是工业化内涵不可分割的重要组成部分。"（武义青，2002）因此，工业化进程就是市场体系和机制持续为资源配置提供制度保障的过程。

不难看出，从工业化概念的历史演变来看，它已经成为涉及生产方式、组织方式、资源配置、生产部门、城市进程、市场机制等不同维度或视角构成的综合复杂概念，由于工业发展不同历史时期的巨大差异性，工业化概念的内涵和外延在特定历史时期侧重也有所不同。包容的可持续工业化是工业可持续发展理念在新时期的全新表述，它在强调工业可持续发展的同时，更加强调其包容性。它从人类可持续发展的视角出发，强调工业化是人口、资源和环境协调发展的包容的可持续过程。

二　包容的可持续工业化基本内涵

包容的可持续工业化理念，是可持续工业化理念在新时期发展和延续的全新表述。它继承了 20 世纪 60 年代以来工业可持续发展理念的核心内涵，并在工业发展的包容性上得以深度拓展。包容的可持续工业化或工业包容可持续发展，是可持续发展理论的发展演变在工业领域的具体体现，是走新型工业化发展道路的必然选择，是一种全新的工业发展模式。包容的可持续发展是指既满足当代人的需求，又不对后代人满足其需要的能力构成危害的发展；是包括欠发达国家和弱势群体在内的所有国家、所有人群普惠共享的发展。概括地讲，包容的可持续发展就是兼顾局部利益和整体利益、眼前利益和长远利益、当代利益和后代利益的经济社会与资源环境生态相协调的均衡发展。从核心理念来看，包容的可持续工业化至少包括以下五个方面特征。

一是包容的可持续工业化强调包容发展和可持续两者统一，彼此相辅相成、互为因果。任何真正的发展都是包容性发展，包容性发展实际上就是发展。发展是硬道理，放弃发展，则无持续可言。"可持续发展"概念中，"发展是前提，是基础。没有发展，也就没有必要去讨论可持续性了"（叶文虎，1994）。但若不考虑可持续，长远发展将丧失根基，可持续发展是指"在一定经济发展战略下……保证在无损于生态环境的前提下，实现经济的持续增长，促进经济社会全面发展。从而提高发展质量，不断增长综合国力和生态环境的承担能力，来满足当代人对日益增长的生态、物质、精神的需要，又为后代人创造可持续发展的基本条件的经济发展过程"（刘思华，1997）。因此，工业可持续包容发展应追求近期目标与长远目标、近期利益与长远利益、当代利益与后代利益的最佳兼顾。

二是包容的可持续工业化发展追求工业与资源、环境、生态、社会的全面协调。包容的工业可持续发展坚持全局观念，一方面，工业经济发展离不开环境和资源的支持，工业发展的可持续性取决于环境和资源的可持续性。可持续发展是经济发展的可持续性和生态可持续性的统一，"可持续发展是寻求最佳的生态系统，以支持生态的完整性和人类愿望的实现，使人类的生存环境得以持续"（王忠民，2002），工业发展是遵循自然规律的可持续发展。另一方面，在工业发展目标上，不单纯用生产总值作为衡量工业发展的唯一标准，而是用社会、经济、文化、环境、生活等多项指标来衡量工业发展，工业发展是遵循社会规律的包容性发展。因此，包容的可持续工业化是一项关于经济社会资源环境生态的综合性、系统性、全局性整体变革，不是单纯的、片面的或局部的工业发展。

三是包容的可持续工业化注重实现代内和代际公平。即一方面工业化必须给全人类以公平的机会满足其基本要求和过上较好生活的愿望，实现同代人之间的横向公平。同时，工业化带来的利益和好处应惠及包括欠发达国家和地区在内的所有国家，经济增长所产生的效益和财富应惠及包括弱势群体在内的所有人群。另一方面，当代人发展工业不能只为了追求自身的发展和需求，而损害子孙后代满足其需求的条件——资源和环境，要实现世代人之间的纵向公平性。它不是简单地开发自然资源以满足当代人类发展的需要，而是在开发自然资源的同时保持自然资源的潜在能力，以满足未来人类发展的需要（洪银兴，2000；张坤民，1997）。

四是包容的可持续工业化要求人们改变传统的生产模式和消费模式，提高资源利用效率，实现"低消耗、高收益、低污染、高效益"的新型工业化模式。必须贯彻"绿色制造""低碳革命""零排放""智能制造""技术创新"等工业发展新理念，将绿色、健康、可持续作为工业发展的重点方向，走信息化、智能化、绿色化的发展道路，依靠技术创新、管理创新和组织创新，协同推进绿色化、信息化、智能化紧密融合，使得工业更加以人为本（魏礼群，2002；洪银兴，2003）。

五是强调工业发展的包容性。工业化所创造的利益和财富能否惠及各方，让人民共享，这是世界各国工业化进程中面临的普遍难题（金碚，2017）。虽然亚洲开发银行在2007年率先提出"包容性增长"概念，且"包容性"本身也是联合国千年发展目标中提出的观念之一，但真正作为国家发展理念提出的却是中国。习近平总书记指出：发展必须是遵循经济规律的科学发展，必须是遵循自然规律的可持续发展，必须是遵循社会规律的包容性发展。包容的工业发展不仅仅是以促进工业经济增长为目标，而是以实现包括经济增长、社会进步、人民幸福等在内的人类全面发展为目标，以促进人与人、人与社会、人与自然和谐发展为目标。因此，工业包容性发展是秉承以人为本理念，坚持公平正义原则，追求所有国家、所有人群普惠共享的工业发展新理念。

在中国"工业化"的话语体系里，"新型工业化道路"常常被一部分学者视为"工业可持续发展"或"可持续工业化"的同义语，但更多的学者视之为囊括"工业可持续发展"或"可持续工业化"的具有更丰富内涵的广义语。曲格平认为，所谓新型工业化道路，也就是可持续发展的工业化道路，既要经济发展，又要生态环境的保护，实现"生产发展、生活富裕、生态良好"三位一体的发展目标（曲格平，2003）。吕政等人总结了中国传统工业化道路的经验教训，认为中国在短短二三十年时间内基本实现了国家工业化，建成了初具规模、门类齐全的工业体系和国民经济体系，但也付出了很高代价；在新的历史时期，必须探索一条新型的工业化道路（吕政等，2003）。周叔莲从国家发展阶段视角来理解新型工业化。他认为经济发展的不同阶段对特定因素有不同要求，工业化初始阶段对人力资本和制度因素考虑不多，以前许多被忽略的因素现在看来就是必不可少的；随着发展水平的提高，传统要素的作用会逐渐减弱，新兴要素的作用将会加强。正是基于经济发展阶段的变化，中国提出的新型工业化将信息化、人力资本和可持续发展提到了相当的高度（周叔莲，2008）。黄泰岩等认为，新型工业化是中国特色的工业化道路，是基于中国新经济发展阶段、现有资源约束条件、现有就业压力和在经济全球化下求生存、求发展的必然选择（黄泰岩等，2003）。由此可以看出，工业化是发展中的概念，随着社会经济的发展，中国赋予了新型工业化概念更加丰富的内涵，它是中国工业化进程中体现包容的可持续工业化发展理念的思想产物。

总的来说，包容的可持续工业化的基本含义可概括为以下四点：第一，它是一种全新的工业发展模式，是现代工业走内涵式发展道路的必然选择，这与传统工业粗放式、外延式经济发展模式具有明显不同；第二，它强调工业的增长不能以资源的过度消耗和生态环境破坏为代价，推崇工业资源和能源的节约及永续利用；第三，它强调工业发展应坚持集约高效环保原则，强调工业品制造以有益健康、环境友好为标准，绿色工业、智能工业、创新工业、高效工业是工业发展的内在要求和前进方向。第四，包容的可持续工业化以人为中心，其目的是不断满足人类对工业品的需求，改善生活质量，追求所有国家、所有人群普惠共享的工业发展目标。

三　包容的可持续工业化目标和任务

联合国《变革我们的世界：2030年可持续发展议程》从基础设施建设、促进包容性增长、绿色清洁环保工业、鼓励工业科技创新、推进工业信息化发展、加强国际合作支持后发展国家工业扶贫六个方面指出了当前世界包容的可持续工业化的核心目标和任务。具体包括以下六点。

（1）发展优质、可靠、可持续和有抵御灾害能力的基础设施，包括区域和跨境基础设施，以支持经济发展和提升人类福祉，重点是人人可负担得起并公平利用上述基础设施。

（2）促进包容可持续工业化，到2030年，根据各国国情，大幅提高工业在就业和国内生产总值中的比例，使最不发达国家的这一比例翻番。

（3）增加小型工业和其他企业，特别是发展中国家的这些企业获得金融服务，包括负担得起的信贷的机会，将上述企业纳入价值链和市场。

（4）到 2030 年，所有国家根据自身能力采取行动，升级基础设施，改进工业以提升其可持续性，提高资源使用效率，更多采用清洁和环保技术及产业流程。

（5）在所有国家，特别是发展中国家，加强科学研究提升工业部门的技术能力。鼓励创新，大幅增加每 100 万人口中的研发人员数量，并增加公共和私人研发支出。

（6）在工业领域加强国际合作支持发展中国家和最不发达国家扶贫。①向非洲国家、最不发达国家、内陆发展中国家和小岛屿发展中国家提供更多的财政、技术和技能支持，以促进其开发有抵御灾害能力的可持续基础设施；②支持发展中国家的国内技术开发、研究与创新，包括提供有利的政策环境，以实现工业多样化，增加商品附加值；③大幅提升信息和通信技术的普及度，力争到 2020 年在最不发达国家以低廉的价格普遍提供因特网服务。

第二节　完善绿色韧性现代基础设施建设

基础设施是指为社会生产和居民生活提供公共服务的物质工程设施，是用于保证国家或地区社会经济活动正常进行的公共服务系统。一个国家或地区的基础设施是否完善，是其经济是否可以长期持续稳定发展的重要基础。基础设施的发展是工业化过程必经的阶段，其大规模的发展，为推进工业化打下了坚实的基础。完善的道路、供电、供水等基础设施不仅是城市化的前提，还对企业的经济行为以及产业的空间布局产生重要影响。

包容的可持续工业化要处理好与资源、环境、社会、经济的全面协调关系，这就要求升级基础设施建设，不仅发展优质、可靠、可持续和有抵御灾害能力的基础设施，还要发展绿色、低碳、智能的符合可持续发展要求的基础设施。以美国、日本、德国等为代表的发达国家在完善传统基础设施以及建设现代基础设施方面已经取得了很大的进展，对后发国家实现包容的可持续工业化具有重要的借鉴意义。

一　进一步完善交通基础设施建设

交通基础体系包括公路运输、铁路运输、航空运输、水上运输等运输方式的通道和服务区，是一种典型的网络基础设施。交通基础设施对工业和经济发展具有重要的支撑作用，交通基础设施的完善将促进要素自由流动，有利于工业生产活动开展、工业规模扩大以及工业合理分工布局。欧美等发达国家在道路基础设施建设时间悠久，积累了众多值得借鉴的经验。

1. 公路建设

大规模建设公路及高速公路是发达国家工业化过程中的共同规律。许多经济振兴的发展中国家继发达国家之后于 20 世纪 60～70 年代也开始兴建高速公路，同样产生了巨大的运输效益和社会经济效益。图 2－1、图 2－2 分别展示了截至 2013 年部分国家公路以及高速公路密度情况。荷兰、韩国、德国、法国、日本等发达国家在公路及高速公路网建设上均处于领先地位，并且在公路及高速公路地均密度上遥遥领先于中国。中国公路网里程为 435.6 万公里，居于全球第二位。但是公路地均密度落后于众多发达国家，仅为荷兰的 13.5%，日本的 14%。截止到 2013 年，中国高速公路里程已经居于世界第一位，但是高速公路地均密度仅为荷兰的 16.4%、韩国的 26.8%。从以上数据可以看出，发达国家在公路密度建设上仍处于领先地位。

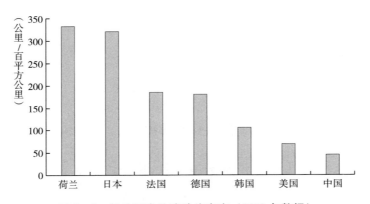

图 2-1　部分国家公路地均密度（2013 年数据）

数据来源：中国数据来自国家统计局，其他国家数据来自 CIA 世界概况数据库（网址 ht-tps：//www.cia.gov/library/publications/the-world-factbook/）。

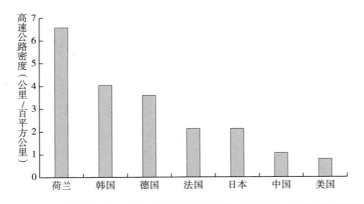

图 2-2　部分国家高速公路里程和高速公路地均密度（2013 年数据）

数据来源：中国数据来自国家统计局，其他国家数据来自 CIA 世界概况数据库（网址 ht-tps：//www.cia.gov/library/publications/the-world-factbook/）。

发达国家的经验表明：高速公路的建设与发展，不仅能够推动国土资源均衡开发，加快城市化进程，带动国民经济增长，而且在促进工业要素流动，调整产业发展及布局等方面也发挥着重要的作用。

除路网建设外，公路及高速公路的科学管理对提高道路基础设施的利用效率起到至关重要的作用。世界公路建设发展和养护的资金来源主要有征税和收费两种筹集方式。美国主要以财政投资、政府主导的模式建设公路基础设施网络，公路税收是主要的资金来源，约占公路建设资金的70%。因美国的高速公路大部分为跨州公路，因此由联邦政府和所在州政府按照9∶1的比例共同出资修建。以燃油税、购置税和使用税为资金来源的"联邦公路信托基金"为联邦政府提供公路的筹建和养护资金，这些充足的专项税收使得美国的公路发展可以不依靠公路收费的政策。美国政府认为在公路设卡收费带来高昂的建设成本，并为行车带来不便，而征收燃油税是一种高效、公平的方式。

日本、德国、法国等国家依靠公路收费政策建成了发达的高速公路网。这些国家公路收费政策根据时段和流量等采取灵活的弹性收费制。德国2016年以前仅对12吨以上货运卡车实行分类计费收取高速公路费；从2016年开始，德国联邦议会决议实行全面收费政策，对小轿车也收取过路费，但是推出了价格优惠的天票、月票、年票政策，其中年票根据机动车级别设立，最高仅为130欧元。日本大部分高速公路按行车里程实行全国统一的收费标准，但具有形式多样的打折优惠，针对安装了ETC（电子通行费征收系统）的车辆，各高速公路公司都出台了按照通行时段和使用频率给予通行费打折优惠的制度。另外，一些国家收费标准较低，如意大利、马来西亚的小客车收费标准折合成人民币仅为每公里0.3 元。

此外，许多国家在高速公路建设和管理上还广泛采用特许经营模式，实施特许经营的收费公路通常养护及时、管理规范、服务水平质量高，能保证较高的通行效率和良好的车辆行驶安全性，还能够克服政府投资运营高速公路的低效率，通过吸引并激励社会资金投入高速公路网建设以减轻政府筹资压力。

近年来，中国在公路及高速公路建设上取得了很大的进展。中国交通运输部《2015 年交通运输行业发展统计公报》指出，2015 年末全国公路总里程 457.73 万公里，比上年末增加 11.34 万公里。虽然中国公路及高速公路里程已经居于世界前列，但发达国家在公路基础设施建设中的布局、养护、管理等宝贵经验仍值得借鉴。

2. 铁路建设

2014 年中国铁路里程 11.2 万公里，仅次于美国居全球第二位，但中国铁路总里程仅为美国（29.4 万公里）的 1/3。在铁路地均及人均密度方面，截至 2014 年数据中国铁路地均密度 11.55 公里/万平方公里，仅为德国的 9.5%、日本的 16.1%、美国的 48.7%；中国铁路人均密度 8.19 厘米/人，仅为瑞典的 6.7%、美国的 11.5%、俄罗斯的 13.5%（见图 2-3）。

发达国家在高速铁路融资模式上具有丰富的经验，主要是以美国为代表的"以市场投资为主、政府引导扶持为辅"的模式和以日本为代表的"以政府为主导"的新干线建设融资模式。

在美国市场经济体制的环境下，政府对行业发展起到引导和调控的辅助作用，铁路公司是高速铁路的投资主体，自负盈亏，

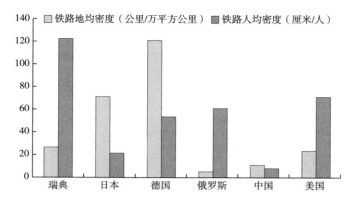

图 2 - 3　世界主要国家铁路密度（2014 年数据）

数据来源：世界银行数据库（网址：http：//data. worldbank. org. cn/）。

拥有独立的决策权和经营权。美国铁路公司数目众多，形成了客货分运、多线路竞争的特点。各铁路公司的资金来源于以银行为主体的债务性融资，依托于发达的资本市场的股权性融资，政府投资及补贴，以及设备租赁融资等。

日本是最早建设高速铁路的国家，政府主导是其新干线融资的最大特点。日本高速铁路建设分为民营化前和民营化后两个时期。民营化之前，新干线建设的资金来源主要是国家投资、银行贷款以及自筹等[①]。1987 年日本国有铁路实行民营化，分割为七个各自独立的特殊法人——六家铁路客运公司与一家铁路货运公司。日本政府先后成立了新干线保有机构、铁路整备基金机构、运输设备事业团、铁道运输机构等为新干线提供建设资金。日本铁路公司在本州的三家旅客铁道公司，因营运状况较佳已经上市，至 2006 年股权全部转让达成全面民营化的目标，北海道、四国、九州的货运公司则因仍需国家的补助，目前仍由日本政府持有全部或多数股份。

---

① 　刘妍君：《发达国家高速铁路融资经验与启示》，《中国铁路》2015 年第 5 期，第 126 ~ 128 页。

2015 年末中国全国铁路营业里程达到 12.1 万公里，比 2014 年末增长 8.2%。其中，高铁营业里程超过 1.9 万公里，西部地区营业里程 4.8 万公里，增长 10.1%。铁路地均密度 12.6 公里/万平方公里，比 2014 年增加 1.05 公里/万平方公里[①]。尤其是在高速铁路方面，中国起步虽晚于发达国家，但发展较快，现已居世界第一，超过世界其他国家高铁总里程之和[②]。但是，高速铁路建设投资期长、投资额巨大和高风险等特征。随着中国高速铁路建设规模的进一步扩大，融资模式单一等问题逐渐显现出来。虽然由于市场和经济体制的基本条件不同，美国更侧重利用发达的资本市场进行市场经济竞争来取得融资，而日本更侧重于政府强有力的参与，但都具有融资模式多样化的特点，这些可以为中国铁路发展进一步融资提供借鉴价值。

二 建设绿色低碳的韧性城市

1. 贯彻绿色低碳理念建设现代城市

全球气候变暖的加剧对世界各国工业化和经济社会的可持续发展造成了极大的压力。从 1997 年的《京都议定书》到 2007 年的《巴厘岛路线图》，再到 2009 年哥本哈根联合国气候谈判，各国都在积极为碳减排的责任和目标寻求途径和方法。2016 年 11 月 4 日气候变化大会上通过的《巴黎协定》正式生效，为 2020 年后全球

---

① 数据来源于中国交通运输部的《2015 年交通运输行业发展统计公报》。

② 目前世界上已有中国、西班牙、日本、德国、法国、瑞典、英国、荷兰、瑞士等 16 个国家建成运营高速铁路。根据国际铁路联盟统计，截至 2013 年 11 月 1 日，世界其他国家和地区高速铁路总营业里程 11605 公里，在建高铁规模 4883 公里，规划建设高铁 12570 公里。

气候治理迈出历史性的一步。①《巴黎协定》指出，要将全球平均升温控制在工业革命前的 2℃ 以内，争取控制在 1.5℃；要尽快实现使全球温室气体排放达到峰值，继而于 21 世纪下半叶实现温室气体净零排放；2023 年起每五年将对全球行动总体进行一次盘点，以帮助各国提高承诺，加强国际合作，实现全球应对气候变化的长期目标；此外《巴黎协定》还指出 2030 年全球温室气体排放要降到 400 亿吨，与 2010 年全球温室气体 500 亿吨的量相比下降 100 亿吨。②

发达国家为实现低碳经济的战略目标做出了很多尝试和努力，设计了各种有效的低碳政策工具，这些政策工具的共同特征是充分发挥市场机制的作用，以企业、消费者等为政策作用主体，政府起到引导和宏观调控的作用。表 2-1 列出了发达国家实行低碳政策工具的主要类型。

表 2-1　发达国家低碳政策工具主要类型

低碳政策工具类型	具体案例
碳排放税	日本环境税、英国气候变化税、德国生态税等
财政补贴	英国、丹麦等补贴新能源技术、碳封存技术研发，对低碳公共基础设施与投资给予资金支持等
碳基金	英国节碳基金；亚洲开发银行"未来碳基金"等
碳排放交易	欧盟排放交易系统；美国区域性碳交易体系等

---

① 2015 年 12 月，《联合国气候变化框架公约》近 200 个缔约方在巴黎气候变化大会上达成《巴黎协定》。这是继《京都议定书》后第二份有法律约束力的气候协议，为 2020 年后全球应对气候变化行动做出了安排。按规定，《巴黎协定》将在至少 55 个《联合国气候变化框架公约》缔约方（其温室气体排放量占全球总排放量至少约 55%）交存批准、接受、核准或加入文书之日后第 30 天起生效。2016 年 10 月 5 日，《巴黎协定》达到生效所需的两个门槛，定于 11 月 4 日正式生效。

② 引自百度百科词条"巴黎协定"。

续表

低碳政策工具类型	具体案例
标签计划	意大利白色认证、绿色认证等
自愿协议	日本经济团体联合会自愿减排协议、德国工业联盟减排承诺等

注：本表为作者整理。

据联合国统计，城市碳排放占全球碳排放总量的75%，减少城市碳排放是缓解全球气候变化和实现包容的可持续工业化的关键。建设低碳城市是实现碳减排的重要方式，因此，建设低碳城市是发展低碳经济，实现人类经济社会发展与生态自然环境以及资源开发利用等协调可持续发展的重要战略选择。城市能源消费主要来源于家庭用能（38%）、建筑用能（33%）、交通用能（22%），而工业用能非常少，即便是像伦敦这样的大都市，工业用能也仅占到城市能源消费的7%[①]。因此在低碳城市的设计和实施过程中，降低建筑、交通能耗，减少生活排碳，便成为低碳城市建设的重点。英国、日本、美国等发达国家相继推出了低碳城市建设计划书，从城市建筑、土地利用、交通设备、能源使用等方面提出了具体的要求。

英国的低碳城市建设侧重降低城市总的碳排放量，以建筑和交通为重点领域，并通过推广可再生能源应用、提高能效等方式达成目标。英国在低碳城市项目（Low Crabon Cities Programme, LCCP）的实施过程中注重发挥全社会共同力量，将主要的公共部门主体（地方政府、大学等）以及其他城市碳排放的主要影响者联合起来，并成立碳信托基金会（Carbon Trust）负责联系各方。

---

① G. L. Authority, *Action Today to Protect Tomorrow*: *the Mayor's Climate Change Action Plan*, London, 2007.

英国在低碳城市规划中为了提高公众参与的积极性，特别注重战略性和实用性的结合，2007 年英国政府颁布了"可持续住宅标准"对住宅建设和设计提出新规范，例如住宅安装有太阳能、涡轮式风能发电机等可再生能源发电系统，设计废水循环利用系统，通过真空玻璃和增加隔热层等方式降低采暖耗能等。

日本在低碳城市建设中特别注意完善关于节能的法律法规，这些法律法规对于建筑节能起到了很好的规范作用。日本 1979 年颁布《节能法》，经过不断的修改完善已经在工厂、运输、建筑、机械等四大能源使用领域起到重要作用。1998 年，日本对《节能法》进行了修订，增加了"领跑者制度"，对推动日本制造企业强化节能科技研发、推动全社会能源效率提高，发挥了重要的支撑作用。2013 年对"领跑者制度"覆盖的领域进行延伸，除家用电器外，覆盖领域增加了墙体隔热材料、门窗玻璃等。《循环型社会形成基本法》《再生资源利用促进法》《建筑材料循环利用法》《绿色采购法》等法律进一步丰富了日本节能型法律体系。

此外还出台了《低碳社会建设基本法》《关于能源使用合理化法》《农村地区引入工业促进法》等法律为建设绿色低碳城市提供法律指导和保障。

表 2 - 2　国外典型低碳城市建设实践

城　　市	公民参与	交　　通	城市建设
丹麦 哥本哈根	培养"气候公民"	LED 节能路灯、新能源汽车	建筑节能标准、低碳试验区
日本 东京	能源诊断员制度	生物柴油汽车、提倡生态驾驶	提倡节能电器设备
韩国 首尔	提倡废物利用	发展绿色公交和绿色铁路	建设能源环境城

续表

城　　市	公民参与	交　　通	城市建设
英国伦敦	绿色家庭计划	加大公共交通、步行、自行车系统投资，对交通中碳排放收费	存量住宅改造，绿色建筑标识体系
瑞典马尔默	低碳教育	修建自行车道、生物燃料及电力公交车	城市雨水收集系统、厨房垃圾回收系统、住房利用太阳能及风能
美国西雅图	家庭能源审计	改善公交系统效率、控制交通碳排放	改善建筑能源效率、改善电力供应

注：本表为作者整理。

　　近年来中国一直以身作则，坚持致力于绿色发展、低碳发展，不断调整能源消耗结构，倡导节能减排。但是，由于中国是一个发展中国家，且从原有计划经济体制转型而来，在促进低碳发展方面尤其是法制建设和利用市场化机制促进低碳城市发展方面尚缺乏经验，因此发达国家这方面的丰富经验则可资借鉴。

　　2. 建设城市雨洪管理体系

　　从 20 世纪 60 年代开始，西方发达国家随着工业化和城市化的发展对水环境造成了严重的破坏，产生了水环境恶化、径流污染加剧、城市内涝灾害等问题。针对这些问题，各国经过不断的努力与探索已经形成了适合本国特点的雨洪管理系统及配套基础设施，为其他国家建设"海绵城市"提供了宝贵的经验。①

---

　　① 2014 年 11 月住房和城乡建设部对外印发《国家海绵城市建设技术指南》将"海绵城市"具体阐述为，在降雨天气，城市通过"海绵体"蓄水、渗水、吸水和净水，当需要时再将"海绵体"存蓄的雨水释放出来，从而对雨水进行循环利用，促进雨水资源的回收利用和生态保护城市的"海绵体"包括居住区的透水铺装、绿地、绿色屋顶、雨水花园等配套设施，同时也包括城市的河湖水系等。

（1）美国最佳水管理模式

美国城市雨水管理系统在经过排放、水量控制、水质控制、生态保护等阶段的探索后，逐步形成了以"低影响开发"（LID，Low Impact Development）[①] 和绿色雨水基础设施化为基础的，适合本国的"最佳管理方案"（BMP，Best Management Practice）。"最佳管理方案"强调源头控制、强调自然与生态措施、强调非工程方法，注重植物、绿地、水体等自然条件和景观结合的生态设计，如植被缓冲带、植物浅沟、湿地等，大量应用由屋顶蓄水或入渗池、井、草地、透水地面组成的地表回灌系统。[②] 这些兼顾环境、生态、景观相结合的措施旨在拓展雨水调蓄空间，提高城市天然入渗能力。

（2）英国可持续排水系统

英国为了解决城市内洪涝灾害和径流污染以及水资源短缺的问题，提出了以维持良性水循环及控制水资源利用效率为目标的可持续排水系统（SUDS，Sustainable Urban Drainage Systems），并通过《住房建筑管理规定》等法律积极促进实施。一方面，英国政府对新建房屋设立1到6级的评估体系，要求所有的新建房屋至少达到3级以上的可持续利用标准才能获得开工许可，而建立雨水回收系统是评估中十分重要的指标。2015年后，英国政府直接将

---

① 2000年10月，美国国家环境保护局和低影响开发中心共同发布的《低影响开发文献综述》首次提出低影响开发的概念，即通过小尺度、分散的场地源头控制来尽量恢复或维持场地开发前的水文环境，解决暴雨所产生的径流和污染问题。

② Hsu M H, Chen S H, Chang T J, "Inundation simulation for urban drainage basin with storm sewer system," *Journal of Hydrology* 234（2000）：21-37.

家庭住房开工许可更改为单一住房单元的居民每天设计用水量不超过 125 升。

（3）澳大利亚水敏感城市设计理念

澳大利亚政府根据本国特点提出水敏感城市（WSUD，Water Sensitive Urban Development）的城市雨洪管理理念。该理念将雨水的管理与城市规划以及景观设计相结合，通过引入模拟自然水循环过程的城市防洪排水体系，统筹考虑水循环与城市发展的关系，建设全周期的水循环体系，达成城市发展和自然水环境的和谐共赢①。2000 年后，水敏感城市的理念在澳大利亚的居住、商业、工业等领域进行了多空间层次实践和推广。

除上述典型雨洪管理模式外，一些国家也相继提出因地制宜的雨洪管理计划。这些发达国家在雨洪管理建设从传统的水量控制过渡到水量和水质并重，并且关注雨水收集利用，通过追求雨洪管理设施和城市景观的有机融合，建设符合城市自身特色的雨洪管理体系。

3. 应对气候变化建设韧性城市

城市发展与气候变化息息相关，在气候变化的背景下，城市面临越来越多的风暴、洪水、高温等一系列挑战。2013 年联合国减灾署指出，应在全世界建设韧性城市以应对气候变化带来极端自然灾害及风险发生的不确定性。韧性城市（Resilience City），也称弹性城市，韧性的理念最早由加拿大知名生态学家 Holling 于 1973 年提出，他指出韧性的概念是指系统能够较快恢复到原有状

---

① 王思思、张丹明：《澳大利亚水敏感城市设计及启示》，《中国给水排水》2010 年第 20 期，第 64～68 页。

态，并且保持系统结构和功能的能力①。韧性思想的提出标志着城市学者对可持续发展的意义和实现模式有了全新的认知。韧性城市已经成为实现可持续发展目标的重要保障，如果城市在面对自然灾害时没有韧性，并且不能保证其脆弱性不会进一步加剧，那么可持续发展就难以实现。

与海绵城市相比，韧性城市具有更加广泛的内涵。戴维·戈德沙尔克在以美国为例的《城市减灾：创建韧性城市》一文中指出，韧性城市应该是物质系统（建成的道路、建筑、基础设施、通信和能源设施以及水系、土壤、地形、地质和其他自然系统）和人类社区（学校、邻里、机关、团体、企业、特别行动组等）组成的可持续网络，这个网络能够在极端灾害和压力下保存下来并继续发挥作用②。韧性城市以构建抵御自然灾害的基础设施和城市系统为目标，这一目标与可持续发展、新城市主义等当代城市规划理念非常契合。

适应规划是政府制定的有计划的适应政策和行动，城市适应规划正在成为推动韧性城市建设的政策和行动指南③。美国、澳大利亚等发达国家根据自身发展相继出台了一些城市适应计划（Adaptation Planing），来降低气候变化带来的影响，提高城市应对极端天气的能力，以及指导韧性城市建设（见表 2 - 3）。

---

① Holling, C. S., "Resilience and stability of ecological systems," *Annual Review of Ecology & Systematics* 4 (1973): 1 - 23.

② 戴维·R. 戈德沙尔克、许婵：《城市减灾：创建韧性城市》，《国际城市规划》2015 年第 2 期，第 22～29 页。

③ 郑艳：《推动城市适应规划，构建韧性城市——发达国家的案例与启示》，《世界环境》2013 年第 6 期。

各个国家的适应计划虽各有侧重，但都具有一个共同特征就是以打造安全、韧性的城市为目标，注重打造城市的综合抵御极端灾害的能力。

表 2 - 3 不同国家和城市采取的应对气候变化的适应性措施

	时　间	重点文件及目标
澳大利亚	2007 年	发布《国家气候变化适应框架》，加强相关部门处理气候变化的能力，改造和减少脆弱性建设，增强城市韧性
荷　兰	2008 年	发布《鹿特丹气候防护计划》，以建设最安全的港口城市为目标，重点应对洪水灾害及海平面上升，建造适应性建筑和城市水系统
美　国	2008 年	发布《芝加哥气候行动计划》，建造滞纳雨水的绿色建筑，洪水管理，绿色屋顶项目
	2009 年	发布《调整联邦气候研究适应气候变化挑战》，研究重点为极端天气与气候事件灾害、海平面上升
	2013 年	发布《一个更强大，更有韧性的纽约》，提升抵御飓风的能力，对医院、电力、道路、给排水等传统基础设施升级改造，并改进沿海防洪设施等
日　本	2011 年	早期侧重于修筑沿海堤防与巩固港口，侧重于应对气候变化带来的高温、热岛效应、能源等问题
英　国	2011 年	发布《管理风险和增强韧性》，升级改造居民家庭的水和能源设施，提升城市应对洪水灾害的能力

资料来源：根据郑艳著《推动城市适应规划，构建韧性城市——发达国家的案例与启示》（《世界环境》2013 年第 6 期），李亚著《〈纽约适应计划〉报告解读》（2015 中国城市规划年会）等资料整理。

根据中国国家统计局的数据，2013 年中国因自然灾害带来的经济损失约 4210 亿元人民币，约占当年 GDP 总量的 0.75%。洪灾及泥石流、地震和旱灾分别位列主要灾害前三位，分别造成 1880 亿、1000 亿和 900 亿元的损失。虽然中国城市化速度很快，但是城市存在配套设施建设落后，城市应急、应变系统缺失，社会管理机制不完善等问题，并且中国很多城市在面对灾害时屡屡发生城市功能瘫痪，城市的脆弱性非常明显。因此，中国应借鉴发达国家关于韧性城市的经验，实现应对气候变化、提升城市竞争力、实现可持续发展的目标。

4. 注重应急通信基础设施建设

在网络全球化的大背景下，提升通信保障能力，健全并完善应急通信基础设施对实现可持续发展具有重要保障作用。发达国家的应急通信发展较早，经过不断的探索，日本、美国等国家建立了较为完善的应急通信系统。

发达国家在应急通信体系建设中不但强调政府的主导作用，注重应急通信管理体系建设，还大力发展应急通信领域的创新和新技术研发，这对中国具有重要的启示作用。

表 2 - 4　美国、日本应急通信建设情况

国　　家	措　施	具 体 内 容
日　本	建设防灾专用通信网络	由三部分组成，固定通信线路、微信通信线路和移动通信线路组成的"中央防灾无线网""消防防灾无线网""防灾行政无线网"
	电信企业防灾设施	电信企业配备可携带的卫星通信地球站、数字移动卫星通信站、可携带移动基站等
美　国	政府应急电信服务（GETS）	在突发事件、危急灾害或核攻击等事件发生时保障国家安全应急通信的畅通
	WiMA 和 VoIP 技术	把灾区的一些临时性 Wi - Fi 热点（如救助中心、避难所）进行连接，并在光缆断损时承担回路的作用。无线 VoIP 则是在救助中心、避难所等地最实用的话音通信工具之一
	卫星通信	推广卫星电话应用

资料来源：李政：《借鉴国外经验加强中国应急通信体系建设》，《世界电信》2009 年第 9 期，第 44 ~ 47 页。

三　建设新经济基础设施

1. 推进互联网基础设施建设

信息化是现代化的引领和支撑，而信息化通信基础设施是信

息化发展的重要载体,其建设与发展水平已成为衡量一个国家和一个地区综合实力的重要标志。近年来新信息基础设施及技术成为推动全球经济发展和工业化的重要动力,云计算、大数据、物联网、移动互联网以及国际电信联盟近日提出的万物网(万物互联网)等正叠加于原有农业基础设施(土地、水利等)、工业基础设施(交通、能源等)之上发挥日益重要的作用。

目前发达国家推行了一系列信息化发展战略来推动互联网的建设,并取得了显著的成效,互联网基础设施的完善为迎接数字时代的到来提供了坚实的基础。图2-4、图2-5和表2-5分别从互联网普及率、互联网服务器人均密度,以及网速的角度展示的发达国家互联网基础设施建设的成果。

从图2-4可以看出,英国、日本、美国等发达国家互联网普及率基本均在85%以上,其中英国高达92.6%,日本高达91.1%,美国、加拿大、德国在88%左右。

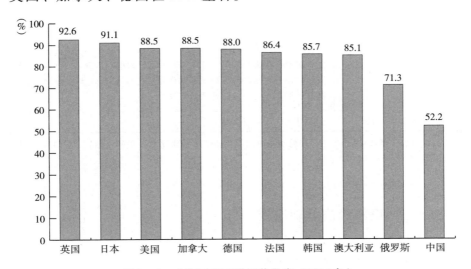

图2-4 主要国家互联网普及率(2016年)

数据来源:互联网在线数据统计网,http://www.internetlivestats.com/。

由图 2 - 5 可以看出，美国、日本、德国等发达国家从 2003 年开始互联网服务器每百万人均密度总体保持快速增长的趋势。2003 年韩国每百万人均互联网服务器只有 14.3 个，2015 年韩国每百万人均互联网服务器高达 2319.6 个，高于美国（1649.9 个/百万人）和德国（1762.7 个/百万人）居世界第一位。

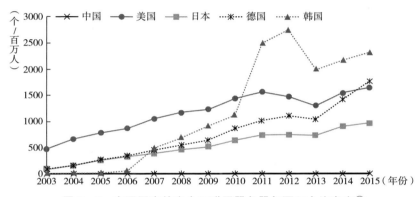

图 2 - 5　主要国家的安全互联网服务器每百万人均密度①
数据来源：世界银行数据库，网址：http：//data. worldbank. org. cn/。

根据 Akamai 公司公布的 2016 年第一季度网速报告，全球平均网速为 6.3Mbps，比上一季增加 12%，比 2015 年同期增加 23%。以韩国、瑞典、日本为代表的发达国家均处于全球前十名之列，并且平均网速远高于全球平均水平。

表 2 - 5　2016 年第一季度全球网速前十名

国家/地区	平均网速（Mbps）	同比增长（%）
韩　国	29.0	24
挪　威	21.3	68
瑞　典	20.6	32

---

① 安全服务器是指在互联网交易过程中使用加密技术的服务器。

续表

国家/地区	平均网速（Mbps）	同比增长（%）
香　　港	19.9	19
瑞　　士	18.7	12
拉脱维亚	18.3	9.8
日　　本	18.2	4.6
荷　　兰	17.9	5.5
捷　　克	17.8	12
芬　　兰	17.7	6.9
全　　球	6.3	23

资料来源：Akamai：《2016 年第一季度网速报告》。

发达国家在信息化建设中的经验有助于中国实现"互联网＋"发展、促进传统产业优化升级、助力"中国制造2025"，引领社会从 IT（信息通信）时代向 DT（数字科技）时代迈进，走向万物互联的时代。

2. 建设智能电网

国际能源署发布的《国际能源展望 2010》中认为，到 2035 年可再生能源将在世界能源消费市场中位列第四，约占总消费的14%。可再生能源、水电及核电等非化石能源，最基本的利用方式是转化为电力，因此现代化电网尤其是智能电网的发展在清洁能源利用、应对气候变化、保障国家能源安全、促进科技创新等方面起到积极作用。

智能电网也被称为"电网 2.0"，是以物理电网为基础，将现代先进的传感测量技术、通信技术、信息技术、计算机技术和控制技术与物理电网高度集成而形成的新型电网，以实现电网的可靠、安全、经济、高效、环境友好和使用安全为目标，其主要特征为自愈、激励和包括用户、抵御攻击、提供满足 21 世纪用户需求的电能质量、容许各种不同发电形式的接入、启动电力市场以及资产的优化高效运行①。智能电网的建设与发展，能够优化能源结构，促进清洁能源开发，提高清洁能源利用效率，实现能源互补。智能电网为能源与互联网的有机结合提供了基础，智能电网的发展与布局是国家实现低碳工业、低碳经济的重要基础。世界上许多发达国家经过多年的理论与实践探索都已经形成了各自的智能电网发展模式。

虽然各国智能电网的发展各有侧重点，但其基本目标一致。同时，发达国家普遍加快了与智能电网相关的新能源、新材料、信息网络、节能环保等高新技术产业和新兴产业的发展，见表2-6，美国、欧洲、日本智能电网特征比较。此外，智能电网是智慧城市不可或缺的重要组成部分，同时也为智慧城市的建设提供了必要的基础条件。

表2-6　美国、欧洲、日本智能电网特征比较

国家或地区	智能电网发展重点	接入电网新能源领域发展重点
美国	为解决电力设施老化、可靠性差、管理模式多样以及环境保护制约等问题，重视对现有电网基础设施的升级改造，降低电网损耗；加强跨州电网互联，提升电网智能化水平，提高电网运行的安全性和可靠性	提高效率并促进风能和太阳能等可再生能源的开发及电动车应用
欧洲	更关注可持续、经济、安全、优质的电力供应；特别强调分布式能源和可再生能源的充分利用；强调对输电系统的升级改造，重视加强跨区、跨国主网的互联以及跨海输电、直流输电技术的发展；英、法、德等国家着重发展泛欧洲电网互联，意大利着重发展智能电表及互动化的配电网，丹麦着重发展风力发电及其控制技术	强调环境保护和风电、太阳能、水电等可再生能源发电

---

① 引自百度百科词条"智能电网"。

续表

国家或地区	智能电网发展重点	接入电网新能源领域发展重点
日 本	发挥其作为能源利用基础平台的作用，在建设中注重提高资源利用率，实现各种能源的兼容优化利用；依托智能电网建设，大幅提高特大型城市核心功能区的供电可靠性和抵御灾害的能力；开发储能技术、电动汽车技术等高科技产业，进一步提高电网的先进性、环保性和高效性	逐步降低对核电的依赖，大力发展太阳能

资料来源：根据靳晓凌、于建成、杨方《发达国家智能电网路线图》（《国家电网》2012 年第 3 期）整理。

3. 建设与新能源应用相关的基础设施

进入 21 世纪以后，新能源汽车呈现良好的发展态势，新能源汽车不仅能够实现交通的低碳发展，而且能够作为整个电力网络供需平衡的调剂者，使得电力供应系统更稳定、更可靠。2016 年 5 月，国际能源署发布了《2016 全球电动汽车展望》（见图 2 - 6、图 2 - 7）。报告称，截至 2015 年底，全球共有将近 126 万辆电动汽车上路，几乎是 2014 年的两倍，比 2010 年的时候多了 100 倍。美国、中国、日本、荷兰以及挪威占据了全球在路上行驶的电动车中的 80%。

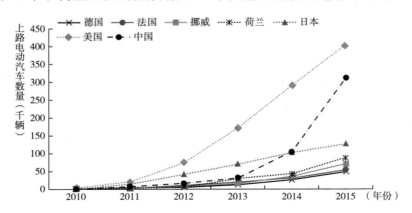

图 2 - 6 全球主要国家电动汽车（BEV 和 PHEV）累计数量
资料来源：国际能源署：《2016 全球电动车展望》（*Global EV Outlook 2016*）。

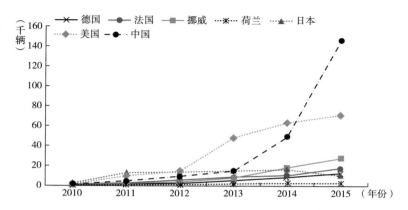

图 2-7 全球主要国家当年新注册纯电动车（BEV）

数据来源：国际能源署：《2016 全球电动车展望》（*Global EV Outlook 2016*）。

根据国际能源署数据（见图 2-8、图 2-9），全球的公用充电桩从 2013 年的 5 万个增加到 2014 年的 11 万个，再到 2015 年的 19 万个。2015 年全球电动车保有量同比增长 78%，公用充电桩增长了 71%（其中慢充增长了 73%，快充增长了 63%），可以看出与电动汽车配套的充电基础设施进展很快。

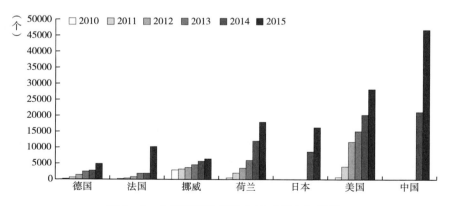

图 2-8 主要国家公用充电桩（慢充）数量

数据来源：国际能源署：《2016 全球电动车展望》（*Global EV Outlook 2016*）。

日本作为电动汽车发展的代表，电动汽车及充电基础设施发展不仅有政府政策支持，还有日本知名汽车企业的带动。2010 年，

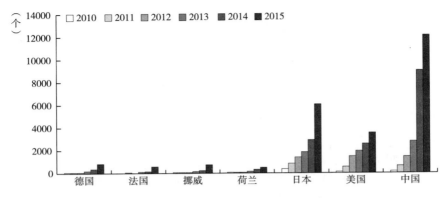

图 2 - 9　主要国家公用充电桩（快充）数量

数据来源：国际能源署：《2016 全球电动车展望》（*Global EV Outlook 2016*）。

日本公布《下一代汽车战略 2010》，并通过《下一代汽车充电基础设施推广战略》强调要加强充电基础设施建设，2020 年日本国内要建成 5000 个快速充电设施、200 万个普通充电设施。日本政府不仅对充电基础设施购置进行财政补贴，还对充电基础设施建设进行补贴。"日本充电服务公司"（NCS）是企业带头推广电动汽车及充电基础设施发展的典范，由日本丰田、日产、本田、三菱四家汽车企业共同投资建立的并且获得"日本工业竞争基金"的支持，该公司以建设更加便捷、更加有效的电动汽车充电网络为目标[1]。NCS 能够充分利用各方优势，促进车企与金融资本、电网公司的合作，为电动汽车营造了良好的使用环境。

此外，一些发达国家非常注重充电基础设施新技术的研发。英国加速充电桩布局并发展电动车无线充电技术。英国最大的充电服务商 Chargemaster 研发了一种无线充电技术，使用磁共振的方法充电并且充电效率高达 90%。瑞士为保证新能源公共交通工具

---

① 武守喜：《日本、美国和欧洲电动汽车充电设施发展现状及启示》，社会科学文献出版社，2015，第 352 ~ 367 页。

的充电便捷性，瑞士 ABB 公司开发了名为"闪速充电"（Flash Charging）的技术，能在 15 秒内为汽车电池完成一次充电。电动巴士能将行驶路线上各个停靠车站作为充电点进行充电，保证了公共交通工具的便捷性。

4. 建设智慧城市

"智慧城市"借助新一代物联网、云计算、决策分析优化等信息技术，将人、商业、运输、通信、水和能源等城市运行的核心系统整合起来。近年来，一些发达国家根据自身特点有的放矢，不断加大信息技术在城市管理、服务和运行中的应用。

2009 年美国迪比克市宣布将建成美国第一个智慧城市。迪比克市通过数字化将城市水、电、气、交通、公共服务等基础设施联结起来，同时搭建综合监督平台，对信息进行整合分析和展示，以打造更加节能、智能化的城市。2010 年瑞典被评为世界上信息化程度最高的经济体之一。瑞典斯德哥尔摩率先使用"智能交通系统"，该系统不仅能够改善交通状况，还能通过收集车辆、运输系统、污染检测及天气信息，寻找二氧化碳排放的可靠途径，实现绿色交通。新加坡启动"智慧国家"计划，着力部署下一代全国咨询通信基础设施，以建立超高速、普适性、智能化的咨询通信基础设施为目标，通过物联网在内的信息技术，运用咨询信息技术构建"无线新加坡"，将新加坡建设成为亚太地区电子商务中心。

国际上成功的"智慧城市"建设都有重点、有主题，它们结合城市现状探索适合自身特色的"智慧城市"发展道路，并且重视处理典型示范与整体推进的关系，通过发展试点区域和示范工程以积累经验，发挥示范引领作用，带动社会各界和各区域广泛参与。

第三节　建设协同合作的国家创新体系

国家创新体系是在一个国家或区域内把企业、高校、科研机构、政府部门、技术中介机构、金融机构结合起来的网络系统，通过"政产学研金介"多主体的协同创新模式，共同推进了技术创新和进步。协同创新调动了政府、研究机构、工业企业等各方面的力量，将政府的创新资源和战略、研究机构的成果和企业的生产能力结合起来。各个主体之间的合作和良性互动，在很大程度上能够解决资源短缺的问题，提高科技资源使用效率，将社会经济的需求紧密联结在一起，为包容的可持续工业化提供了有力的支撑。

中国以产学研为主体的协同创新体系有了较大的发展，但是与发达国家相比仍存在很多不足，如政府部门的引导协调能力有待加强；企业创新意识不强，主体地位不明显；学校、科研机构与企业的合作模式不灵活，缺乏有效的机制；社会中介、金融机构等支持体系力量薄弱等问题。美国、英国、日本、德国等发达国家协同创新体系发展较早，经过不断的完善已经形成了"政产学研金介"为主体的合作模式，其中有很多经验对中国建设国家创新体系，实现包容的可持续工业化具有重要的借鉴意义。

一　政府发挥引导和协调作用

政府在协同创新体系中可以更多地发挥协调者和宏观指导者的作用，通过统筹制订协同创新计划，提供政策支持和法律保障，提供资金支持及鼓励科技成果转移等方式协调合作各方工作，解

决协同创新体系中出现的不利因素，创造良好的合作环境，使各
参与主体发挥出最大的效能。

1. 设立专门计划或项目，直接支持产学研结合

政府以科技政策和专项合作计划为载体，通过多层级的合作
计划强化科研力量与国家工业未来发展的密切联系。这些计划通
过提供科研经费、支持建立产业技术联盟等方式，在促进科技成
果转化、产学研合作方面都起到了很好的效果，一些主要国家产
学研协同创新计划见表 2 - 7。

表 2 - 7　主要国家产学研协同创新计划

国　家	计　划
美　国	工程研究中心计划、小企业技术转移研究计划、先进技术计划
加拿大	知识产权管理计划、原理验证及其伙伴计划、概念 - 创新计划
英　国	联合研究计划、法拉第合作伙伴计划、科研企业挑战计划、研究生培训伙伴计划、高教援助基金、教学公司计划
日　本	产业群计划、知识密集区计划

注：本表由作者整理。

2. 建立促进产学研合作的完善的法律保障体系

美国、英国、日本等发达国家已经形成理论促进产学研合作
的政策框架和体系，它们十分重视产学研政策的制定和立法，将
法律保障和促进产学研合作上升为一种国家战略。政府针对产学
研合作中涉及的各环节制定相应的条款，以规范、平衡产学研各
个主体在合作过程中的权利和权益。如美国的《史蒂文森 - 怀勒
技术创新法》《拜杜法案》《美国技术优先法》《技术转移商业化
法》等。这些法律规定了产学研合作详细的规则，规范了成果归
属、利益分配、促进技术转移等方面的问题，随着经济社会环境
的变迁，这些法律也在不断地得到修订。在调动了企业和大学联

合申请政府项目的积极性的同时，这些法案也促进了专利许可和技术转让，为整个国家的创新合作创造了更好更规范的条件。

3. 鼓励科技成果交易转让

除通过制定相关法律法规鼓励成果转移外，发达国家政府还建立跨部门、跨地区的合作资源共享平台，完善相关信息系统，以及采取奖励激励等方式鼓励产学研各方自发进行合作，加快科研成果在高校、科研院所以及其他公共研究机构与企业之间的转移。例如，瑞士技术创新委员会于 2005 年 2 月启动了"知识及技术转让"计划，通过提供资金支持，在加强大学向企业转让知识及技术的同时，激励企业将大学科研成果转化成产品并商业化。日本政府破除了原有的区域体制弊端，为促进不同的区域之间的产学研合作，建立了"省际基础研究""地域流动研究"制度，还建立了日本科技信息中心，作为全国性的科技信息中枢，为企业、大学提供合作信息。这些完备的网络化产学研合作体系不仅能把产学研各相关机构协同起来，使教学、科研、技术开发和产业化等环节达到最大限度的合作和共享；还能及时与外界进行信息交流和沟通，不断提高合作水平和规模，加快科技成果转化。

二 产学研协同创新

发达国家在协同创新体系发展的不同阶段，出现了不同的合作模式。根据不同的需求，成立不同的合作载体，各载体以特定的组织结构和活动方式进行合作，不同模式的适用对象、合作内容、方式和效果各不相同。这些模式对促进高校与企业的联合、推动科技成果产业化起到了积极的作用。

1. 美国：以市场需求为导向的各主体紧密合作

美国是世界产学研协同创新的典范，政府主导、企业主导、大学主导多种合作模式并存，经过多年的探索积累了丰富的经验。美国影响力较大且具有代表性的产学研合作模式主要有以下几种：科技工业园区、工业－大学合作研究中心（I/UCRC）模式、企业孵化器等多种模式（见表 2－8）。

表 2－8　美国主要产学研合作模式

合作模式	代　表	特　征
科技工业园区	硅谷、亚特兰大高新技术园、北卡三角研究园	用科研和商业化活动，为大学和研究机构创造合作环境，以高校的科研人才和先进设备为依托，以技术企业集群为基础，以微软、沃尔玛、通用、苹果等世界级大企业为旗帜
工业－大学合作研究中心（I/UCRC）模式	麻省理工学院"生物技术加工工程中心"、迈阿密大学"大学与产业生物涂表中心"	国家科学基金会管理实施的一种产学研合作模式，以大学尤其是研究型大学为基地，包括有组织的研究单位、产业联盟、研发联盟三种联合体
企业孵化器	TechStars Y－Combinator DreamIt Ventures	扶植创新型、技术密集型小企业的产学研合作组织模式，通常由政府、大学、科研院所或投资机构向初创企业提供场所、各种配套服务、优惠条件，为企业尤其是新企业提供技术、管理、融资援助创造条件

注：本表由作者整理。

其中，企业孵化器侧重于扶植创新型小企业、鼓励科研人员创办企业的大学。科技工业园依靠天然的地缘优势调动大学及高新技术公司，不仅能够利用大学雄厚的信息、科研、人才优势，还能发挥高新技术的辐射作用；工业－大学合作研究中心以及工程研究中心以产业为导向，打破学科和机构的界限，组织跨学科创新团队，学科交叉互涉的研究模式能够克服单一学科的研究限制[1]。

---

[1]　许泉、吴强、刘欣：《美国产学研协同创新的主要模式及特点》，《中国高等教育》2014 年第 20 期，第 61～63 页。

美国虽然产学研合作模式形式丰富，但是其最大的特点是各主体合作关系密切，并且以市场需求为导向。此外，美国的大学趋向于保留更大的自主权，面对激烈的竞争环境，能够灵活应对社会经济变化的需求。

2. 日本：围绕研究展开合作

日本的产学研合作以研究为核心，主要模式有共同研究制度、委托研究制度等。经过多年的探索，日本形成了适应本国的产学研合作模式，这种模式下政府在各方合作中起到了重要的作用（见表2-9）。

表2-9 日本主要产学研合作模式

合作模式	基本特征
共同研究制度	国立大学接受企业的研究经费，将产业界的科研人员邀请到高校的研究机构或者由政府专门设立的研究开发中心共同研究课题，以获得企业需求的高水平研究成果
委托研究制度	政府部门和企业委托国立大学和科研机构进行某项课题研究，委托方提供科研经费，受托方依据委托方的要求提供科研成果；双方涉及研究期限、经费、研究成果的归属等问题以合同的形式实施
委托研究员制度	企业的技术人员到国立大学接受研究生水平的指导，把握最新的研究动态，通过提高研究素质和研究能力，使企业未来的研发更具活力
国际产学研合作	邀请国外知名的大学、研究机构和企业参与合作；一些企业则直接资助国际知名大学设立与企业所在领域密切相关的实验室、研究项目，并通过提供研究经费、设立大学教授职位等形式开展国际产学研合作

注：本表由作者整理。

3. 英国：注重产学研合作中人才培养

英国在产学研合作模式中尤其强调高校与企业之间的合作，并且在产学研合作过程中注重人才的联合培养，主要有教学公司模式和沃里克模式等合作形式。

教学公司模式是英国企业与大学合作的主要模式，不仅能够实现产学研合作，而且能够通过大学和企业的合作联合培养人才。这种模式下，大学与企业可以联合申请合作经费，教学公司项目对大学和企业的人员配置也进行了规定，每个项目须由大学、企业和项目经理三方组成，同时在项目正式开始运行以后教学公司会定期派专员去检查项目的进展，确保产学研合作的科研项目的效果。

沃里克模式来源于沃里克大学，这所大学在英国财政预算紧缩的环境下，不仅仅局限于学校教学，而且利用工程系学科的优势力量，投资建设使其成为创业培训、教学、科研与成果运用转化为一体的创新型大学。这种创新型大学与工业界具有密切的联系，并且与创新能力较强的中小企业有很好的合作关系，在产学研合作过程中，还有针对性的为企业培养综合性人才。

4. 成熟的军民融合协同创新模式

军民融合是国家为协调国防需求和经济发展而推进的一项重大举措。美国、日本等军事强国已经具有较为成熟的科技军民融合的科技协同创新体系，能够在发展国防事业的同时，充分利用民营高科技企业在内的多种社会资源。例如美国政府引导军民技术转移，美国国防部于 1993 年设立了国防技术转让办公室（OTT），专门负责国防部内部的技术转移，并且协助各个兵种制订符合自己的技术转移计划。美国于 1993 年实施了"再投资计划"（TRP）。该计划支持国防企业民营化，同时对非国防企业的军民两用技术进行投资，从而充分利用社会资源获得低成本高性能的军用技术。英国、法国两国充分利用市场机制引导军民融合，促进军企的私有化改革，通过将民间资本引入国防生产与科研，利用市场的力量推动军民科技的相互转移。

三　发挥金融体系的支撑作用

在发达国家，随着经济发展和协同创新模式的成熟，金融体系已经成为推进和促进企业自主创新发展的重要因素。金融体系不仅能够为创新主体提供融资渠道，营造良好的创新环境，而且能够通过提供金融产品和金融制度帮助创新企业规避不确定性和风险。协同创新模式下金融机构的作为，可以直接影响创新体系的建立和完善。

目前，世界各国的金融体系大多包括政策性金融机构、银行为主导的间接融资体系、信用担保机构、资本市场等，不同国家侧重点不同。例如美国为金融市场主导型，其充分利用高效的资本市场，纳斯达克市场已成为美国科技创新的孵化器，硅谷也成为高科技与风险投资完美结合的典范。日本则侧重以银行等间接融资系统为主导，形成大型银行、地方银行、信用金库等组成的金融中介系统。

各国为了解决企业、大学创新存在的资金和物质问题，在引导社会融资体系建立方面做出了不懈努力，在资本市场的培育方面取得很大的成功。政府不仅直接对企业、大学的创新项目进行投资，还参股其他风险基金，并鼓励私人资本的投入，已经形成了政府拨款、私人风险资本、风险资本投资公司、银行机构、基金组织并存的多层次的资本市场，有效地弥补了单纯依靠政府资金的不足。此外，风险投资无疑成为企业创新发育成长不可或缺的条件，大规模的产学研结合项目都是依托创业风险投资和资本市场发展起来的。例如，美国以发展尖端的高新技术作为其风险投资的重点，诸如微软、苹果这样的企业均为风险投资基金支持下孵化的超大型企业。

当前中国的产学研合作资金上的匮乏是产学研协同创新的主要困难和科技成果转化率低的一个重要原因，因此借鉴发达国家增加银行和资本市场等金融部门的资金介入，才能使产学研的合作项目顺利进行直至最后成功。

四　发挥科技中介的纽带作用

从发达国家的经验看，随着产学研合作的深化，科技中介服务的作用日益明显。科技中介机构在产学研合作中起到了很好的桥梁纽带作用，形式多样的中介机构很好地解决了产学研合作中的一系列障碍，如信息咨询、专利获取、成果转移、资金支持等问题。美国、日本、德国等发达国家科研中介服务体系发展较早，现已形成完备的中介服务体系。各国虽有不同，但大致可以分为四类：第一类为官方组织，包括政府机构或政府指定的法人单位，如美国的中小企业管理局、英国的企业联系办公室；第二类为半官方性质的联盟或行业协会组织；第三类为技术交易市场或技术转移中心；第四类为民间开设的中介机构。

中国科技中介服务体系存在着未形成有效协作网络、服务内容差异化不明显、从业人员素质不高、国际化程度较低等诸多问题。科技中介的发展需要科学的发展规划以及一定的政策扶持，只有这样才能在发展中不断完善，因此中国应借鉴发达国家经验，在政府的正确引导下完善中国科技中介组织管理体制，实行政府与科技中介机构之间的有效合作。

五　科技投入力度及其效果

1. 经费投入

在企业为主体、"产学研金介"互相合作的国家创新体系框架下，发达国家近年来逐渐加大创新投入，在充分发挥财政资金撬动作用的基础上，引导社会资源投入，扩大了创新创业投资规模。过去十年，企业逐渐成为创新投入的主体，传统企业和创新型企业都普遍设有研究部门或者开发部门，利用现有知识与技术实现自主创新和新产品开发，并与其他企业、高校展开合作共同创新及推动科技成果转化。

发达国家全国 R&D 经费①总量和投入强度均保持持续增长趋势。其中，美国是 R&D 经费绝对投入量最大的国家，日本、德国次之。2013 年美国全社会 R&D 经费为 3657.8 亿美元，占 GDP 比重为 2.74%，企业 R&D 经费为 3225.3 亿美元，占 GDP 比重为 1.93%。2014 年，日本全社会 R&D 经费为 1668.6 亿美元，占 GDP 比重为 3.59%，企业 R&D 经费为 1297.5 亿美元，占 GDP 比重为 2.79%；德国全社会 R&D 经费为 1088.3 亿美元，占 GDP 比重为 2.90%，企业 R&D 经费为 734.5 亿美元，占 GDP 比重为 1.95%。此外，从 R&D 经费投入强度来看，韩国、芬兰等国家占据领先地位，2014 年的全社会 R&D 经费投入强度分别为 4.29%、3.17%，企业 R&D 经费投入强度分别为 3.36%、2.15%（见图 2-10、图 2-11）。由上述数据可以看出，在政府 R&D 经费紧缩的趋势下，企业投入为 R&D 经费为全社会研发投入贡献了绝大部分力量。

---

① R&D 经费指研究与试验发展经费。

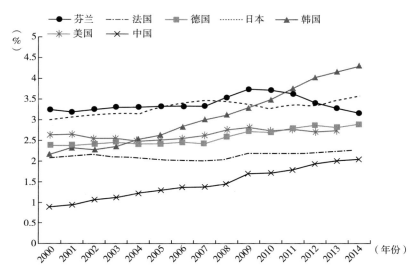

图 2 - 10　世界部分发达国家与中国的全社会 R&D 经费投入强度

数据来源：OECD 数据库，网址：http：//stats. oecd. org/。

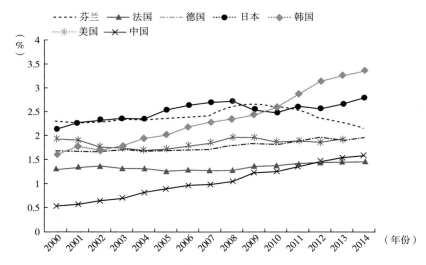

图 2 -11　世界部分发达国家与中国的企业 R&D 投入经费强度

数据来源：OECD 数据库，网址 http：//stats. oecd. org/。

　　在知识经济的时代，学科交叉融合成为趋势，新的学科增长点不断涌现，从基础研究、应用研究、技术开发到产业化的

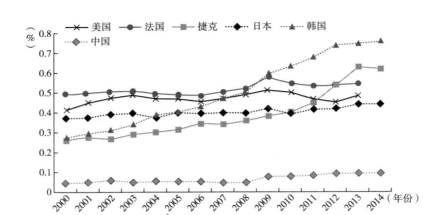

图 2 - 12 世界部分发达国家及中国的基础研究投入强度

数据来源：OECD 数据库，网址：http://stats.oecd.org/。

边界日趋模糊，创新周期逐渐缩短。为了抢占科技创新和经济发展的战略制高点，世界主要国家都高度重视基础研究，加大对基础研究投入力度。美国、韩国、日本等发达国家基础研究投入占 GDP 比重均在 0.5% 左右及以上，其中韩国最高，为 0.76%。此外，发达国家基础研究投入来源广泛，能积极调动企业参与基础研究的积极性。从政府和高校、科研院所等公共机构在基础研究中的投入占比来看，美国为 68.5%，日本为 56.15%，韩国仅为 42.41%，企业投入占比高达 20% 以上。而中国公共机构基础研究投入为 98.58%，企业在基础研究中的投入非常欠缺。

中国近年来 R&D 经费投入增长较快，在绝对量上仅次于美国，但在投入强度上仍落后于一些发达国家。在投入结构上，中国需借鉴发达国家的做法进行改进和完善，引导市场主体尤其是企业、科研院所、高校等全社会力量共同加大研发投入力度，引导企业将更多研发资金投入基础研究之中，并充分利用市场机制的配置作用，确保研发投入的针对性、及时性、有效性，提高资金使用效率。

2. 科技创新前沿

科技期刊所展现的是当前最为前沿的科研领域，探索的是最为先进的理论技术，科技期刊的数量在很大程度上可以从侧面反映一个国家是否有能力引领科技创新，是否已经有将最先进技术融入工业生产的潜力。美国拥有科技期刊发表论文数量 2013 年达到 41.25 万篇（见图 2-13），远高于同属高收入国家的日本和德国等国家，在科技前沿具有绝对优势；日本、德国科技期刊发表论文数量增长速度较为稳定，近年来稳定在 10 万篇左右。中国科技期刊论文发表数量迅速增长，已经逐步赶超许多发达国家，至 2013 年已经接近美国，达到 41.14 万篇（见图 2-13），但在权威期刊及论文质量上仍有待提高。

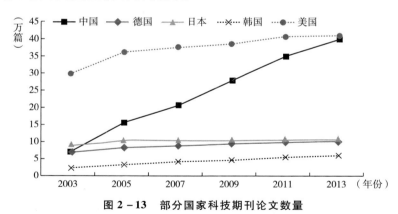

图 2-13 部分国家科技期刊论文数量

数据来源：世界银行数据库网站，网址：http://data.worldbank.org.cn/。

3. 专利申请

一个国家的专利申请数量及增长，反映出国家产业技术创新活动的活力，[1] 当前世界上有五大知识产权局，包括欧洲专利局、

——————

[1] 金碚：《中国工业的技术创新》，《中国工业经济》2004 年第 5 期，第 5~14 页。

日本特许厅、韩国特许厅、中国国家知识产权局和美国专利商标局，他们是世界科技创新的活跃中心。在专利申请方面，美国和日本在不同收入水平国家中表现突出且各具特点。在美国，从2005年到2015年，美国的专利总数增长了212139件，年均增速4.19%，发明专利数量增加了198677件，年均增速4.20%，而且发明专利中的外国申请已经超过50%；在日本，专利总数和发明专利都呈现出收缩的趋势，从2005年到2014年，数量分别减少了101089件和4291件，年均下降速度分别为2.96%和5.12%，而且日本申请占据着专利申请的近七成。

表 2 - 10　2005～2015 年美国和日本的专利总数及申请数量

	年　份	2005	2006	2007	2008	2009	2010	2011	2012	2013	2014	2015
美国	专利总数	417508	452633	484955	485312	482871	520277	535188	576763	609052	615243	629647
	发明专利	390733	425967	456154	456321	456106	490226	503582	542815	571612	578802	589410
	外观设计专利	25553	25515	27752	27782	25806	29059	30467	32799	36034	35378	39097
	植物专利	1222	1151	1049	1209	959	992	1139	1149	1406	1063	1140
日本	专利总数	427078	408674	396291	391002	348596	344598	342610	342796	328436	325989	
	发明专利	11386	10965	10315	9452	9507	8679	7984	8112	7622	7095	
	设计专利	39254	36724	36544	33569	30875	31756	30805	32391	31125	29738	
	商标专利	135776	135777	143221	119185	110841	113519	108060	119010	117674	124442	

注：表中专利分类及统计，分别依据美国和日本专利网站的口径和分类标准，故存在差别。

数据来源：美国专利商标局网站（http://www.uspto.gov/learning-and-resources/statistics）、日本特许厅网站（http://www.jpo.go.jp/english/statistics/statistics/index.html）。

第四节　推进"再工业化"和"两化融合"

"如果一个发达的现代经济体要想真正地实现繁荣富强，那么就必须有一个强大、多样和富于创新性的制造行业，它的目标是不仅能在资源约束下提供高质量产品的制造者，而且是能提供更多就业机会的制造者。"① 瓦克拉夫·斯米尔做出如上论断，这个论断一如两百多年前亚历山大·汉密尔顿（Alexander Hamilton）在《制造业报告》中的论断："与制造业繁荣休戚相关的不仅仅是一个国家的财富，甚至还有这个国家的独立。每一个为实现其伟大目标的国家，都应拥有满足本国需求的所有基本市场要素。"② 可见，发达国家尤其是美国强调制造业的重要性由来已久。当然，发达国家曾在 20 世纪 70、80 年代开始了一波较强的"去工业化"浪潮，但是，在 2008 年金融危机后注意到这种"去工业化"产生的问题后，发达国家重新重视制造业的发展，并适时提出"再工业化"战略。发达国家强调制造业的重要性，在任何情况下都不应忽视制造业的经验教训值得我们认真吸取。事实上，制造业是发达国家社会技术创新的第一源泉，并且制造业依旧是技术信息的第一大源泉，而且它的技术进步改造了现代经济的各个方面。瓦克拉夫·斯米尔进一步告诫："我们务必提醒那些认为现代社会可以脱离制造业而独享繁荣的人：制造业不仅是把这种有益知识转化为物质财富的基本模式，而且在这种知识演化为构成现代社会基础的诸多便捷服务的过程中，制造业同样是最根本的手段。"③

---

① 〔美〕瓦克拉夫·斯米尔：《美国制造：国家繁荣为什么离不开制造业》，李凤海、刘寅龙译，机械工业出版社，2014，序言。
② 〔美〕瓦克拉夫·斯米尔：《美国制造：国家繁荣为什么离不开制造业》，李凤海、刘寅龙译，机械工业出版社，2014，第 1 页。
③ 〔美〕瓦克拉夫·斯米尔：《美国制造：国家繁荣为什么离不开制造业》，李凤海、刘寅龙译，机械工业出版社，2014，第一章。

当前，中国存在"脱实向虚"的现象，值得警惕。而发达国家推进"再工业化"，以及在"再工业化"背景下，大力促进工业化和信息化融合发展战略，大力发展先进制造、智慧制造和绿色制造，更值得包括中国在内的广大发展中国家借鉴学习。

一 推进 "再工业化"

20 世纪 80 年代至今，世界制造业的格局发生了很大的变化，发达国家经历了从工业化到"去工业化"到"再工业化"的过程。所谓"去工业化"是指劳动力迅速从第一、第二产业向第三产业转移，制造业占本国 GDP 的比重和占世界制造业的比重持续降低，制造业向新兴工业化国家转移，制造业占本国 GDP 的比重持续降低。"去工业化"使工业经济在发达国家的地位不断下降，而以金融、房地产为代表的虚拟经济高度发达，其高杠杆、高风险的特征最终使得 2008 年的金融危机爆发。

金融危机导致发达国家陷入低增长、高债务和高失业的困境中，并且因为"去工业化"而过度依赖服务业，产业单一化和实体经济空心化的现状逐渐显现出来。面对这些问题，发达国家重新认识到实体经济是国民经济的重要基础，只有实体经济和虚拟经济协调发展才能始终保持经济活力。因此，发达国家纷纷提出"再工业化"战略，再工业化不仅是发达国家实现经济复苏、增加就业的措施，更是其加快转变经济发展方式，掌握新一轮产业革命主导权的重要手段。研究主要发达国家的再工业化战略举措和实现路径，对后发国家加快转变经济发展方式，实现包容的可持续工业化有着非常重要的借鉴意义。

1. 再工业化的内涵

"再工业化"（Re‒industrialization）［较早出现在《韦伯斯特词典》（1968 年版）］，其解释是"一种刺激经济增长的政策，特别是通过政府的帮助来实现旧工业部门的复兴和现代化并鼓励新型工业部门增长"。历史上发达国家曾三次提出过"再工业化"战略，其产生背景都与经济发展缓慢、失业率上升有关。第一阶段是 20 世纪六七十年代。美国社会学家阿尔泰·埃兹厄尼首次提出"再工业化"发展方式，针对当时德国鲁尔、法国洛林、美国东北部以及日本九州等地区重工业基地改造问题，提出加大基础设施投资，加速固定资产更新换代，提供能够提高能源效率的新设备等。第二阶段是 20 世纪 80 年代，"再工业化"是产业结构的调整和升级，通过发展高附加值、知识密集要素和产品，以及服务于新市场以新技术创新为主的产业来提升国际竞争力。第三次为 2007 年金融危机后，以美国为代表提出的"再工业化"战略。

在全球产业格局正在发生深刻的调整和变革的今天，本轮发达国家"再工业化"政策与前两次明显不同，不仅仅是简单的回归工业实体，而是以高新技术为依托改造升级传统工业，发展高附加值的高端制造业，以新能源、环保、信息等新兴产业为主体推动产业结构调整，构建具有强大竞争力、可持续的新工业体系。

2. 政府政策引导再工业化

（1）将再工业化上升到战略地位

国际金融危机之后，发达国家实施了一系列政策措施来推动再工业化战略，不仅包括支持重回制造业的战略，还涉及鼓励技术创新、扶持新兴产业等方面的战略措施，这些措施互为补充，共同构成了发达国家实现再工业化的战略体系。

鼓励重回制造业。发达国家在此次"再工业化"战略中，发展制造业作为重要的国家战略，制定了诸多发展规划，通过积极的工业政策，鼓励重回制造业。例如，美国 2009 年出台了《重振美国制造业框架》，2010 年 8 月奥巴马签署了《美国制造业促进法案》，提出降低制造业成本，恢复竞争力。2009 年，英国政府提出的"重振制造业战略"通过科技创新和低碳技术对传统工业进行升级改造。日本发布《制造业白皮书（2011 版）》指出日本制造业面临控制成本和加快研发的挑战，并提出一系列措施提升制造业竞争力。

鼓励科技创新和新兴产业。发达国家深知创新驱动的重要性，纷纷出台一系列培育和发展新兴产业为核心的战略，这些战略不仅为发展指明了方向，还明确了要加大科技创新投入，为促进生产方式的变革营造良好的创新环境。主要发达国家关于科技创新和新兴产业的战略见表 2 – 11。

表 2 – 11　主要发达国家关于科技创新和新兴产业的战略

	时　间	战　略	内　容
美　国	2009	《美国复苏和再投资法案》	推出了总额为 7870 亿美元的经济刺激方案，投资的重点领域为基建和科研、教育、可再生能源及节能项目、医疗信息化以及环境保护
	2011	国情咨文	削减其他方面财政支出，保持新能源、教育和基础设施方面的投资强度，政府投资 6 亿美元促进消费者购买节能汽车
	2015	国家创新战略（2015）	聚焦九大战略领域：先进制造、精密医疗、大脑计划、先进汽车、智慧城市、清洁能源和节能技术、教育技术、太空探索和计算机新领域

续表

时　间		战　略	内　容
欧　盟	2010	《欧盟2020战略》	鼓励创新，推动经济更健康、绿色地发展；发布70亿欧元的科技创新激励计划，重点激励健康、环保、生物多样性、信息通信和纳米技术领域发展
	2015	《地平线2020》	2016～2017两年内投资约160亿欧元推动科研与创新，智能制造、智慧城市、物联网等新兴产业成为重点扶持领域
英　国	2009	《构筑英国未来》	以建设现代化基础设施为支撑，大力发展低碳经济、生物产业、生命科学、数字经济、先进制造和金融服务业，于2010年1月和2月分别增加1.25亿英镑投资低碳清洁技术、2亿英镑用于发展生命科学、数字产业和先进制造
德　国	2011	《德国工业4.0》	分别利用自身在制造设备及嵌入式系统领域的领先优势，通过将物联网与服务引入制造业从而重构全新的生产体系，形成新的产业革命
	2013	《高技术战略2020》	将德国"工业4.0"战略项目纳入《高技术战略2020》的十大未来项目中，计划投入2亿欧元资金，支持工业领域新一代革命性技术的研发与创新
日　本	2015	《产业结构展望2010》（第四次修订）	进一步加强对纳米材料计划、第二次科学技术基本计划、超级钢铁材料开发计划中重点新材料产品研发的财政与税收政策支持，财政拨款额提升3个百分点，税收方面现有的减免优惠政策延长3年

资料来源：作者整理。

（2）产学研合作推进再工业化

以美国为代表的发达国家逐渐将产学研的合作模式应用到振兴制造业、发展新兴产业的过程中。2011年，奥巴马总统推出了"高端制造合作伙伴"（Advanced Manufacturing Partnership，AMP）计划，该计划不是由政府部门直接负责，而是由道氏化学公司和麻省理工学院共同领导实施，研究领域包括建设国家安全关键产业的国内制造能力；缩短先进材料从开发到推广应用的时间；投资新一代机器人；开发创新型的节能制造工艺等。美国还成立关注高技术产业的制造业创新中心，主要包括新一代电子电力制造创新中心、数字化制造和设计创新中心、轻型现代金属制造创新中心等①。

3. 深化高端制造业

深化高端制造业是发达国家达成再工业化目标的核心步骤，不仅能带动传统制造业发展，引领世界新一轮产业革命，还将成为下一轮全球经济增长的支撑点。

目前，发达国家纷纷启动关于支持高端制造业的计划，积极在工业机器人、纳米技术、高端电池、新能源、新材料等领域加强攻关。工业机器人是集机械、电子、计算机、传感器、人工智能等多学科先进技术于一体的自动化装备。工业机器人在生产环节的应用，可以提高生产效率、降低能耗，是促进传统工业升级改造，深化高端制造业的关键技术，它不仅能促进各工业行业的自动化水平的提高，同时也能产生良好的技术溢出效应，带动整个工业行业的转型升级。

根据国际机器人联盟组织（IFR）统计，2005～2015年全球机器人销售量总体逐步上升，2015年一年全球总销售量为25.4万台，增长率约为15%。IFR预测，2016年工业机器人供应量仍会保持14%的增长，并且2019年年供应量将超过40万台，将比2015年增加63%（见图2-14）。其中2015年亚洲销量约占全球销量的2/3，销量为14.4万台；欧洲地区为5万台；北美地区销量达到3.4万台，较2014年同比增长11%。

---

① 国家制造强国建设战略咨询委员会：《中国制造2025蓝皮书》，电子工业出版社，2016。

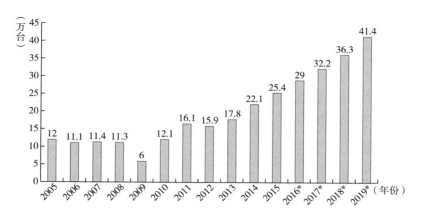

图 2 - 14　全球工业机器人销售量（ * 代表预测值）

资料来源：IFR，*World Robotics 2016*，http：//www.ifr.org/industrial - robots/statistics/。

日本和欧洲是工业机器人主要供应商，ABB、库卡（KUKA）、发那科（FANUC）、安川电机（YASKAWA）四家占据着工业机器人主要的市场份额，但是各国都具有自己的优势。日本机器人市场成熟，在微电子技术领域及功率电子技术领域技术领先世界，韩国的半导体、传感器等高技术产业的发展为本国工业机器人的发展提供了技术支持，德国工业机器人发展侧重于人机交互、机器互联、机器视觉等先进领域。

从工业机器人的使用来看，2015 年全球正在使用的工业机器人约为 160 万台。汽车行业使用工业机器人的数量为 62.31 万台，相比 2014 年增加 10%，占所有行业使用量的 38%；电气和电子行业居第二位，使用量为 32.86 万台，相比 2014 年增长 18%，占据所有行业使用量的 20%；其次为金属、化学和塑料业，相比 2014 年分别增长 16%、11%（见图 2 - 15）。由此可见，工业机器人在各行业中的使用不断增加，并且不仅在汽车等高端制造业中起到重要作用，在传统制造业中的作用也逐年提升。

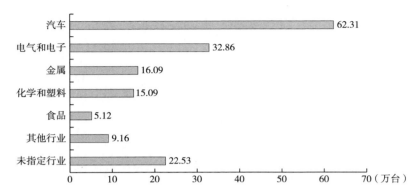

图 2 – 15　2015 年全球正在使用的工业机器人行业分布

资料来源：IFR，*World Robotics 2016*，http：//www.ifr.org/industrial – robots/statistics/。

从工业机器人在制造业中的使用密度来看，韩国、新加坡、日本、德国等发达国家处于世界前列。2015 年，第一名韩国每百万名工人拥有的工业机器人为 531 台，远远领先于世界平均水平 69 台。日本、德国为第二梯队，分别为 305 台和 301 台（见图 2 – 16）。将汽车行业与其他所有行业比较分析，可以看出，汽车行业工业机器人使用密度远高于其他行业，日本、韩国、美国、德国占据前四名。

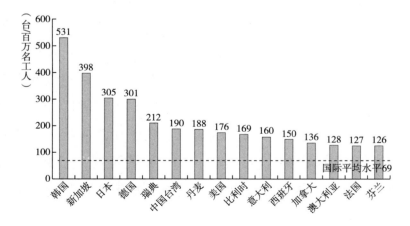

图 2 – 16　2015 年制造业多用途工业机器人使用密度

资料来源：IFR，*World Robotics 2016*，http：//www.ifr.org/industrial – robots/statistics/。

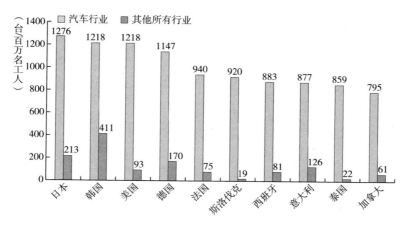

图 2 - 17　2015 年汽车行业和其他行业中多用途工业机器人使用密度
资料来源：IFR，*World Robotics 2016*，http：//www.ifr.org/industrial - robots/statistics/。

日本、韩国、德国等发达国家在工业机器人生产和使用中的优势与其国家政策的支持紧密相连。例如，日本政府拟把机器人作为经济增长战略的重要支柱，通过扩大机器人应用领域、设立"实现机器人革命会议"、加快技术研发、出台放宽限制的政策等，大力促进工业机器人在工业生产中的使用。

此外，工业机器人逐渐向智能化工业机器人发展，借助大数据、云计算等信息技术工业机器人可以成为物联网的终端和节点，成为信息化与工业化融合的重要基础，推进智能制造业，从而降低能耗和提高资源使用效率。

4. 发展绿色工业

发达国家一直致力于工业发展的绿色化。例如，美国政府积极引导生产过程绿色化，借助价格、税收、信贷、工资等多种措施，推动传统工业绿色转型。美国自 1996 年设立"总统绿色化学挑战奖"，支持化工界研发降低资源消耗、防治污染的新工艺新方法。2009 年发布了《美国清洁能源与安全法案》，要求减少对化石能源的使用，引入了名为"总量控制与排放交易"的温室气体排放权交易机制，逐渐减少发电、炼油、炼钢等工业部门的温室气体排放配额，超额排放需要购买排放权。

企业和行业协会也纷纷行动起来，美国柯达、通用电气、通用汽车等大企业与环保局结成伙伴关系，开始施行"气候领导者计划"（The Climate Leaders Program），旨在通过自主减排使企业在应对气候变化中发挥更积极的作用。欧洲汽车企业曾经反对政府实行环境税等环保和减排措施，但近年来，这些企业态度有所转变，开始采取自主管制的方式，即在产业联盟主导下自主确定减排目标，实施减排计划。2009～2012年欧洲部分品牌汽车碳排放量见图2－18。

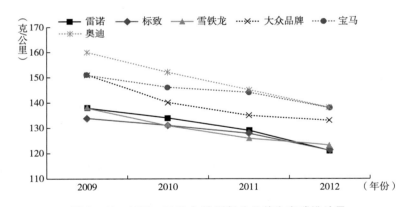

图2－18　2009～2012年欧洲部分品牌汽车碳排放量

资料来源：根据网易汽车网站（http://auto.163.com/special/observation104/）相关信息整理。

在工业生产过程和工业产品产生的硫化物排放方面，美国和日本都表现出了总体下降的趋势，美国从1990年的168.01万吨减少到2014年的52.50万吨，排放总量减少了2/3，日本从4.81万吨减少到2.12万吨，排放量减少了五成多。而在工业生产过程和工业产品产生的氮氧化物排放方面，日本的排放量逐渐减少，从 1990 年的 9.22 万吨减少到 2014 年的 4.83 万吨，减少了近一半（见表 2－12）。

表 2－12　美国和日本生产过程中硫化物和氮氧化物排放情况

单位：万吨

年　份		1990	1995	2000	2005	2010	2011	2012	2013	2014
硫化物	美国	168.01	144.15	124.97	89.44	58.13	52.50	52.50	52.50	52.50
	日本	4.81	5.30	4.80	4.46	2.48	2.12	2.12	2.12	2.12
氮氧化物	美国	72.30	69.67	72.46	87.73	100.07	105.34	105.34	105.34	105.34
	日本	9.22	9.06	7.31	7.53	5.26	4.83	4.83	4.83	4.83

数据来源：OECD 数据库网站（http://stats.oecd.org/）。

此外，美国、欧洲和日本等发达国家大力发展可再生能源等新兴产业，以可再生能源推动产业新格局。例如，美国 2015 年发布的《美国创新战略》指出，依靠风能和太阳能的电力生产增加了 20 多倍，联邦政府决定通过部署和开发清洁能源技术、鼓励投资倾向气候变化解决方案，进一步提高能源利用率，在保证提升美国能源安全的前提下，继续保持新能源生产量增加这一势头。2015 年日本进一步加强对"新阳光计划"的财政支持力度，对以太阳能为核心的新能源产业进行重点扶持。

由图 2－19 可以看出，2002～2014 年可再生能源发电量占总发电量的比例逐年上升，并且欧洲国家可再生能源发电量占总发电量的比例远高于其他国家，2014 年，丹麦非水可再生能源发电量占比为 52.2%（是 2002 年的 3.2 倍），德国非水可再生能源发电量占比 23%（是 2002 年 6.3 倍），美国非水可再生能源发电量占比为 6.9%（是 2002 年 3.4 倍），可见欧洲国家在非水可再生能源发电量占比上远高于其他国家。

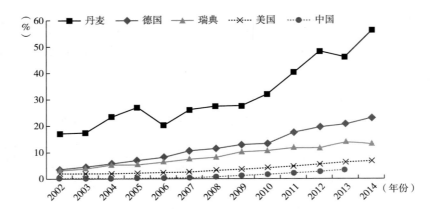

图 2 - 19 非水可再生能源发电量占总发电量的比例
资料来源：世界银行数据库（网站：http://databank.shihang.org/data/）。

二 推进工业化和信息化融合

在工业化发展过程中，与信息化相融合已经成为不可逆转的新的发展方向，对"两化融合"的定义解读很多，可以简单理解为信息技术与工业生产的高层次的深度结合，用信息化带动工业化、以工业化促进信息化，用先进的科学技术支撑包容的可持续工业化。"两化融合"的兴起和在全球的推广主要有两方面因素的作用：一是上一次工业革命所带来的技术改进、生产方式转变等变革，在工业领域已经被充分消化，工业生产面临生产效率停滞、区域工业生产差距拉大、产业结构亟待调整升级、资源环境压力巨大等诸多挑战，工业化进程迫切需要新的技术刺激；二是以现代通信、网络和数据库技术为代表的信息技术，在短时间内得到了广泛应用，被称为"第四次工业革命"，特别是这种网络性生产工具正在深刻地改变传统的工业生产生产方式，为工业化提供了新的发展契机。

1. 积极发展下一代信息技术

以物联网（The Internet of Things）、云计算、下一代通信网络为代表的新一轮信息技术革命，正在国际经济竞争共同关注的重点。其中，物联网是下一代信息技术的核心组成部分，也是实现工业和信息化融合，发展智能工业、智慧城市的重要支撑。

物联网的核心和基础仍然是互联网，是在互联网基础上的延伸和扩展的网络，其用户端延伸和扩展到了任何物品与物品之间，进行信息交换和通信①。物联网被誉为信息技术领域的第三次革命，2015 年 DHL 和思科联合发布了一份关于物联网的"趋势报告"，报告指出"到 2020 年全球通过互联网连接的设备将由现在的 150 亿美元增长到 500 亿美元，累计增幅将超过 200%；未来 10 年间，全球物联网产值将达到 8 万亿美元"②。发达国家在物联网领域掌握众多核心技术，拥有很强的实力。美国、日本、韩国拥有的物联网专利遥遥领先于其他国家（见图 2 - 20），这得益于美、日、韩对下一代信息技术产业的高度重视，启动了以物联网为基础的"智慧地球""物联网行动计划""U - Japan""U - Korea"等战略规划投入巨资进行物联网研发和应用。

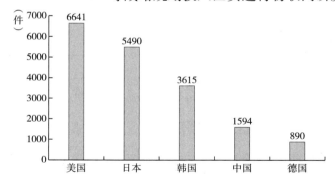

图 2 - 20　主要国家物联网专利申请件数

资料来源：甘绍宁：《战略性新兴产业专利技术动向研究》，知识产权出版社，2013。

---

① 物联网定义引自物联中国网站，http：//www.50cnnet.com/。

② 中华人民共和国商务部：《2020 年全球物联网连接设备将达到 500 亿美元》，http：//www.mofcom.gov.cn/article/i/jyjl/k/201504/20150400947121.shtml。

此外，发达国家中以高通、英特尔、LG、微软等企业为代表的产业界也纷纷加大投入用于物联网软硬件核心技术的研发及产业化。根据美国专利产权咨询公司 Lex Innova 2016 年 5 月发布的与物联网专利相关的调查报告显示，美国高通和英特尔排名前两位，其专利数量是第三名中兴的两倍多和近两倍（见图 2－21）。并且从 2016 年增长数量来看，仅美国高通就增长了 157 个专利，是第二名 LG（63 个）的两倍还多（见图 2－22）。

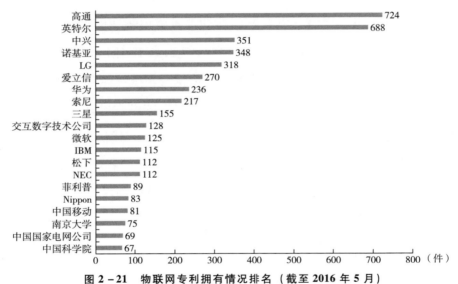

图 2-21 物联网专利拥有情况排名（截至 2016 年 5 月）

资料来源：咨询公司 Lex Innova 2016 年 5 月发布的与物联网专利相关的调查报告。

2. 推进工业化和信息化融合

工业化和信息化融合发展是升级传统工业，抢占未来产业竞争制高点，实现可持续发展的必由之路。将以互联网和物联网为基础的信息技术应用到工业生产环节，实现智能化生产，同时能够整合不同企业资源，打破技术壁垒，为发展绿色经济、循环经济和集约经济提供了新的思路。近年来以德国、美国为代表的发达国家纷纷探索因地制宜的工业化和信息化融合发展方式。

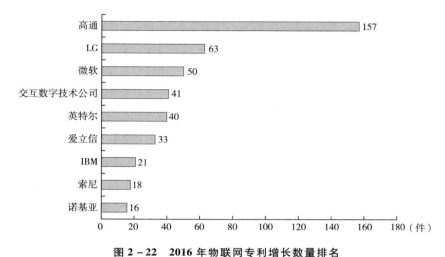

图 2 - 22　2016 年物联网专利增长数量排名
资料来源：咨询公司 Lex Innova2016 年 5 月发布的与物联网专利相关的调查报告。

　　2011 年德国在汉诺威工业博览会上提出基于物联网的"工业 4.0"概念，通过充分利用自身在制造设备及嵌入式系统领域的领先优势，大力推动物联网和服务互联网技术在制造业领域的应用，提升制造业的智能化水平，实现智能工厂和智慧生产。2013 年将工业 4.0 纳入《高技术战略 2020》的十大未来项目，宣称未来 10 年，信息物理系统（Cyber - Physical System，GPS）的智能化将使人类步入以智能制造为主导的第四次工业革命，产品全生命周期和全制造流程的数字化以及基于信息通信技术的模块集成，将形成一个高度灵活、个性化、数字化的产品与服务的生产模式①。

　　对比《中国制造 2025》，德国工业 4.0 战略更加注重中小企业的参与，德国机械及制造商协会（VDMA）联合卡尔斯鲁厄理工学院等几个单位，共同完成了《中小企业 4.0 实施指南》，并且和博

---

　　①　罗文：《德国工业 4.0 战略对中国推进工业转型升级的启示》，《可编程控制器与工厂自动化》2014 年第 9 期，第 36 ~ 39 页。

世、菲尼克斯、Fest 等工业 4.0 的领跑企业共同举办"车间现场"（workshop）来指导中小企业的工业 4.0 实施，同时根据企业需求开展内部培训。此外，一些行业协会和大公司根据实践项目经验建立了一些评估方法，帮助中小企业对是否做好升级工业 4.0 进行自我评测。[1]

美国工业互联网比德国的工业 4.0 更加注重软件、网络、大数据等在工业领域的应用。通用电气公司于 2012 年提出"工业互联网"的概念，随后美国五家行业龙头企业联手组建了工业互联网联盟（IIC），IBM、思科、英特尔和 AT&T 等 IT 企业纷纷加入工业互联网联盟。这些企业致力于发展一个"通用蓝图"，使各个厂商设备之间可以实现数据共享，并通过制定通用标准，打破技术壁垒，利用互联网激活传统工业过程，从而实现传感器、网络、计算机、云计算系统、大型企业等各种实体的全面整合，实现工业智能化，全面提升整个工业产业链的效率。

其他国家也效仿德国、美国，纷纷提出适宜本国的工业化和信息化融合的战略。法国 2015 年制定《新工业法国Ⅱ》一个核心，即"未来工业"，主要内容是实现工业生产向数字制造、智能制造转型，提出了包括大数据经济、环保汽车、新资源开发、现代化物流、新型医药、可持续发展城市等九大重点领域。韩国制定《制造业创新 3.0 战略行动方案》针对当前韩国制造业薄弱环节，加大投入力度，并大力积极促进制造业与信息技术相融合，发展无人机、智能汽车、机器人、智能可穿戴设备、智能医疗等信息产

---

① 《工业 4.0 成熟度评级指南 德国工业 4.0 平台成绩单》，工控网，http：//gongkong. ofweek. com/2016 – 05/ART – 310000 – 8500 – 29102312_ 5. html。

业，打造韩国未来工业体系。日本发布《制造业白皮书（2015版）》提出其他发达国家均通过将工厂装备和零部件等与互联网相连的方法提高生产率，日本制造业也应顺应这一趋势，转型为利用大数据的"下一代"制造业。

第五节　实施人才强国战略

为了抢占未来发展的战略制高点，世界各国纷纷制定实施新的人才战略，策划出台新的政策法规和举措，加大对他国创新创业人才的吸引留置力度。例如，美国参议院通过《移民改革法案》，提出取消科技、工程等领域人才移民配额，获得博士学位的外国人取得绿卡可以不受数额限制等一系列优惠政策；欧盟实施支持青年人才跨境培养行动计划，确保优秀人才在欧盟国家内良性循环；加拿大、韩国等国家专门制定吸引外国专业技术人才、海外企业家的移民项目。[①] 综合国力竞争说到底是人才竞争，高端人才和科技创新已成为大国角逐的决定性力量，谁能培养和吸引更多优秀人才，谁就能在未来一个时期的综合国力竞争中占据优势。面对严峻的国际人才竞争形势，我们必须以深入实施人才强国战略为统领，采取更加有力的人才举措，制定更具优势的人才政策，在国际人才竞争中赢得主动。

一　发展教育

人才和企业家是工业发展的高级要素，而创新精神是实施创

---

① 陈希：《加快建设人才强国——学习贯彻党的十八届五中全会精神》，《人民日报》2015 年 11 月 11 日。

新驱动发展的灵魂。只有充分激发人才的创新精神，发挥企业在创新中的引领作用才能真正实现创新驱动发展。发达国家在教育体系建设、人才制度、培养创新精神等方面的做法值得中国借鉴。

人才是创新的核心要素，是保持国家创新活力的关键。为适应知识经济时代的到来，发达国家纷纷实施人才强国战略，根据产业升级和可持续工业化的要求，加快调整人才结构，着力培育具有创新能力的科学家、企业家人才、高技能人才队伍，工程师和高水平创新团队等。瑞士洛桑管理学院（IMD）2016 年 11 月发布了《2016 年 IMD 世界人才报告》（*IMD World Talent Report 2016*），通过对投资与发展人才、吸引与留住人才及人才准备度三大指标进行评估，瑞士、丹麦、瑞典、荷兰、芬兰等发达国家占据领先地位。发达国家在创新中的优势地位得益于其良好的教育体系和人才制度，他们不仅注重把创新精神的培育融入国民教育的过程中，还注重引进高端人才，丰富本国的创新人才队伍。

1. 重视教育

发达国家始终把教育放在国家发展的战略地位。例如，美国建国之初《全民教育法案》提高全民受教育水平和素质，还颁布《美国 2000 年教育战略》《为 21 世纪而教育美国人》《美国为 21 世纪而准备教师》等法案，为完善教育提供法律保障。

充足的教育支出是发展教育的基础，发达国家教育支出在 GDP 中占有很大的比重。2013 年，美国、英国等教育强国教育支出在 GDP 中所占比重在 6% 以上；美国高等教育支出在 GDP 中所占比重高达 2.6%，韩国高达 2.3%（见图 2 – 23）。从人均教育支出的角度，一些发达国家每年每学生的教育支出瑞士为 19376.6 美元、挪威为 16175.3 美元、美国为 15719.8 美元、英国为 13613.4 美元、日本为 12018 美元。

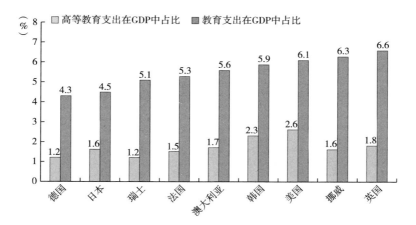

图 2 - 23　主要国家教育支出占 GDP 比重（2013 年）
资料来源：OECD 数据库（网址 http：//stats. oecd. org/）。

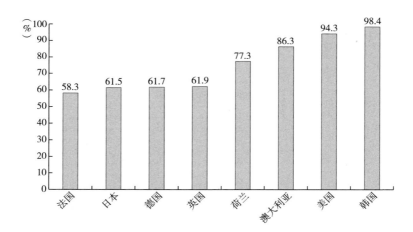

图 2 - 24　主要国家高等教育毛入学率（2012 年）
资料来源：国家统计局《2014 国际统计年鉴》。

　　高等教育毛入学率①是衡量一个国家提供高等教育机会的综合
水平的指标。通常认为高等教育毛入学率超过 15%，高等教育就

---

①　毛入学率，指某学年度某级教育在校生数占相应学龄人口总数比例，标志教
育相对规模和教育机会，是衡量教育发展水平的重要指标。

进入大众化阶段，超过 50%，则代表高等教育进入普及化阶段。韩国、美国的高等教育高达 90% 以上，分别为 98.4%、94.3%，澳大利亚高达 86.3%，法国、日本、德国等国家也在 50% 以上（见图 2 - 24）。此外，美国、英国等发达国家高度重视高等院校建设，其人才优势主要来自其数量众多的优秀的高等院校。美国高等教育质量位居世界第一位，据统计，全球前 500 名高校中美国占据 1/3，并且绝大多数州都拥有 3 至 5 所世界一流大学。此外，美国具有世界上最完善的大众教育系统，拥有 1200 余所二年制社区学院，占美国大学总数的一半以上。社区学院是美国高等教育中最具活力的一个层次，它的普及增加了美国青年接受高等教育的机会，为提高劳动者的素质和培育高级技术人员提供了平台。

2. 灵活的教育制度

（1）发展 STEM 教育

在国家实力的比较中，获得 STEM（科学、技术、工程和数学）学位的人数成为一个重要的指标，STEM 一直是美国保持创新的核心。STEM 教育包括科学、技术、工程和数学教育，但 STEM 教育不只是上述四种教育的简单组合，而是不同学科之间的融合，将原本分散的学科形成一个整体。该概念最初由美国国家科学委员会于 1986 年提出，随后 STEM 教育逐步成为全美教育体系的重要环节，并从本科教育延伸到 K - 12 教育，从基础教育开始就培养学生探索科学知识的能力。

美国的官方和民间组织也对 STEM 教育的发展给予了大力支持。美国在 2011 年就在国家科学技术委员会下建立了 STEM 教育委员会。2013 年，美国总统科技政策办公室发布"联邦科学、技术、工程和数学教育五年战略计划"，规划对提高国家 STEM 教育质量、保证和增加青少年及公众对 STEM 教育的参与、加强在校大学生的 STEM 学习、为未来 STEM 劳动力提供所需的研究生教育等方面进行了详尽的部署。国家科学基金会（NSF）的研究生奖学金项目（Graduate Research Fellowship Program，GRFP）对 STEM 教育方向的研究课题给予鼓励和支持。2016 年美国财政预算对 STEM 教育投入 30 亿美元资金支持，比 2015 年增加了 3.8%。

（2）注重现代职业教育

以德国为代表的"双元制"教育，已经成为现代职业教育发展的典范，这种特殊的人才培养方式，学生需要在企业等校外场所参加培训以及在学校学习专业知识来完成学业，并且学生可以享受企业提供的薪酬补助。德国有一半以上的学生中学以后会选择职业教育，并且接受双元制教育培养的学生就业率高达 90% 以上。双元制教育注重实践和理论的结合，学生有 70% 的时间在企业参加专业培训。"双元制"教育与公司、协会、研究机构和政府部门等密切联系，为企业输送了高素质劳动者。德国政府高度重视职业教育，形成了保障职业教育实施的完整的法律体系，从顶层设计的高度制定了《职业教育法》，将发展职业教育上升为国家战略。

美国也逐步开始探索学徒教育。2015 年美国劳工部表示将设立 1 亿美元的"美国学徒奖金竞赛"，以促进新的学徒模式发展，为先进制造业输送人才。先进制造业指导委员会的成员陶氏化学、美国铝业公司和西门子公司等知名企业已经开始进行学徒制试点。

3. 培养创新创业精神

有数据表明，中国培养工程师所创造的产值大约相当于美国工程师的 1/16、德国工程师的 1/13、日本的 1/10；中国教育体系培育出的人才缺乏国际竞争力，工科大学毕业生只有10%可以达到跨国公司标准，而发达国家高达75%[①]。因此要借鉴国外创新教学的先进经验，建立能够提高创新意识和创新能力的创新教育模式，深化高校创新创业教育改革，将创新精神融会于教育培养过程中，为社会培养能够适应创新型国家建设的需要和挑战的人才。

（1）将创新精神的培养融入基础教育

为了提高学生的科技素质，1989年美国科学促进会公布了在国家科学技术委员会等机构资助下的《261规划：全民的科学》的教育计划，该计划详细阐述了全面改革美国基础教育的目标、步骤和科学依据，致力于提升美国中小学生的创新能力，将创新精神的培养融入教育过程中。

2009年，美国总统奥巴马宣布启动一项"教育创新行动"（the Educate to Innovate Initiative），以提升美国基础教育学生的科学和数学成绩。为响应该行动，非营利性组织Maker Ed于2012年设立了"创客教育计划"，为所有青少年提供参与制造的机会，通过实践培养中小学生的自信心和创新精神。2012年，奥巴马政府宣布未来4年将在美国1000所学校引入创客空间，提供创造和学习结合的学习环境。现在创客空间在高等学校及全球范围已经风靡开来。

英国的创新战略也非常重视中小学的科学和创新教育。英国不断改革完善中小学的科学课程，通过开设调查研究和实验课程加强中小学生参与科学实践的能力。英国设有"青年前瞻计划"，激励儿童去发现和解决与开发2020年世界创新性新产品相关的

---

① 孙学玉：《构建具有全球竞争力的人才制度体系》，《光明日报》2016年6月22日，第13版。

问题。

（2）高校推行创新创业教育

20 世纪 90 年代以来，美国、英国等发达国家纷纷将创新创业教育作为培养未来富有挑战性人才的战略。美国高校的创新创业教育体系完备，并且高校与企业、社会具有良好的合作关系，学生具有非常大的创业活力。2013 年 7 月美国发布了《创新与创业型大学：聚焦高等教育创新和创业》的报告，倡导大学创新创业教育，并明确了五大核心活动领域，即促进学生创新和创业，鼓励教师创新和创业，支持大学科技成果转换，促进校企合作，参与区域与地方经济发展。美国各个名校积极响应，例如，普林斯顿大学提出了到 2025 年成为全球师生和创业圈公认的、具有特色的、一流的创业型大学。美国高等教育注重培养学生的理解能力和自我认识，激励学生发现、改造、创新学习方式。创新和创业的课程体系是促进学生创新精神的保障，在具体做法上一些学校增加本科招生的多元化，以促进校内学科的交叉；或在文理学士学位课程的基础上，开展有关创新和创业的本科课程计划和硕士研究生计划。美国的大学还支持有关创业教育和科技创新的实习项目，颁布了许多鼓励学生创业的政策，包括成立专门的办事机构，成立创业基金或种子基金，开展创业培训等。

英国的创新创业教育开展较早，英国高等教育质量保证署（QAA）出台了全球最早的高校创新创业教育的指导纲领。英国的创新创业教育是创业素质教育（Enterprise Education）和创业实践教育（Entrepreneurship Education）的结合。创业教育注重培养学生的素质和人格特征，如具有创新的意识、勇于创业的心态等。创业实践教育侧重培养学生解决问题的能力，能够处理在创业过程中遇到的问题和困难。

（3）鼓励教师参与创新创业

大学教师在培养学生的创新创业中起到重要作用。美国大学逐渐推出各种奖励政策来鼓励和认可教师在学科中取得的成就，如"年度创新奖"和"年度教师企业家"。南加利福尼亚大学的劳埃德·格雷夫创业研究中心每年颁发"格雷夫研究影响奖"，奖励具有创新思维的教师。[①] 在重视提高教师在传统教学上的能力的同时，美国大学还鼓励教师与同行、社区创业者和商业团体合作，创立新公司，研究开发新技术。例如，美国弗吉尼亚大学、匹茨堡大学等顶尖研究型大学提倡教师可以利用假期，甚至给予教师额外的时间，鼓励其进行创业活动，并且倡导他们把对创业的理解整合到教学过程中，以增加学生对科技创新的理解。

二　重视人才

全球化时代也是人力资源国际再配置的时代。为了壮大和丰富本国的人才队伍，发达国家不断完善人才签证、永居、移民、国籍、税收、金融、社会保障等政策体系和相关法律制度，降低人才引进门槛，加大"人才套利"力度。

海外人才对美国生物技术、信息技术等新兴产业领域的发展起到了巨大的促进作用。据统计，1960 年至 2013 年，美国有 72 名获得诺贝尔奖的科学家是移民。美国通过对移民法的不断修正，吸引高技术工人、毕业生、企业家，这些移民在美国创新经济发展中起

---

① 赵中建、卓泽林：《创新创业美国高校这么做》，人民网，2015 年 7 月 8 日，http：//edu. people. com. cn/n/2015/0708/c1053 - 27271042. html。

着重要作用。例如，2013 年 4 月，美国参议会公布了 30 年来最大规模的移民改革法案，法案提到增加创业签证，将 H - 1B 签证的上限从 6.5 万个提高到 11 万个，将增加配比提供给在美获得 STEM（科学、技术、工程及数学）硕士学位以上的学生，以留住优秀人才。美国还在许多国家和地区设立研究机构。这些研究机构运用美国国内给予研究人员的报酬方式，如股票、期权等吸引当地人才为美国服务，并通过国际合作、聘用外国专家学者充实科研队伍等方式吸引他国人才。此外，美国拥有十分完善的社会福利制度、退休金制度和医疗保险制度，以及优越的工作机会。

韩国确立了"技术立国战略"，并出台了《国家战略领域人才培养计划》。2009 年，韩国投入 122 亿韩元设立了世界级研究机构计划（World Class Institution）。入选该计划的研究机构必须由从海外聘请的优秀科学家担任主任，并且必须具有一半及以上的国外研究人员。加拿大通过实施"首席研究员计划"，面向全球吸引顶尖级研究学者。此外，2013 年 4 月加拿大推出了全新的创业签证（Start - Up Visa）项目，以吸引创新企业家，促进加拿大经济发展。

第六节　促进中小企业发展

中小企业具有分布领域广、应变灵活等特点，在国民经济中处于重要地位，对增加就业、促进经济增长、科技创新与社会和谐稳定等方面具有不可替代的作用，对国民经济和社会发展具有重要的战略意义[①]。中小企业经常面对融资困难、资源配置不合

---

① 辛国斌：《激发"双创"活力促进中小企业发展》，《中国中小企业》2015 年第 9 期，第 30～31 页。

理、成本过高、研发方向不清晰等诸多方面的难题。对此，发达国家出台了一系列政策扶持和保护中小企业发展，营造有利于中小企业的生存环境，提高中小企业自主创新的竞争力，并以此激发创新精神和实现包容的可持续工业化。

一 中小企业发展的重要意义

随着大企业技术构成和管理水平的不断提高，优化重组成为企业转型升级的关键，大企业不仅难以提供新的就业岗位，还要削减冗余的工作人员。中小企业总体队伍庞大，大部分为劳动密集型企业，并且雇员具有较低的进入门槛，因此能够提供数量可观的就业岗位，吸纳下岗人员实现再就业，并且能够创造大批新增就业岗位。

中小企业是经济改革的催化剂，能够激发市场新活力。中小企业规模的迅速扩大，挤占了大企业的发展空间，为其带来巨大的竞争压力，但同时迫使大企业为适应市场竞争的要求，不断进行技术和体制改革，扩大研究和开发支出，促进产品结构升级。中小企业发展过程中面临较高的淘汰风险，各国中小企业都经历了转型升级的过程，并取得了一定的成效。因此，大企业在改革过程中可以借鉴中小企业成功经验以规避风险。

Audretsch 等通过案例发现，中小企业在技术密集型、高科技领域具有创新优势。[①] 许多国家的实践也表明，中小企业创造新技术、新产品的效率远高于大企业，同时能够加快新技术、新工艺、新产品、新材料在产业中的应用和扩散，日渐成为科研成果产业

---

① Audretsch, D. B., Leyden, D. P., Link, A. N., "Regional Appropriation of University – Based Knowledge and Technology for Economic Development," *Economic Development Quarterly: The Journal of American Economic Revitalization* 27 (2013): 56 – 61.

化的主要载体。虽然相比于大企业，中小企业 R&D 经费投入有限，中小企业通过发挥其他方面的优势实现创新。中小企业大多处于买方市场，因此市场需求的变化成为中小企业的创新诱因，它们能够开发新技术，以创造满足市场需求的新产品，还会拓展渠道扩大销售。在研发方向上，由于自身能力和其他条件的限制，中小企业更注重实用性技术的研究开发，有数据表明，中小企业中平均每个雇员实现的创新成果是大企业雇员的两倍。中小企业虽然受员工数目限制一般不设独立的研究开发机构，但中小企业具有灵活的组织形式，能够更便捷地参与高校及研究机构的产学研合作项目，逐渐成为科研成果转化的载体。因此提升中小企业的自主创新能力，对促进产业技术创新，增强产业的竞争力，实现创新驱动发展战略具有重要的现实意义。

中小企业具有巨大的发展潜力，具有良好的创新氛围和活力，为培养领军企业提供了沃土。近年来新兴技术型的企业在互联网络、新材料、半导体部件等领域取得了巨大的成功，微软、思科、苹果等大企业也是由中小企业在短时间内迅速成长为举世瞩目的大公司。德国、日本拥有大批历史悠久的中小企业，它们以生产高精尖的产品和卓越的品质为目标，践行与时俱进的创新精神，始终是行业品质和规范的领导者。此外，中小企业具有较高的适应性和冒险精神，成为培养企业家的摇篮。

二　主要发达国家中小企业发展现状

近年来，中小企业通过转型升级及加快创新实现了快速发展，逐渐成为经济界的中坚力量。Trade Up Capital Fund 和 Nextrade Group 2015 年发布的相关报告指出，目前美国中小企业数目约为

2800 万家，占企业总数的 99% 以上，提供了美国私营企业 50% 以上的就业机会和 65% 的新增就业岗位，所创造的 GDP 占美国非农 GDP 的 50% 以上，占美国出口总收入的 35%。

有数据表明，德国中小企业总数约为 370 万家，占企业总数的 99% 以上，贡献了约 54% 的 GDP，拉动 62% 左右的就业值，创造了 68% 的出口额，可见德国成为出口大国一定程度上依赖于中小企业。德国的中小企业不仅在国内具有突出贡献，在全球市场也具有突出的领军地位，据统计，全球目前共有 2734 家"隐形冠军"，其中德国就有 1307 家，占总数的 48%。

2012 年，日本全国约有 386 万家企业，中小企业就有 385 万家，占 99.7%，其就业人数约占企业就业总人数的 70%。根据日本中小企业厅发布《2014 年中小企业白皮书》提供的数据可以看出，法国、英国、美国等发达国家新创业企业的比率较高，例如 2012 年法国新创业企业比率高达 15.3%（见图 2-25），可见发达国家创业氛围较为活跃，这有赖于发达国家良好的创业环境，如金融支持、政府政策、有形基础设施等方面较为完善。

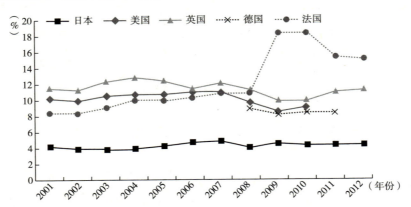

图 2-25　主要发达国家新创业企业比率（新创业企业数量/企业总数）
资料来源：日本中小企业厅《2014 年中小企业白皮书》。

三　政府政策促进中小企业发展

主要发达国家对中小企业的政策大多随着国家发展逐渐演变。现在，各国对中小企业的政策逐步倾向于鼓励中小企业创新，由于国家政策理念不同，这些政策的模式大致可以划分为三种：市场主导型、政府主导型、市场与政府平衡型（见表 2 - 13）。

表 2 - 13　主要发达国家中小企业政策模式及主张

政策模式	代表国家	政策主张
市场主导型	美国、英国、加拿大	市场经济成熟，中小企业扶持政策倾向于创造公平的市场环境，并限制和规范中小企业行为
政府主导型	日本、韩国、新加坡	政府干预经济力度较大，制定了完善的产业政策扶持中小企业发展
市场与政府平衡型	德国、法国、意大利	对中小企业的扶持既注重市场竞争又肯定政府管制的作用，发挥中介机构的协调作用

资料来源：根据张春凤《发达国家中小企业扶持政策比较及启示》，《社会科学战线》2014 年第 6 期整理。

这些政策模式与各国自身的特点相适应，对中小企业的发展起到了很好的促进作用。具体分析这些发达国家扶持中小企业发展的政策，可以得到以下共同点。

1. 完善的法律体系为中小企业发展营造良好的环境

法律手段是进行市场调控的必要手段。欧美等发达国家已经形成了与中小企业相关的法律体系，不仅规范了中小企业行为并引导其参与竞争，又保障中小企业机会平等并提供奖励激励。这些法律可以概括为三种类别。一是规范中小企业行为，增强其自主经营能力的法律。如美国的《小企业法》、日本的《中小企业基本法》等。二是保护中小企业公平参与市场竞争、限制大企业垄断和排挤行为的法律。如美国的《克莱顿反托拉斯法》、日本的

《独占竞争法》、德国的《反不正当竞争法》等。三是从专业角度对中小企业进行规范和指导的法律。如日本的《中小企业金融公库法》、法国的《研究与技术开发指导与规则法》等。

2. 庞大的领导和服务体系为中小企业发展提供支持

发达国家政府通过成立相关政府机构，建设中小企业服务体系为中小企业发展新技术、推广新产品提供支持。以美国为例，美国的小企业服务体系是一个庞大完善的系统，包括政府机构、民间组织、中介服务机构等。其中政府机构主要由白宫小企业会议、参众两院设立的小企业委员会、联邦政府小企业管理局（SBA）三个部门组成。联邦政府小企业管理局是美国中小企业服务组织的主体，下设小企业信息中心和小企业发展中心，并在许多城市设有分局、地区办公室以及数以千计的服务点。其职能主要是制定中小企业发展的政策与措施；帮助中小企业制定发展规划，接受企业经营等方面的咨询；为中小企业提供国内外先进技术及市场的信息；向中小企业提供管理人员和员工培训方面的服务，帮助中小企业解决发展中的困难等。[①] 此外，"美国独立企业联盟""生产力促进中心"等民间组织，也构成了美国中小企业服务体系重要的一环，这些组织大部分为非营利组织，由地方政府支持或依托于大学。

3. 以各种计划为载体推进中小企业发展

美国政府出台了一系列的科技计划促进中小企业的技术进步，并以这些计划为载体推动了中小企业科技服务机构的建设与发展。

---

① 中华人民共和国商务部：《美国扶植中小企业发展的做法》，http://www.mofcom.gov.cn/article/i/dxfw/nbgz/201312/20131200416095.shtml。

联邦政府小企业管理局参与的"中小企业的信仰计划""中小企业创新研究计划（SBIR）"等；国家标准技术研究院承担的"制造技术合作伙伴计划""先进技术计划（ATP）"等。联邦政府小企业管理局著名的"中小企业创新研究计划（SBIR）"项目已经成为联系风险投资家和中小企业的纽带，并成为全球公私合作关系的典范。各国政府在制定发展战略时也会将中小企业的发展纳入其中。例如2012年，美国总统奥巴马签署了《创业企业融资法案》，对中小企业在融资等方面提供了诸多扶持政策。欧盟发布的"地平线2020计划"中提到，要投资6.16亿元支持中小企业发展，改善中小企业获得的融资机会，及促进中小企业国际化交流等。

4. 丰富的金融政策为中小企业发展提供保障

（1）设立政策性金融机构

德国和日本的中小企业融资渠道以间接融资为主，具有形式多样的政策性金融机构。日本政府开设了日本政策金融公库公司，下设中小企业金融公库、国民生活金融公库为中小企业提供资金支持。中小企业金融公库主要为中小企业提供便捷的信用担保、证券业务，国民生活金融公库侧重于提供低于商业银行利息的贷款以支持初创企业及中小企业发展。此外，日本民间中小企业组织和政府共同注资建立了株式会社工商中央金库，以更加灵活的方式为中小企业提供层次丰富的金融服务。

德国复兴信贷银行是全球第二大政策性银行，复兴银行集团旗下设立中小企业银行，通过贷款、股权和夹层融资为中小企业和初创企业以及个人创业者提供支持。此外，德国联邦政府出资与各州政府合股创办专门为中小企业提供资金或融资服务的政策性银行，为中小企业创立及开展经营活动提供低息贷款援助。

（2）成立中小企业基金

一是特定用途的基金，如意大利的"技术创新滚动基金"，用以支持中小企业的技术创新。韩国的中小企业创业振兴基金则是为提高中小企业技术水平，促进中小企业结构调整，支援创建中小企业而筹集运营的资金。二是中小企业担保基金。韩国有专门为中小企业融资提供担保的信用保证基金，其资金来源，中央一级全部由中央政府出资，地方一级则分别由地方政府和企业各出资50%。三是中小企业互助基金。如日本的中小企业"自有钱柜"，企业任何时候都可以从那里得到无息贷款，贷款额为入会费的10倍，且不需要抵押和担保。又如，韩国的中小企业共济事业基金，全国已有1万多个企业加入了该基金。在法国，大众信贷集团、互助信贷集团和农业信贷集团是面向地方中小企业和农村非农产业的三大信贷集团，这些组织均采取会员制，具有互助基金性质。

（3）完善的信用担保体系

美国有比较健全的中小企业信用担保体系，《中小企业法》和《中小企业投资法》对信贷担保计划的对象、用途、担保金额和保费标准等都有明确的规定。联邦小企业管理局通过与银行、信贷机构及其他贷款机构合作的方式向中小企业提供信用担保。加拿大中小企业信用担保体系由全国性中小企业贷款担保体系、区域性中小企业贷款担保体系、出口信用保险体系三部分组成。日本除了官方的政策性金融公库为中小企业提供信用担保外，民间还设有52个信贷担保公司，并形成了全国性信贷担保联合会。这种双重信用担保能够分散各方的贷款风险，提高了营利性金融机构为中小企业提供资金的积极性。此外，日本政府还在各工商联合会内增设了"防止企业倒闭特别顾问室"，实施保障中小企业稳定发展的信贷制度。

（4）利用新兴融资方式

美国中小企业融资以市场为主导，银行借贷仍为中小企业融资的主要方式，同时互联网金融、天使投资、众筹投资等新兴的融资方式为中小企业发展提供了充足的资金支持，充分发挥了风险市场和资本市场在中小企业融资中的作用。

近年来互联网金融平台在美国呈现数倍的增长，为初创企业和个人创业者提供了便捷的融资方式，并且美国具有严格的监管体系和十分强大的 FICO（费埃哲）信用评分系统，为互联网金融发展提供健康安全的环境。美国风险投资和天使投资在中小企业融资中起到了很好的补充作用，风险投资更倾向于扩展期的中小企业、天使投资逐渐成为种子期企业和初创小企业融资的渠道。此外，美国的众筹融资模式发展领先于其他国家，美国的《初创期企业推动法案》（简称"JOBS 法案"）中写入专门的条款促进众筹融资模式的发展，参与众筹融资的中小企业在获取融资之外，还能通过众筹这一方式获得技术和管理经验等外部资源。

近年来，中国中小企业创新环境有了很大的改善并取得了显著的成效。工信部《促进中小企业发展规划（2016~2020 年）》指出，截至 2015 年末，全国工商登记中小企业超过 2000 万家，中小企业提供 80% 以上的城镇就业岗位，成为就业的主渠道。但融资困难、资源配置不合理、成本过高、研发方向不清晰等诸多因素仍是阻碍中小企业发展的难题，因此，要进一步借鉴发达国家在促进中小企业发展中的具体做法，营造有利于中小企业的生存环境，提高中小企业自主创新的竞争力。

参考文献

1. 〔美〕瓦克拉夫·斯米尔：《美国制造：国家繁荣为什么离不开制造业》，李凤海、刘寅龙译，机械工业出版社，2014。

2. 宾建成：《欧美"再工业化"趋势分析及政策建议》，《国际贸易》2011年第2期，第23~25页。

3. 陈希：《加快建设人才强国——学习贯彻党的十八届五中全会精神》，《人民日报》2015年11月11日。

4. 戴维·R.戈德沙尔克、许婵：《城市减灾：创建韧性城市》，《国际城市规划》2015年第2期。

5. 甘绍宁：《战略性新兴产业专利技术动向研究》，知识产权出版社，2013。

6. 洪银兴：《可持续发展经济学》，商务印书馆，2000。

7. 洪银兴：《新型工业化道路的经济学分析》，《贵州财经学院学报》2003年第1期。

8. 胡边青、周晓静：《高速铁路融资模式的国际比较和中国企业的现实选择》，《价值工程》2014年第27期。

9. 黄群慧、贺俊：《"第三次工业革命"与中国经济发展战略调整——技术经济范式转变的视角》，《中国工业经济》2013年第1期。

10. 黄群慧：《新常态、工业化后期与工业增长新动力》，《中国工业经济》2014年第10期。

11. 黄群慧：《中国的工业化进程：阶段、特征与前景》，《经济与管理》2013年第7期。

12. 黄泰岩、李德标：《中国新型工业化的道路选择》，《中国特色社会主义研究》2003年第1期。

13. 黄永春、郑江淮、杨以文等：《中国"去工业化"与美国"再工业化"冲突之谜解析——来自服务业与制造业交互外部性的分析》，《中国工业经济》2013年第3期。

14. 金碚、刘戒骄：《美国"再工业化"观察》，《决策》2010 年 Z1 期。

15. 金碚：《论经济全球化 3.0 时代——兼论"一带一路"的互通观念》，《中国工业经济》2016 年第 1 期。

16. 金碚：《稳中求进的中国工业经济》，《中国工业经济》2013 年第 8 期。

17. 金碚：《中国工业化的道路：奋进与包容》，中国社会科学出版社，2017。

18. 金碚：《中国工业的技术创新》，《中国工业经济》2004 年第 5 期。

19. 靳晓凌、于建成、杨方等：《发达国家智能电网路线图》，《国家电网》2012 年第 3 期。

20. 李昂、常纪文：《日本推进绿色低碳城市建设的经验与启示》，《中国经济时报》2016 年 7 月 4 日。

21. 李亚：《〈纽约适应计划〉报告解读》，2015 中国城市规划年会，贵阳，2015 年 11 月 12 日。

22. 刘戒骄：《美国再工业化及其思考》，《中共中央党校学报》2011 年第 2 期。

23. 刘戒骄：《再工业化和美国经济战略》，《中国党政干部论坛》2011 年第 1 期。

24. 刘思华：《可持续发展经济学》，湖北人民出版社，1997。

25. 刘妍君：《发达国家高速铁路融资经验与启示》，《中国铁路》2015 年第 5 期。

26. 罗文：《德国工业 4.0 战略对中国推进工业转型升级的启示》，《可编程控制器与工厂自动化》2014 年第 9 期。

27. 吕政、郭克莎、张其仔：《论中国传统工业化道路的经验与教训》，《中国工业经济》2003 年第 1 期。

28. 秦旭、王杰彪：《"再工业化"背景下的中美制造业竞争力比较》，《发展现代产业体系提高产业国际竞争力——中国产业国际竞争力评论》，中国商务出版社，2012。

29. 曲格平：《探索可持续的新型工业化道路》，《环境与保护》2003 年第

1 期。

30. 武守喜：《日本、美国和欧洲电动汽车充电设施发展现状及启示》，载《中国新能源汽车产业发展报告（2015）》，社会科学文献出版社，2015。

31. 孙学玉：《构建具有全球竞争力的人才制度体系》，《光明日报》2016 年 6 月 22 日。

32. 谭崇台：《发展经济学》，上海人民出版社，1989。

33. 王思思、张丹明：《澳大利亚水敏感城市设计及启示》，《中国给水排水》2010 年第 20 期。

34. 王展祥、王秋石、李国民：《发达国家去工业化与再工业化问题探析》，《现代经济探讨》2010 年第 10 期。

35. 王忠民：《可持续发展理论的经济学反思》，《西北大学学报》2002 年第 2 期。

36. 魏礼群：《走好新型工业化道路》，《经济日报》2002 年 12 月 30 日，第 9 版。

37. 武义青等：《中国区域工业化研究》，经济管理出版社，2002。

38. 〔美〕西蒙·库兹涅茨：《现代经济增长》，戴睿，易诚译，北京经济学院出版社，1989。

39. 谢康、肖静华、周先波、乌家培：《中国工业化与信息化融合质量：理论与实证》，《经济研究》2012 年第 1 期。

40. 辛国斌：《激发"双创"活力促进中小企业发展》，《中国中小企业》2015 年第 9 期。

41. 许泉、吴强、刘欣：《美国产学研协同创新的主要模式及特点》，《中国高等教育》2014 年第 20 期。

42. 闫建、高华丽：《发达国家大数据发展战略的启示》，《理论探索》2015 年第 1 期。

43. 叶文虎：《创建可持续发展的新文明对可持续发展理论的思考》，载叶文虎主编《可持续发展之路》，北京大学出版社，1994。

44. 张春凤：《发达国家中小企业扶持政策比较及启示》，《社会科学战线》

2014 年第 6 期。

45. 张坤民：《可持续发展论》，中国环境科学出版社，1997。

46. 张培刚：《发展经济学通论——农业国工业化问题》，湖南出版社，1991。

47. 张培刚：《农业与工业化（上卷）——农业国工业化问题初探》，华中科技大学出版社，2002。

48. 赵晓雷：《中国工业化思想及发展战略研究》，上海社会科学院出版社，1992。

49. 赵中建、卓泽林：《创新创业美国高校这么做》，人民网，2015 年 7 月 8 日，http：//edu. people. com. cn/n/2015/0708/c1053 - 27271042. html。

50. 郑艳、王文军、潘家华：《低碳韧性城市：理念、途径与政策选择》，《城市发展研究》2013 年第 3 期。

51. 周叔莲：《重视信息化大力推进信息化与工业化融合》，《中国井冈山干部学院学报》2008 年第 5 期。

52. G. L. Authority, *Action today to protect tomorrow*：*the Mayor's climate change action plan*, London, 2007.

53. Audretsch, D. B., Leyden, D. P., Link, A. N., "Regional Appropriation of University - Based Knowledge and Technology for Economic Development," *Economic Development Quarterly*：*The Journal of American Economic Revitalization* 27 (2013).

54. Holling, C. S., "Resilience and stability of ecological systems," *Annual Review of Ecology & Systematics* 4 (1973).

55. Hsu, M. H., Chen, S. H., Chang, T. J., "Inundation simulation for urban drainage basin with storm sewer system," *Journal of Hydrology* 234 (2000).

第三章　中国的工业化进程

要点：

（1）改革开放以来，中国工业迅速发展，工业总产值高速增长，工业规模总量实现飞跃，主要工业产品产量大幅度增长，多种工业产品产量位于世界第一。中国已经成为名副其实的世界第一工业大国。

（2）中国工业在国民经济中所占比重很高，远高于世界平均水平。近年来，中国制造业所占比重呈上升趋势，重工业比重明显上升，外资企业比重略有下降，工业行业结构优化趋势明显。

（3）工业最重要的作用一方面是支撑科学发明和技术创新的实现，从根本上决定着国家的创新能力，另一方面工业的持续发展又离不开创新。近年来，中国工业企业对研发的投入明显增加，并取得了显著成果。

（4）绿色发展已经成为目前全球产业变革的主要目标之一。中国作为世界上最大的发展中国家，在保障自身不断发展的同时，全力推进工业绿色化发展，大大降低了单位工业增加值的能源消费量、单位工业增加值用水量、主要污染物排放量和单位 GDP 能耗，为全球的节能减排工作做出了重要贡献。

（5）信息化已经成为世界经济和社会发展的大趋势。大力推动两化深度融合已成为抢占未来产业竞争制高点和加快制造业强国建设的战略选择和必由之路。中国先后出台了一系列文件，对两化深度融合重点工作做出部署。目前，中国两化融合发展成果显著。

（6）中国工业的快速发展产生了广泛而巨大的国际影响，中国工业产品已遍布世界的每一个角落。中国工业制成品出口量迅速增长，工业制成品贸易竞争力指数快速提高，带动了中国整个国际竞争力的提升。

（7）据测算，中国工业化水平处于阶梯式快速上升状态。1995 年中国整体上处于工业化初期前半阶段；2000 年处于工业化初期后半阶段；2005 年达到工业化中期前半阶段；2010 年进入工业化后期前半阶段；2015 年中国整体处于工业化后期后半阶段。

（8）中国各地区工业化发展水平是不平衡的。分各省份来看，北京、上海、天津三个直辖市为第一梯队成员，其工业发展超过其他省份，已经进入了后工业化阶段；浙江、江苏、广东、辽宁、福建、重庆和山东七省份为第二梯队，已经进入了工业化后期后半阶段；湖北、内蒙古、吉林、河北、江西、湖南、陕西、安徽和河南九省份为第三梯队，工业化发展到后期前半阶段；四川、青海、宁夏、广西、山西和黑龙江六省份为第四梯队，工业化发展较缓慢，处于工业化中期后半阶段；西藏、新疆、甘肃、海南、云南和贵州工业发展落后于其他省份，仍处于工业化中期前半阶段。

第一节　中国工业化发展历程

本节从工业增长、工业比重、工业结构、工业技术进步、工业绿色化、工业化与信息化融合发展、工业国际竞争等方面全面回顾中国工业可持续发展的基本历程。

一 工业增长

中国经济的迅速发展离不开工业的支撑。工业在国民经济中处于主导地位，是国民经济各部门进行技术改造的物质基础，决定了国家的技术水平和经济发展水平。从世界 250 多年的工业发展历史看：工业兴，国家兴；工业强，国家强，反之亦然。

1. 工业规模的增长

图 3-1 显示了 1978 年以来中国工业生产总值的增长情况。1978～2015 年，工业增加值从 1621.5 亿元增加到 235183.5 亿元，按名义价格计算年均增长 14.40%。同期，工业增加值指数从 100 上升到 4789.4（以 1978 年为基期），也就是说，按排除价格因素影响的不变价格计算，工业增加值年均实际增长 11.02%。中国工业保持了连续 37 年的快速甚至是高速增长，并且，虽然目前工业增长速度有所下降，但仍可以期待工业增长继续保持若干年的中高速增长，这在全球是独一无二的。可以毫不夸张地说，正是由于工业的快速增长，促进了国民经济的快速增长。1978～2015 年，中国国内生产总值（GDP）从 3678.7 亿元增加到 685505.8 亿元，按名义价格计算年均增长 15.2%，按不变价格计算，年均实际增长 9.66%。

2. 产品产量的增长

表 3-1 反映了中国主要工业产品产量增长情况。从表中数据可以看出，一些工业品是从无到有（如移动通信手持机、微型计算机设备），更多产品是从少到多，绝大多数产品保持了持续 20

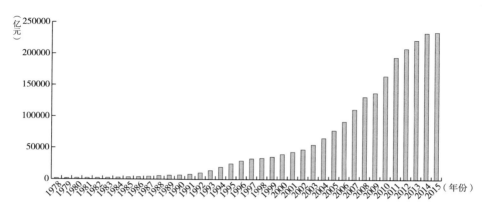

图 3 - 1　工业生产总值

资料来源：国家统计局，《中国统计年鉴》（2016），中国统计出版社，2016。

年、30 年的高速增长，一些产品如彩色电视机、家用电冰箱、房间空气调节器、家用洗衣机、彩色电视机、集成电路、轿车等可谓爆炸性的增长，现在的产量是改革开放初期的上千倍、上万倍甚至几十万倍。表 3 - 1 所列示的原油和原盐，因属于资源性产品，受中国资源禀赋的限制，是增长最慢的两个工业品，1978～2015 年仅分别增长约 2 倍和 3.4 倍。

表 3 - 1　主要工业产品产量的增长情况

产品	单位	1978	1980	1990	2000	2005	2010	2015	增长倍数（倍）	年均增长（%）
原煤	亿吨	6.18	6.20	10.80	13.84	23.65	34.28	37.47	6.06	4.99
原油	万吨	10405	10595	13831	16300	18135	20301	21456	2.06	1.98
天然气	亿立方米	137.30	142.70	152.98	272.00	493	958	1346	9.80	6.36
原盐	万吨	1953	1728	2023	3128	4661	7038	6666	3.41	3.37
成品糖	万吨	227	257	582	700	912	1118	1474	6.49	5.19
啤酒	万千升	40	69	692	2231	3126	4490	4716	117.89	13.76
卷烟	亿支	1182	1520	3298	3397	19389	23753	25891	21.90	8.70
布	亿米	110.30	134.70	188.80	277.00	484	800	893	8.09	5.81

续表

产品	单位	1978	1980	1990	2000	2005	2010	2015	增长倍数（倍）	年均增长（%）
机制纸及纸板	万吨	439	535	1372	2487	6205	9833	11743	26.75	9.29
焦炭	万吨	4690	4343	7328	12184	26512	38658	44823	9.56	6.29
硫酸	万吨	661.00	764.30	1196.90	2427.00	4545	7090	8976	13.58	7.30
烧碱	万吨	164.00	192.30	335.40	667.88	1240	2228	3021	18.42	8.19
纯碱	万吨	132.90	161.30	379.50	834.00	1421	2035	2592	19.50	8.36
乙烯	万吨	38	49	157	470	756	1421	1715	45.12	10.84
农用氮、磷、钾化肥	万吨	869	1232	1880	3186	5178	6338	7432	8.55	5.97
化学农药原药	万吨	53.30	53.70	22.80	60.70	115	224	374	7.02	5.41
初级形态的塑料	万吨	67.90	89.80	227.00	1087.51	2309	4433	7808	114.99	13.68
化学纤维	万吨	28.46	45.03	165.42	694.00	1664.79	3090.00	4831.71	169.77	14.89
水泥	万吨	6524	7986	20971	59700	106885	188191	235919	36.16	10.18
平板玻璃	万重量箱	1784	2466	8067	18352	40210	66331	78652	44.09	10.77
生铁	万吨	3479	3802	6238	13101	34375	59733	69141	19.87	8.41
粗钢	万吨	3178	3712	6635	12850	35324	63723	80383	25.29	9.12
钢材	万吨	2208	2716	5153	13146	37771	80277	112350	50.88	11.20
金属切削机床	万台	18.32	13.36	13.45	17.66	51.14	69.73	75.50	4.12	3.90
大中型拖拉机	万台	11.35	9.77	3.94	4.10	16.33	33.68	68.82	6.06	4.99
汽车	万辆	14.91	22.23	51.40	207.00	570	1827	2450	164.34	14.79
轿车	万辆		0.54	3.50	60.70	277	958	1163	2154	24.52
发电机组	万千瓦	484	419	1225	1249	9200	12880	12431	25.70	9.17
家用电冰箱	万台	2.80	4.90	463.06	1279.00	2987	7296	7993	2855	23.99
房间空气调节器	万台	0.02	1.32	24.07	1826.67	6765	10887	14200	710018	43.93
家用洗衣机	万台	0.04	24.53	662.68	1442.98	3036	6248	7275	181863	38.73

续表

产品	单位	1978	1980	1990	2000	2005	2010	2015	增长倍数(倍)	年均增长(%)
移动通信手持机	万台				5248	30354	99827	181261	34.54	26.64
微型计算机设备	万台			8.21	672	8085	24584	31419	3827	39.10
集成电路	亿块	0.30	0.17	1.08	58.80	270	653	1087	3575	24.75
彩色电视机	万台	0.38	3.21	1033	3936	8283	11830	14476	38094	32.99
发电量	亿千瓦小时	2566	3006	6212	13556	25003	42072	58146	22.66	8.80
水电	亿千瓦小时	446	582	1267	2224	3970	7222	11303	25.34	9.13

资料来源：国家统计局：《中国统计年鉴》(2016)，中国统计出版社，2016。

　　中国工业品产量在世界上具有举足轻重的地位，根据联合国工业发展组织资料，目前中国工业竞争力指数在 136 个国家中排名第七位，制造业净出口居世界第一位。按照国际标准工业分类，在 22 个大类中，中国在 7 个大类中名列第一，钢铁、水泥、汽车等 220 多种工业品产量居世界第一位。① 生铁产量排名世界第一，占全球总产量的 59%；煤炭产量排名世界第一，产量占到全球总产量的一半；粗钢产量排名世界第一，占全球产量的 46.3%，超过第 2 至第 20 名的总和；造船规模排名世界第一，占到世界总造船量的 41%；水泥产量排名世界第一，产量占世界总

――――――――――

① 马建堂：《六十五载奋进路，砥砺前行谱华章——庆祝中华人民共和国成立 65 周年》，《人民日报》2014 年 9 月 24 日。

产量的 60%；电解铝产量排名世界第一，占世界总产量的 65%；化肥产量排名世界第一，占世界总产量的 35%；化学纤维产业排名世界第一，占世界总产量的 70%；平板玻璃产量排名世界第一，超过世界总产量的 50%；汽车制造排名世界第一，连续蝉联世界第一，产量占世界总产量的 25%；手机产量排名世界第一，占全球出货量的比重达到 70.6%；集成电路产量位居世界第一，占全球出货量的比重达到 90.6%（见表 3 - 2）。

表 3 - 2　中国部分工业品产量及其全球占比情况

产　品	产　量		全球占比（%）	世界排名
	2014 年	2015 年		
生铁（万吨）	71374.78	69141.30	59.0	第一
煤炭（亿吨）	38.74	37.47	50.0	第一
粗钢（万吨）	82230.63	80382.50	46.3	第一
造船量（万载重吨）	3905	4184	41.0	第一
水泥（万吨）	249207.08	235918.83	60.0	第一
化肥（万吨）	6876.85	7431.99	35.0	第一
手机（万个）	168202.75	181261.40	70.6	第一
电解铝（万吨）	2885.79	3141.00	65.0	第一
化学纤维（万吨）	4389.75	4831.71	70.0	第一
平板玻璃（万重量箱）	83128.16	78651.63	50.0	第一
汽车（万辆）	2372.52	2450.35	25.0	第一
集成电路（亿块）	1015.53	1087.20	90.6	第一

注：全球占比数据主要是 2014 年数据，但不全是 2014 年数据，为近三年来的高点值。
资料来源：根据《中国统计年鉴（2016）》和历年《国际统计年鉴》整理。

3. 工业就业人数增长

中国工业的迅速发展离不开庞大的工业就业人口。作为世界第一人口大国，中国拥有超过13亿人口。到2015年底，中国总就业人口约为7.7亿人，其中第二产业从业人口约2.3亿，规模以上工业企业全部从业人员达到9775.02万人。中国工业就业人员不仅数量众多，且增长迅速。尽管2015年规模以上工业企业从业人员较2014年减少202.19万人，略有下降，但2001年到2015年间，规模以上工业企业全部从业人员仍呈上升趋势，由5441.43万人增长到9775.02万人，增长近一倍。增长最快的年份为2004年，增幅高达15.2%（见图3-2）。

中国工业就业人口占总就业人口的比重远远高于世界平均水平。2010年，世界平均工业就业比重为28.8%，俄罗斯工业就业比重为27.5%，美国仅为17.2%，中国则为44.3%（见图3-3）。中国工业就业人口占比不仅高于已经处于后工业化时代的美国等国家，也大大高于其他正处于工业化过程中的发展中国家。

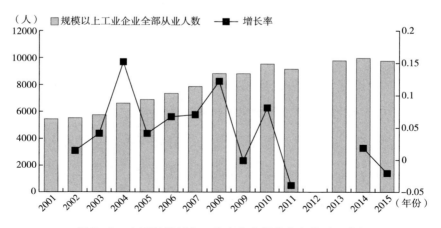

图3-2 中国规模以上工业企业全部从业人数（万人）

资料来源：《中国工业经济统计年鉴》（2002~2012年），《中国工业统计年鉴》（2013~2016年）（2012年数据缺失）。

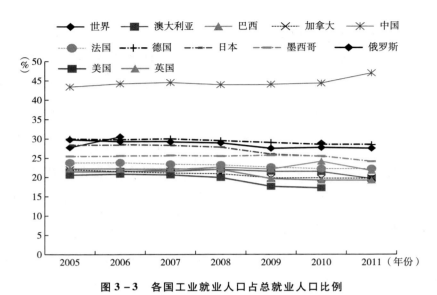

图3-3 各国工业就业人口占总就业人口比例

资料来源：World Bank，*World Development Indicator 2016*（http：//data. worldbank. org/data
- catalog/world - development - indicators）。

1996 年到 2015 年，中国单位劳动产出大幅度提高。1996 年，中国单位劳动产出仅为 1535 美元，是世界平均水平的 10.6%、美国的 2.1%、日本的 2.3%、欧元区的 2.8%、印度的 1.15 倍。2015 年，中国单位劳动产出达到 7318 美元，比 1996 年增长了近 4 倍，已经达到世界平均水平的 39.6%、美国的 7.4%、日本的 9.6%、欧元区的 10.7%、印度的 2.06 倍（见表 3-3）。中国单位劳动产出增长速度较快，且持续增长，波动较小，年均增速达到 8.6%，2005 年到 2007 年增长率超过 10%，2007 年达到最高 13.1%，增速大大高于世界平均水平。由此可见，中国单位劳动产出尽管低于发达经济体，但是明显高于部分发展中国家。

4. 中国工业国际地位的变化

从与主要工业生产大国比较来看，中国工业发展的成绩更是凸显。在改革开放初期的 1978 年，中国工业增加值折算成美元仅为 963 亿美元（现价），规模总量不及美国的 1/6、日本的 1/3、德国的 1/2，但是，中国工业发展取得长足进步，2000 年中国工业增加值达到 4863 亿美元（现价），总量规模开始超过德国，排名世界第三；进而，2006 年中国工业增加值达到 11568 亿美元（现价），规模总量超过日本，排名世界第二；进一步，在 2011 年中国工业增加值达到 30201 亿美元（现价），规模总量超过美国，成为世界第一工业大国（见图 3 - 4）。2015 年，中国工业规模总量已是美国的 1.3 倍、日本的 4.2 倍、德国的 4.8 倍。

表 3 - 3　世界及部分经济体单位劳动产出

	世 界	美 国	日 本	欧元区	印 度	中 国
1996	14453	73880	65648	54768	1340	1535
1997	14792	75782	66174	56470	1372	1652
1998	14946	77219	65019	57809	1425	1772
1999	15180	79411	65700	59144	1524	1885
2000	15606	81720	67568	60767	1555	2018
2001	15601	82459	67759	61469	1574	2172
2002	15707	84392	68897	62105	1599	2347
2003	15864	86318	70124	62885	1669	2561
2004	16241	88776	71556	64444	1751	2801
2005	16497	90072	72209	64992	1872	3088
2006	16906	90542	73183	66391	2039	3459
2007	17310	91773	74157	68007	2218	3912
2008	17359	91242	73637	67745	2314	4290
2009	16963	92560	70477	64946	2503	4674
2010	17449	95069	73631	66586	2731	5146
2011	17711	95724	74108	67559	2909	5586
2012	17883	96062	75510	67083	3024	5990
2013	18107	97748	75958	67164	3189	6423
2014	18285	98116	75376	67867	3370	6866
2015	18487	98990	76068	68631	3559	7318

注：2005 年不变价，美元/人。

资料来源：国家统计局国际统计信息中心（http://www.stats.gov.cn/tjsj/sjjd/201609/t20160901_ 1395572. html）。

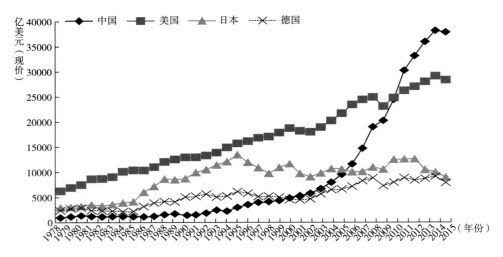

图3-4 工业生产总值的国际比较

资料来源：联合国数据库（http：//data. un. org/）。

二 工业比重

中国是一个工业在国民经济中占比很高的国家。图3-5显示，1978~2015年中国工业增加值占比一直保持在40%以上，而其他经济体工业的比重都未超过40%。这形成了极为鲜明的对比。无论是和世界平均水平相比，还是和发达国家（OECD国家）相比，中国工业的比重都是非常高的。从数据对比来看，中国工业占比不仅高于发达国家如美国等OECD国家，也高于发展阶段相近的国家如印度；不仅高于一般国家的工业比重，也高于制造业强国如德国、日本；不仅高于工业先发国家，也高于工业后发国家如韩国。这除了与中国的发展阶段有关，还与中国参与全球化分工所扮演的角色有关，也与中国的体制机制有关，本书后面会有进一步的分析。

不过，随着中国工业化进程推进和经济转型升级，尤其是在

2008 年国际金融危机冲击下，中国工业所占比重正呈现下降趋势，
这与世界其他经济体在工业化过程中工业所占比重先上升、后下
降的大趋势是一致的。

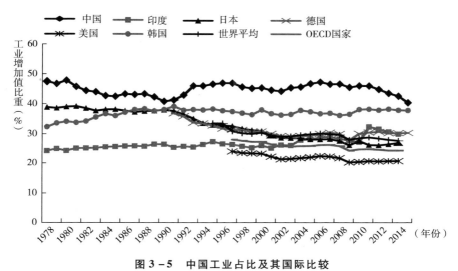

图 3 - 5　中国工业占比及其国际比较

资料来源：World Bank，*World Development Indicator 2016*（http：//data. worldbank. org/data -
catalog/world - development - indicators）

三　工业结构的变化

随着经济的发展，除了工业在整个国民经济中的比重发生动态
变化外，工业内部结构也一直处于变化之中。需要说明的是：近 10
年到 20 年来，中国工业大中小企业划分标准以及统计标准在不断变
动之中，比如，1998 年至 2006 年，规模以上工业是指全部国有及年
主营业务收入达到 500 万元及以上的非国有工业法人企业；从 2007
年开始，按照国家统计局的规定，规模以上工业的统计范围为年主
营业务收入达到 500 万元及以上的工业法人企业；2011 年经国务院
批准，纳入规模以上工业统计范围的工业企业起点标准从年主营业
务收入 500 万元提高到 2000 万元。因此，下述结构数据可能并不是

严格意义上的对比分析，但不妨碍说明中国工业内部结构变化的一种发展趋势。

1. 轻重工业结构：重工业比重明显上升

表 3-4 反映了 2000 年以来的中国工业轻重结构的变化，从企业数量占比看，轻重工业结构从 2000 年的"五五开"变成了 2015 年的"四六开"；企业资产占比则从 2000 年的 31.2∶68.8 变成 2015 年的 23.6∶76.4。短短 15 年的时间，中国轻重工业结构发生了显著变化，重工业比重明显上升，轻工业比重明显下降。工业结构的这种变化反映出 2000 年以来中国正处于重化工业深化发展阶段。其中，城市化和居民消费升级是推动工业结构重工业化的主要动力：中国城市化率以每年增加 1 个百分点的速度推进，带动大量基础设施建设和住房建设，必然拉动重化工业优先发展；当前中国居民消费正从吃、穿、用消费为主向住、行消费为主方向升级，尤其是住房、汽车消费支出日益成为居民消费支出的主要部分，更是助推了重化工业发展。

表 3-4　中国工业轻重结构

单位：%

年份	企业数量比重		企业资产比重	
	轻工业	重工业	轻工业	重工业
2000	50.3	49.7	31.2	68.8
2001	50.7	49.4	30.7	69.3
2002	50.8	48.9	30.9	69.1
2003	47.3	52.8	29.1	70.9
2004	44.7	55.3	27.2	72.8
2005	44.7	55.3	26.7	73.3
2006	44.3	55.7	25.7	74.3
2007	43.5	56.5	24.9	75.1

续表

	企业数量比重		企业资产比重	
	轻工业	重工业	轻工业	重工业
2008	41.9	58.1	23.9	76.1
2009	41.8	58.2	23.4	76.6
2010	41.5	58.5	23.2	76.8
2011	40.8	59.2	22.8	77.2
2012	40.5	59.5	22.9	77.1
2013	40.4	59.6	23.2	76.8
2014	40.4	59.6	23.4	76.6
2015	40.9	59.1	23.6	76.4

资料来源：国家统计局网站（http：//data. stats. gov. cn/）。

2. 工业门类结构：制造业是工业的主体部分

工业可分为采矿业，制造业，电力、热力、燃气及水生产和供应业三大门类，图 3 - 6 显示了近 10 年来中国工业分门类资产占比情况。由此可见，制造业一直是工业的主体部分，资产占比超过75%，采矿业作为制造业的上游部门，资产占比一般在 10% 以下，电力、热力、燃气及水生产和供应业作为制造业的支撑服务部门，资产占比超过 10%，通常在 13% ~15% 之间。

图 3 - 6 显示，中国工业门类结构总体稳定，略有变化。2006 ~ 2015 年采矿业资产占比先增后降，2006 年占比为 8.0%，在 2012 年达到 10.4%，2015 年回落至 9.5%；制造业资产占比总体呈上升趋势，由 75.3% 缓慢上升至 76.5%；电力、热力、燃气和水生产供应业资产占比则先降后增，2006 年为 16.7%，2011 年降至 13.0%，2015 年回升至 14.0%。

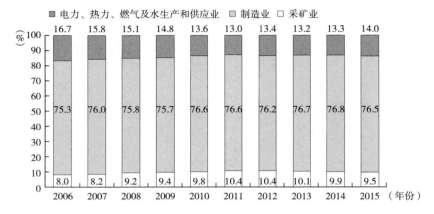

图3-6 三大工业门类资产占比情况

资料来源：根据《中国统计年鉴》（历年）数据整理。

同时，规模以上工业企业中制造业从业人员最多，占总从业人员比重超过85%，2005年以来，比重呈上升趋势，到2015年已接近90%；电力、热力、燃气及水生产和供应业从业人员最少，占总从业人员比重不超过5%，且呈下降趋势，2015年仅为3.61%；采矿业从业人员占比也由2005年的9.38%下降到2015年的7.27%（见图3-7）。

图3-7 按行业分规模以上工业企业从业人员占比

资料来源：《中国工业经济统计年鉴》（2006~2012年），《中国工业统计年鉴》（2012年数据缺失）（2013~2016年）。

3. 工业行业结构：结构优化趋势明显

按照最新统计分类标准《国民经济行业分类》（GB/T 4754～2011），中国工业分为 41 个行业。其中，2000～2015 年增长快于工业平均水平的行业有 21 个，分别是：煤炭开采和洗选业，黑色金属矿采选业，有色金属矿采选业，非金属矿采选业，农副食品加工业，食品制造业，木材加工和木、竹、藤、棕、草制品业，家具制造业，文教、工美、体育和娱乐用品制造业，化学原料和化学制品制造业，医药制造业，非金属矿物制品业，有色金属冶炼和压延加工业，金属制品业，通用设备制造业，专用设备制造业，汽车制造业，电气机械和器材制造业，计算机、通信和其他电子设备制造业，仪器仪表制造业，燃气生产和供应业。

表 3－5 行业结构的变化

	资产总计（%）			主营业务收入（%）		
	2000 年	2015 年	比重变化	2000 年	2015 年	比重变化
煤炭开采和洗选业	3.09	5.26	2.16	1.45	2.14	0.69
石油和天然气开采业	3.27	2.01	－1.26	3.48	0.71	－2.76
黑色金属矿采选业	0.26	1.03	0.77	0.18	0.65	0.47
有色金属矿采选业	0.44	0.57	0.13	0.45	0.56	0.11
非金属矿采选业	0.53	0.40	－0.13	0.39	0.49	0.10
开采辅助活动	—	0.27	—	—	0.16	—
其他采矿业	0.00	0.00	0.00	0.00	0.00	0.00
农副食品加工业	2.46	3.21	0.75	4.15	5.89	1.74
食品制造业	1.35	1.43	0.09	1.61	1.98	0.36
酒、饮料和精制茶制造业	2.19	1.52	－0.67	1.97	1.57	－0.40
烟草制品业	1.58	0.90	－0.68	1.71	0.84	－0.87
纺织业	4.73	2.37	－2.36	5.74	3.60	－2.14
纺织服装、服饰业	1.41	1.27	－0.13	2.54	2.00	－0.54
皮革、毛皮、羽毛及其制品和制鞋业	0.75	0.72	－0.04	1.48	1.32	－0.16

续表

	资产总计（%）			主营业务收入（%）		
	2000 年	2015 年	比重变化	2000 年	2015 年	比重变化
木材加工和木、竹、藤、棕、草制品业	0.56	0.63	0.07	0.74	1.25	0.51
家具制造业	0.29	0.49	0.20	0.41	0.71	0.30
造纸和纸制品业	2.01	1.37	−0.64	1.79	1.26	−0.54
印刷和记录媒介复制业	0.78	0.54	−0.24	0.70	0.67	−0.03
文教、工美、体育和娱乐用品制造业	0.41	0.82	0.40	0.70	1.43	0.73
石油加工、炼焦和核燃料加工业	3.03	2.42	−0.60	5.45	3.12	−2.33
化学原料和化学制品制造业	6.94	7.09	0.15	6.47	7.53	1.06
医药制造业	2.24	2.45	0.21	1.94	2.32	0.38
化学纤维制造业	1.45	0.65	−0.79	1.42	0.65	−0.77
橡胶和塑料制品业	2.53	2.11	−0.43	3.02	2.79	−0.23
非金属矿物制品业	4.89	4.80	−0.09	4.01	5.30	1.29
黑色金属冶炼和压延加工业	7.38	6.33	−1.05	5.83	5.68	−0.15
有色金属冶炼和压延加工业	2.29	3.71	1.42	2.49	4.63	2.14
金属制品业	2.03	2.53	0.49	2.83	3.36	0.53
通用设备制造业	3.83	4.09	0.26	3.39	4.24	0.85
专用设备制造业	2.60	3.46	0.86	2.39	3.23	0.84
汽车制造业	6.50	5.86	1.55	6.24	6.40	1.89
铁路、船舶、航空航天和其他运输设备制造业		2.19			1.72	
电气机械和器材制造业	4.20	5.58	1.38	5.40	6.23	0.83
计算机、通信和其他电子设备制造业	6.01	6.57	0.56	8.78	8.25	−0.53
仪器仪表制造业	0.79	0.78	0.00	1.01	0.79	−0.23
其他制造业	0.59	0.23	−0.35	1.06	0.25	−0.81
废弃资源综合利用业	—	0.19	—	—	0.34	—

续表

	资产总计（%）			主营业务收入（%）		
	2000 年	2015 年	比重变化	2000 年	2015 年	比重变化
金属制品、机械和设备修理业	—	0.13	—	—	0.09	—
电力、热力生产和供应业	14.89	12.18	-2.71	8.13	5.10	-3.03
燃气生产和供应业	0.49	0.77	0.29	0.28	0.57	0.29
水的生产和供应业	1.22	1.04	-0.17	0.37	0.17	-0.20

注：开采辅助活动、废弃资源综合利用业、金属制品、机械和设备修理业为《国民经济行业分类》修订时增加或调整的行业。

资料来源：国家统计局网站（http://data.stats.gov.cn/）。

　　装备制造业是指"生产机器的机器制造业"，是国家的"总装备部"，在工业中具有特别重要的地位。按照最新统计分类标准，金属制品业，通用设备制造业，专用设备制造业，汽车制造业，铁路、船舶、航空航天和其他运输设备制造业，电气机械和器材制造业，计算机、通信和其他电子设备制造业，仪器仪表制造业，金属制品、机械和设备修理业等9个大类中的投资类制成品可被称为装备制造业。本文将这9个行业的资产合计，计算其占工业总资产的比重，作为装备制造业在工业占比的依据。图3-8显示，装备制造业在工业中占比显著提高，2000～2015年提高了5个百分点，这说明中国工业水平和工业科技实力得到进一步提高。

　　在中国，高耗能行业能否适当控制发展，成为全社会关注的焦点问题。一般的，化学原料和化学制品制造业，非金属矿物制品业，黑色金属冶炼及压延加工业，有色金属冶炼及压延加工业，石油加工、炼焦和核燃料加工业，电力、热力的生产和供应业6个高耗能行业，消耗的能源占全社会能源消费的一半以上，其生产、能源消费情况直接关系节能降耗目标的实现，因此测算高耗能行业在工业结构中的变动状况具有非常重要的现实意义。图3-8显

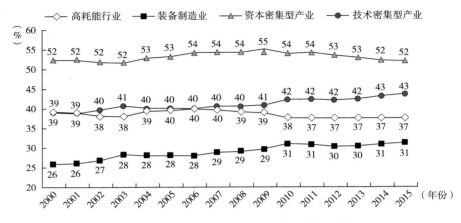

图 3 - 8　工业行业结构的变化（以资产占比计算）

数据来源：国家统计局网站（http：//data. stats. gov. cn/）。

示，在 2006 年之前，高耗能行业在工业中的占比保持摇摆甚至上升的状态，但在 2006 年之后，在国家一系列节能减排和压缩过剩产能政策的作用下，高耗能产业所占比重有了较大幅度的下降，2000～2015 年高耗能行业资产占比下降了 2.5 个百分点。

在工业发展过程中，资本密集型和技术密集型行业（或产业）经常被提及，计算这两个行业比重也具有非常重要的意义。这是因为，在工业发展过程中，工业结构变动趋势通常表现为从劳动密集型行业占主导的产业结构逐步演变成资本密集型行业占主导、进而逐步发展成技术密集型行业占主导的工业结构。资本密集型行业可用固定资产原值（P）与从业人员人数（E）的比值 P/E 来衡量行业的要素密集程度，P/E 数值较大的行业（至少高于工业平均水平）通常被认为是资本密集型行业。综合考虑 R&D 人员全时当量、R&D 经费、R&D 项目数、专利申请数与发明专利数等因素，测算行业的科技投入或者产出强度，科技投入或者产出强度高的行业（至少高于工业平均水平）被称为技术密集型行业。经计算，煤炭开采和洗选业，石油和天然气开采业，黑色金属矿采选业，有色金属矿采选业，烟草制品业，石油加工、炼焦和核燃料加工业，化学原料和化学制品制造业，化学纤维制造业，黑色金属冶炼和压延加工业，有色金属冶炼和压延加工业，汽车制造业，铁路、船舶、航空航天和其他运输设备制造业，电力、热力生产和供应业，燃气生产和供应业，水的生产和供应业 15 个行业，属于资本密集型行业。化学原料和化学制品制造业，医药制造业，化学纤维制造业，橡胶和塑料制品业，金属制品业，通用设备制造业，专用设备制造业，汽车制造业，铁路、船舶、航空航天和其他运输设备制造业，电气机械和器材制造业，计算机、通信和其他电子设备制造业，仪器仪表制造业，金属制品、机械和设备修理业 13 个行业，属于技术密集型行业。资本密集型行业和技术密集型行业并不是一个互斥的概念，而是有交叉项的概念，目前，化学原料和化学制品制造业，化学纤维制造业，汽车制造业，铁路、船舶、航空航天和其他运输设备制造业 4 个行业既是资本密集型行业，也是技术密集型行业。

　　图 3－8 显示，在 2009 年之前资本密集型行业所占比重总体上呈上升趋势，但是 2009 年达峰后，所占比重呈下降趋势；与此同时，2000 年以来，技术密集型行业所占比重总体上呈上升趋势，尤其是 2009 年以来，技术密集型行业所占比重呈较为快速的上升趋势。这说明，中国工业结构转型正在开启由资本密集型行业为主导的阶段向技术密集型行业为主导的新发展阶段。尽管资本密集型行业和技术密集型行业有许多交叉的部分，但 2009 年之后资本密集型行业所占比重逐步下降而技术密集型行业所占比重逐步上升确实是一个基本趋势。

4. 工业内外资结构：外资企业比重有所下降

在中国工业发展过程中，外资企业（从注册类型上包括港澳台商投资企业和外商投资企业两大类）是中国工业的重要组成部分，缓解了中国工业发展中资金不足问题，带来了新观念、新技术、新经营管理手段等，为中国工业加强国内外经济联系、促进了中国工业的持续发展产生了积极作用。

表 3－6 显示了 2000 年以来中国工业内外资企业占比变动状况，大致情况是：内资企业是中国工业的主体部分，一般占比在80% 左右，港澳台商投资企业和外商投资企业大体相当，各占10% 左右。2000 年以来的变化状况是：港澳台商投资企业无论是企业数量占比，还是资产总计、销售产值占比均呈下降趋势；而外商投资企业这三个指标则呈现先上升、后下降的状况，2008 年是一个拐点，说明国际金融危机对外商投资工业企业的发展产生了不利影响。由此导致的结果是，港澳台商投资企业和外商投资企业合计，企业数量占比从 2000 年的 17.4% 下降到 2015 年的13.8%，资产总计占比从 20.4% 下降到 19.6%，销售产值占比从27.4% 下降到 22.2%。尽管外商企业占比有所下降，但外商企业平均企业规模大于内资企业。

表 3－6 中国工业内外资企业比重

单位：%

指 标	企业数量			资产总计			销售产值		
	内资企业	港澳台商投资企业	外商投资企业	内资企业	港澳台商投资企业	外商投资企业	内资企业	港澳台商投资企业	外商投资企业
2000	82.5	10.1	7.3	79.6	9.4	11.0	72.6	12.3	15.1
2001	81.8	10.7	7.7	79.1	9.3	11.6	71.5	12.3	16.2

续表

指　　标	企业数量			资产总计			销售产值		
	内资企业	港澳台商投资企业	外商投资企业	内资企业	港澳台商投资企业	外商投资企业	内资企业	港澳台商投资企业	外商投资企业
2002	80.8	10.7	8.2	78.4	9.3	12.2	70.6	12.3	17.1
2003	80.4	10.8	8.9	76.7	9.6	13.6	68.8	12.2	19.0
2004	79.3	10.3	10.4	74.2	9.7	16.1	67.3	11.7	21.0
2005	79.3	10.1	10.6	73.7	9.8	16.5	68.3	11.2	20.5
2006	79.8	9.7	10.5	73.5	9.4	17.1	68.4	10.6	21.0
2007	80.0	9.5	10.5	72.7	9.7	17.6	68.5	10.5	21.0
2008	81.7	8.3	9.9	74.0	9.1	16.9	70.5	10.1	19.5
2009	82.6	7.9	9.4	74.8	9.0	16.2	72.1	9.5	18.4
2010	83.6	7.5	8.8	74.9	8.9	16.2	72.8	9.3	17.9
2011	82.4	8.0	9.6	76.0	8.9	15.1	74.1	9.1	16.8
2012	83.4	7.5	9.0	77.6	8.6	13.8	75.8	8.8	15.4
2013	84.5	7.2	8.4	78.3	8.4	13.3	76.3	8.7	15.0
2014	85.4	6.7	7.9	79.3	8.2	12.5	77.0	8.6	14.3
2015	86.2	6.4	7.4	80.3	8.1	11.5	77.8	8.8	13.4

资料来源：国家统计局网站（http://data.stats.gov.cn/）。

同时，规模以上工业企业中，尽管内外资企业从业人员都有所增加，但内资企业从业人员增长速度明显快于外资企业。2005 年到2015 年，内资企业从业人员增加到 7419.58 万人，增长 2450.26 万人，增幅达 49.3%，同时，从业人员比重也不断增大，达到 75.9%；外资企业从业人员则增加到 2355.44 万人，增幅为 24%。

中国工业内部结构不断变化，有的结构变动朝向优化的方向发展，但有的结构变动并不尽如人意。因此，近年来，中国提出要推进供给侧结构性改革，如淘汰落后过剩产能，提高工业企业创新能力和产品质量等，其中的一个重点就是工业领域的内部结构调整。现在人们认识到，工业内部结构的调整和优化升级，是实现经济发展方式转变、增强经济可持续发展能力的重要手段和途径。在工业经济领域实现发展方式转变，就是要走出一条有中国特色的新型工业化道路，通过调整工业结构实现向资源节约型、环境友好型的工业结构，有利于充分发挥劳动力比较优势的工业结构，高附加值化、高加工度化、高技术化的工业结构，有利于国际分工地位不断提高的工业结构的转型和优化升级。

四　工业技术创新

工业最重要的作用之一是支撑科学发明和技术创新的实现，从根本上决定着国家的创新能力。中国所面临的各种重大经济、社会和安全问题的解决都依赖于更加强大的工业能力。因此，在现阶段，中国最重要最迫切的战略任务之一仍然是继续强健工业筋骨——有了工业之筋骨，才能雄踞于世界大国之列，确保国家安全、人民福祉和民族昌盛，真正成为一个永葆活力的创新型国家。[①] 基于此，中国对工业技术创新和技术进步给予了足够重视。

表 3 - 7 列出了近年来中国工业企业科技活动基本情况。数据表明，2011～2015 年，在工业企业中有 R&D 活动企业数和企业办 R&D 机构数几乎翻番，R&D 机构人员数和 R&D 经费支出也是以两位数的速度高速增长，显示出工业企业科技创新活动的蓬勃活力。另外，R&D 人员全时当量每年也以 8% 的速度在快速增长。从科技创新的产出来看，新产品销售收入、专利申请数、发明专利申请数也是以年均两位数的速度高速增长，新产品销售收入占工业总

---

① 金碚：《经济发展新常态下的工业使命》，《中国工业评论》2015 年 Z1 期，第 10～14 页。

销售收入比重也从 2011 年的 11.9% 上升到 2015 年的 13.6%，上升了 1.7 个百分点。美中不足的是，R&D 投入强度（即 R&D 经费支出与主营业务收入之比）比重偏低，近年来尽管所占比重不断增长，但未达到 1%，最高的 2015 年仅为 0.9%。另外，新产品销售收入占工业总销售收入比重也略低，需要进一步提高。

表 3 - 7 中国工业企业科技活动基本情况

指　标	2011	2012	2013	2014	2015	年均增长（%）
有 R&D 活动企业数（个）	37467	47204	54832	63676	73570	18.38
R&D 机构数（个）	31320	45937	51625	57199	62954	19.07
R&D 机构人员数（万人）	181.65	226.76	238.79	246.4	266.84	10.09
R&D 人员全时当量（万人/年）	193.91	224.62	249.40	264.16	263.83	8.00
R&D 经费支出（亿元）	5993.81	7200.65	8318.40	9254.26	10013.93	13.69
R&D 投入强度（%）	0.7	0.8	0.8	0.8	0.9	—
R&D 项目数（项）	232158	287524	322567	342507	309895	7.49
新产品销售收入（亿元）	100582.7	110529.8	128460.7	142895.3	150856.5	10.66
占工业总销售收入比重（%）	11.9	11.9	12.4	12.9	13.6	—
专利申请数（件）	386075	489945	560918	630561	638513	13.40
发明专利申请数（件）	134843	176167	205146	239925	245688	16.18

注：①统计口径为规模以上工业企业的科技活动基本情况。②R&D 投入强度为 R&D 经费支出与主营业务收入之比。③计算新产品销售收入占工业总销售收入的比重时，工业总销售收入用工业企业主营业务总收入代替。

资料来源：国家统计局网站（http://data.stats.gov.cn/）。

从国际比较视野看，现阶段中国工业技术进步取得的成绩是显著的。世界银行统计数据显示，1990 年以来，中国高新技术产品占本国制成品出口比重不断上升。1992 年，中国高新技术产品占本国制成品出口比重仅为 6.43%，到 2005 年达到 30.84%，是 1992 年的 4.8 倍。2005 年后，比重虽然略有下降，但是仍维持在 25% 以上，即中国出口的制成品中有 1/4 是高新技术产品。美国高新技术产品出口占制成品出口的比重则从 1999 年的 34.26%，下降到 19%；日本则从 28.69% 下降到 16.78%（见图 3－9）。

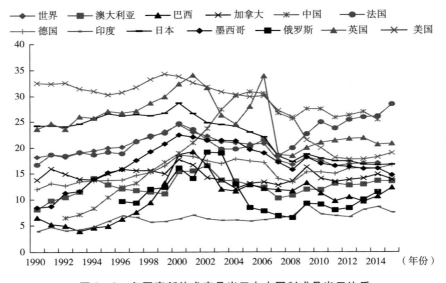

图 3－9　各国高新技术产品出口占本国制成品出口比重

数据来源：World Bank, *World Development Indicator* 2016（http：//data. worldbank. org/data－catalog/world－development－indicators）

中国工业技术进步除了大力引进国外先进技术外，很大程度上是依靠自身技术投入和科技创新而获得的。中国工业企业的技术进步和科技创新还带动了整个国家的科技创新。世界银行统计数据显示，近十年来，相较于美国、日本、俄罗斯、英国、法国、德国和印度等其他国家而言，中国居民专利申请量呈现出持续迅猛上升态势，在 2010 年首次超越美国和日本，成为居民专利申请量排名世界第一的国家。且在 2010 年以后，其他国家的专利申请量基本不变的情况下，中国申请数量依旧保持良好的上升势头并大幅领先于其他国家（见表 3 - 8）。

表 3 - 8 世界主要国家居民专利申请量

（单位：件）

年份\国家	2006	2007	2008	2009	2010	2011	2012	2013	2014
中 国	122318	153060	194579	229096	293066	415829	535313	704936	801135
法 国	14529	14722	14658	14100	14748	14655	14540	14690	14500
德 国	48012	47853	49240	47859	47047	46986	46620	47353	48154
印 度	5686	6296	6425	7262	8853	8841	9553	10669	12040
日 本	347060	333498	330110	295315	290081	287580	287013	271731	265959
俄罗斯	27884	27505	27712	25598	28722	26495	28701	28765	24072
英 国	17484	17375	16523	15985	15490	15343	15370	14972	15196
美 国	221784	241347	231588	224912	241977	247750	268782	287831	285096

五 工业绿色化

绿色发展已经成为目前全球产业变革的主要目标之一。工业生产规模的不断扩大造成了巨大的环境压力，传统工业发展方式面临的环境成本逐渐增高。联合国环境规划署的一项研究表明，即使在工业生产技术先进、环境污染程度较轻的美国和欧盟，仅空气污染造成的损失占国内生产总值（GDP）比重就分别达 0.7% ~ 2.8% 和 2%。同时，信息技术革命带来的"创新红利"开始减弱，而新的重大技术创新尚未得到全面突破。因此，实体经济需要一个新的增长引擎。工业绿色化发展以其有巨大的投资空间和可持续的增长效应、能够实现经济效益和环境效益双赢目标的优势，成为实体经济转型的必然选择。

中国作为世界上最大的发展中国家,在保障自身不断发展的同时,全力推进工业绿色化发展,从规模扩张、过度消耗能源资源的粗放发展向注重效率、质量和效益的可持续发展转变,提高了能源利用率,降低了能源消耗,减少了污染物排放,承担了国际责任,为全球的节能减排工作做出了重要贡献。"十五"期间(2000~2005年),中国就提出到2005年主要污染物排放总量比2000年减少10%的目标。"十一五"期间(2006~2010年)提出单位国内生产总值能耗降低20%左右、主要污染物排放总量减少10%的目标。"十二五"期间(2011~2015年)又提出了单位GDP二氧化碳排放量降低17%;单位GDP能耗下降16%;非化石能源占一次能源消费比重提高3.1个百分点,从8.3%上升到11.4%;主要污染物排放总量减少8%到10%的目标。从历次五年规划的绿色发展指标看,"十一五"规划有7个(细化指标8个);"十二五"规划有8个(细化指标12个);"十三五"规划进一步提高至10个(细化指标33个)。从历次五年规划的绿色发展指标占具体细化指标总数的比重来看,"十一五"规划的比例为34.8%,"十二五"规划提高至42.9%,"十三五"规划又进一步提高至48.5%。"十一五"和"十二五"环境规划目标及完成情况见表3-9。

表3-9 "十一五"和"十二五"环境规划目标完成情况

单位:%

五年规划	指标		规划目标		实际情况	
			2010年	年均增长	2010年	年均增长
"十一五"时期(2005~2010年)	单位GDP能源消耗降低			[20]左右		[19.1]
	单位工业增加值用水量降低			[30]		[36.7]
	工业固体废物综合利用率		60	[4.2]	69	[13.2]
	主要污染物排放总量减少	二氧化碳		[10]		[14.29]
		化学需氧量		[10]		[12.45]

续表

五年规划	指　标		规划目标		实际情况	
			2015 年	年均增长	2015 年	年均增长
"十二五"时期（2010～2015 年）	单位工业增加值用水量降低			［30］		［35］
	单位 GDP 能耗降低			［16］		［18.2］
	单位 GDP 二氧化碳排放量降低			［17］		［18.2］
	主要污染物排放总量减少	化学需氧量		［8］		［12.9］
		二氧化碳		［8］		［18.0］
		氨　氮		［10］		［13.0］
		氮氧化物		［10］		［18.6］

资料来源：《十二五规划纲要》，《十三五规划纲要》。

　　《中国制造 2025》提出要全面推行绿色制造，推进绿色制造工程。提出的绿色发展主要目标是：到 2020 年规模以上单位工业增加值能耗、二氧化碳排放量、用水量比 2015 年分别下降 18%、22% 和 23%；到 2025 年则比 2015 年分别下降 34%、40% 和 41%；工业固体废物综合利用率则从 2015 年的 65% 提高到 2020 年的 73%，进一步提高到 2025 年的 79%。

　　在人们要求绿色发展和一系列规划、计划和政策的作用下，中国工业绿色化发展成绩有目共睹。2000 年以来，单位工业增加值能耗大幅度下降。进入 21 世纪，中国工业能源消费总量仍在大幅度上涨，由 2000 年的 10.38 亿吨标准煤上升到 2014 年的 29.57 亿吨标准煤，年均增加 7.77%。但是能源总量的快速增长主要是由于工业规模总量扩张引起的。单位工业增加值的能源消费量则处于下降过程中，由 2000 年单位工业增加值能源消费量为 2.58 吨标准煤/万元下降到 2014 年的 1.26 吨标准煤/万元，年均下降 4.96%（见图 3 - 10）。

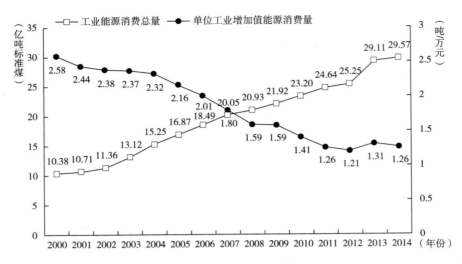

图 3 - 10　工业能源消费情况

数据来源：国家统计局网站（http：//data. stats. gov. cn/）。

从工业用水量情况来看，在 2011 年之前，工业用水总量呈上升态势，而在 2011 年之后，工业用水量则呈现绝对下降态势（见图 3 - 11）。单位工业增加值用水量呈现持续下降态势，2004 年，单位工业增加值用水量为 186.83 立方米/万元，2015 年下降到 56.44 立方米/万元，年均下降 10%。

从主要污染物排放情况看，21 世纪以来中国工业污染物排放量呈下降趋势。表 3 - 10 显示，工业二氧化硫排放总量和工业废水排放量总量先升后降，工业二氧化硫排放总量在 2005 年达到 1980.5 万吨的峰值后开始不断下降，2015 年比 2005 年减少 248.9 万吨，下降幅度达到 12.6%；工业废水排放总量同样在 2005 年达到最高值 243.1 亿吨，2015 年下降到 229.9 亿吨，降幅 5.4%。工业化学需氧量排放总量则持续减少，2000 年到 2015 年，工业化学需氧量排放总量从 704.5 万吨下降到 352.6 万吨，下降了 50%。

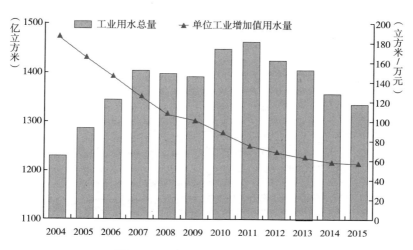

图 3 - 11　中国工业用水量的变化

数据来源：国家统计局网站（http：//data. stats. gov. cn/）。

表 3 - 10　中国工业污染物排放量

单位：年，万吨，亿吨

指　标	2000	2005	2010	2015
工业二氧化硫排放总量	1612.5	1980.5	1864.4	1731.6
工业化学需氧量排放总量	704.5	554.7	434.8	352.6
工业废水排放总量	194.2	243.1	237.5	229.9

数据来源：国家统计局网站（http：//data. stats. gov. cn/）。

　　国际比较方面，1995 年到 2013 年，中国每 1000 美元 GDP 能耗总下降幅度达到 44.5%，平均下降速度为 3.2%，均远远高于同期世界平均水平和其他发展中国家的水平。同为发展中国家的巴西每 1000 美元 GDP 能耗不降反升，总增幅为 4.7%；墨西哥的能耗尽管在下降，但是下降速度远低于世界平均水平，总体下降 12.3%，平均下降速度为 0.07%；俄罗斯的下降速度只略低于中国，但每 1000 美元 GDP 能耗大于中国（见图 3 - 12）。

　　2000 年以来，中国单位制造业增加值的二氧化碳排放量呈下降趋势。2000 年，中国单位制造业增加值的二氧化碳排放量为 1.64 千

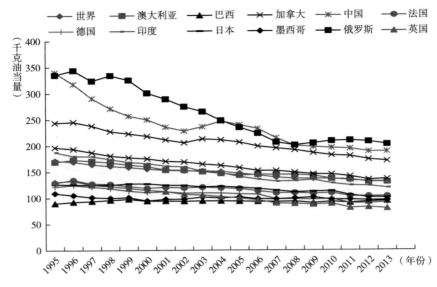

图 3 - 12　每 1000 美元 GDP 能耗（2011 年购买力平价）

数据来源：World Bank，*World Development Indicator* 2016（http：//data. worldbank. org/data – cat-alog/world – development – indicators）。

克，2013 年下降至 1.12 千克，下降 0.52 千克。而同为发展中国家的印度和墨西哥排放量分别增长了 0.21 千克和 0.03 千克。尽管中国单位制造业增加值的二氧化碳排放量仍然远远高于美国、英国、日本、德国等发达国家，但中国排放量减少幅度最大（见图 3 - 13）。

六　工业化与信息化融合发展

20 世纪 90 年代以来，信息化成为推动产业革命的一次技术创新，是世界经济和社会发展的大趋势。大力推动"两化"深度融合已成为抢占未来产业竞争制高点、加快制造业强国建设的战略选择和必由之路。中国一直将信息化作为发展的重要环节和方向，从 20 世纪 90 年代就提出要推进国民经济信息化，此后不断提出工业化与信息化的发展概念和规划。党的十六大提出，"以信息化带动工业化，工业化促进信息化"；党的十七大报告正式提出了两化

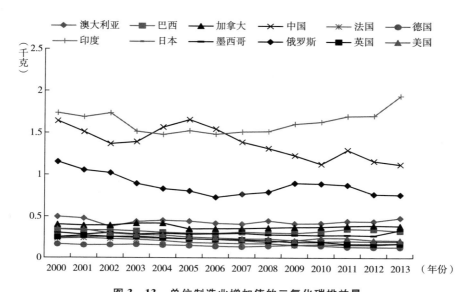

图 3 - 13 单位制造业增加值的二氧化碳排放量

资料来源：United Nations Statistics Division，*Sustainable Development Goals Indicators* 2016 （http：//unstats. un. org/sdgs/indicators/database/）。

融合概念，"发展现代产业体系，大力推进信息化与工业化融合，促进工业由大变强"；党的十七届五中全会提出"两化"深度融合，"推动信息化和工业化深度融合，加快经济社会各领域信息化"；党的十八大报告中指出要"促进工业化、信息化、城镇化、农业现代化同步发展"。从两化融合概念的发展脉络看，概念在不停地拓展外延，将工业化、信息化、城镇化和农业现代化都包含在内，其中工业化和信息化融合发展是关键和基础。

中国先后出台了《工业转型升级规划（2011~2015年）》《国务院关于大力推进信息化发展和切实保障信息安全的若干意见》《国务院关于推进物联网有序健康发展的指导意见》《"宽带中国"战略及实施方案》《中国制造2025》《国务院关于深化制造业与互联网融合发展的指导意见》（国发〔2016〕28号）等一系列文件，对"两化"深度融合重点工作做出部署。这些文件的核心内容就是，通过以信息化和工业化两化深度融合来引领和带动整个制造业发展，以此为基础，提高全社会的信息化水平。

中国作为世界上最大的发展中国家，面临着在没有完全完成工业化的前提下实现信息化的巨大挑战。发达国家在进行信息化时，已经实现了较为成熟的工业化和城镇化，并且拥有较为成熟的社会公共管理和企业管理理论、方法和工具，以及高素质的产业工人。中国在推进工业化和信息化融合时，还没有完全实现工业化和城镇化，没有成熟的社会公共管理和企业管理制度、流程和行为准则，也没有机械化、电气化、自动化的发展环境，并缺乏成熟的产业工人和技术工人。因此，在实现信息化的过程中，中国将面临比发达国家更为复杂的问题。坚持走中国特色的"两化融合"道路，不仅仅能够推动本国工业的产业结构升级，同时也将为世界其他尚未完成工业化的发展中国家提供同时进行工业化与信息化的实践经验。

目前，中国两化融合发展成果显著：信息技术对企业各环节的渗透加深，数字化研发工具的普及率达到 61.1%，关键工序数控化率达到 45.5%；制造业智能化发展取得新进展，生产设备智能化改造加速，智能产品生产快速发展；基于互联网的个性化定制、服务型制造等新模式和工业云、工业大数据等新业态不断涌现；信息技术的支撑服务能力加强，大数据、云计算、物联网等新一代信息技术向制造业渗透。① 《中国制造 2025》则进一步对未来"两化"融合发展进行了规划，到 2020 年宽带普及率、数字化研发设计工具普及率、关键工序数控化率分别达到 70%、72% 和

---

① 工业和信息化部：《信息化和工业化融合发展规划（2016～2020）》（工信部规〔2016〕333），http://www.miit.gov.cn/n1146295/n1652858/n1652930/n3757016/c5338237/content.html，2016 年 11 月。

50%，到 2025 年则分别达到 82%、84% 和 64%（见表 3－11）。

表 3－11　工业化与信息化两化融合发展目标

单位：年，%

类　别	指　标	2013	2015	2020	2025
两化融合	宽带普及率	37	50	70	82
	数字化研发设计工具普及率	52	58	72	84
	关键工序数控化率	27	33	50	64

资料来源：根据《中国制造 2025》整理。

　　工业化与信息化融合发展包括信息化与工业化在技术、产品、业务和产业四个层面的融合，即技术融合、产品融合、业务融合和产业衍生四个层次。

　　技术融合是通过信息技术和工业技术的融合，推动技术创新。比如将机械技术和电子技术融合产生的机械电子技术，将工业和计算机控制技术融合产生的工业控制技术，将打印工作原理和数字技术结合产生的 3D 打印技术等。2016 年，中国 3D 打印技术有了颠覆性突破，打印出了世界上首批锻件。3D 打印技术是一项前沿性的先进制造技术，但是常规 3D 打印成本高，工时长，且材质不耐用，因此一直处于"模型制造"和展示阶段。中国独立研制的微端同步复合设备将金属锻造和锻压技术合二为一，实现了首超西方的微型边铸边锻的颠覆性原始创新，大大提高了制件的强度、韧性和耐用度，不仅能打印薄壁金属零件，也能打印大壁厚差的金属零件，降低了设备和原材料成本，同时大大缩短了产品周期。该技术使 3D 打印技术获得了突破性进展，给全球机械制造业带来了颠覆性的创新。①

产品融合是通过将信息技术或信息产品融合到工业产品中，增加产品的信息技术含量。比如将智能化技术融入传统家电产品后，产生了智能家电；普通机床融合数控系统后产生数控机床。2016 年长虹公司和创维公司分别发布了全球首款人工智能电视和全球首款 AR 智能电视。长虹发布的人工智能电视实现了人工智能和电视的融合，是世界上第一台具有自适应、自学习和自进化能力的电视。通过高度的语音识别率，长虹人工智能电视实现了电视与人之间的自然语音交互；同时，基于大数据算法和神经网络算法，人工智能电视能够自主记忆并分析用户的喜好，进行个性推荐。② 创维发布的 AR 智能电视，通过 AR 技术与电视的融合，将真实环境和虚拟物体叠加到同一个画面，实现真实世界信息和虚拟世界信息的无缝集成。该技术是中国乃至世界彩电行业的一次重大突破，具有里程碑式的意义。③

业务融合是将信息技术应用到企业的生产、经营、管理等各环节中，提高企业生产效率、市场响应效率和管理决策水平，推动企业创新。比如数控设备提高了企业生产制造全过程工作效能；电子商务提供了新的市场营销途径，即在网上发布产品信息并进行交易；业务流程重组（BPR）、企业资源管理（ERP）、管理信息

---

① 屈建成、王潇潇：《武汉首创：3D 打印加入锻造技术 强度韧性大幅提高，造个两吨重金属铸件仅需 10 天》，《长江日报》2017 年 7 月 23 日。

② 林美炳：《长虹发布全球首款人工智能电视，呼吁以技术创新拯救彩电业》，《中国电子报》2016 年 7 月 28 日。

③ 《创维发布全球首款 AR 智能电视》，搜狐网，http://www.sohu.com/a/112645150_114984。

系统（MIS）、计算机决策支持（DSS）、数据挖掘（DM）、商业智能（BI）、供应链管理（SCM）客户关系管理（CRM）、知识管理（KM）等信息技术，帮助企业实现管理信息化，提高企业管理、决策水平。近年来，中国两化融合工业应用发展加速，重点行业典型企业相关各指数均有较大幅度的上涨（见表3－12）。总体上看，中国企业信息化应用水平有明显提高，已从单项业务信息技术应用向多业务多技术综合集成转变，从内部信息系统集成向跨企业互联互通转变，从单纯信息技术应用向业务流程再造和组织结构调整转变，从单一企业信息技术应用向产业链上下游协同应用转变。①

表3－12　全国重点行业典型企业两化融合相关指数

	2014	2015	年增长率（%）
ERP 普及率指数	59.57	62.71	5.27
MES 普及率指数	62.92	69.67	10.73
PLM 普及率指数	53.87	59.63	10.69
SCM 普及率指数	56.20	58.81	4.64
采购环节电子商务应用指数	68.46	76.83	12.23
销售环节电子商务应用指数	74.36	84.64	13.82
装备数控化率指数	48.36	51.30	6.08

资料来源：中国电子信息产业发展研究院：《2015 年度中国信息化与工业化融合发展水平评估报告》。

　　产业衍生是指信息化与工业化融合可以催生出的新产业，如工业电子产业（机械电子、汽车电子、船舶电子、航空电子等）、工业软件产业（工业设计软件、工业控制软件等）和工业信息服

---

① 中国电子信息产业发展研究院：《中国信息化与工业化融合发展水平评估蓝皮书（2015 年）》，人民出版社，2016。

务业（工业企业 B2B 电子商务、工业原材料或生产成品大宗交易、工业企业信息化咨询等）等。2015 年中国信息技术服务产业规模保持较快增长，1~9 月，实现收入 16109 亿元，同比增长 17.5%。电子商务平台是信息技术服务产业发展最迅速的领域，收入同比增长 24.7%，高出行业 7.2 个百分点。受运营互联网化的带动，运营相关服务保持快速增长态势，收入增长 19.1%。同时，中国信息技术服务产业的骨干企业不断加大科研投入，在技术创新和服务研发方面取得了较大进展。用友网络推出支持服务 O2O 模式，依托用友服务中心，帮助用户完成内部绩效、服务流程、事件管理和服务变更等内容的科学管理，实现对企业信息系统的集中管控和高效运营，支持企业"互联网 +"转型。阿里巴巴加大新兴领域投入，计划对其阿里云战略增资 60 亿元，用于云计算、大数据领域基础和前瞻技术研发，以及生态体系建设和国际业务拓展。

目前，中国宽带投入力度明显加大，高速网络覆盖和接入能力大幅提升、网络实际可用速率快速提高，固定宽带和移动上网流量价格不断下降，提速降费成效日益凸显。根据工信部统计数据，到 2016 年底，中国光纤到户（FTTH）用户占宽带用户比例达到 76.6%，已领先经济合作与发展组织（OECD）所有国家；在移动宽带方面，中国 4G 也实现跨越式发展，用不到 3 年的时间建成全球最大的 4G 网络，形成全球最大的 4G 用户群，4G 用户在中国移动电话用户总数中的渗透率达到 58.2%，超过日本（57%），仅次于美国（69%）和韩国（75%）。根据宽带发展联盟发布的 2016 年第四季度《中国宽带速率状况报告》显示，固定用户平均实际可用下载速率达 11.90Mbps，较 2015 年底的 8.34Mbps 提升了 42.7%；4G 移动用户实际可用下载速率达到 11.93Mbps，为同期 3G 平均下载速率的 3 倍。

从全球对比来看，中国固定宽带实际可用下载速率已进入全球较快梯队，超过澳大利亚、法国、意大利等发达国家；移动网络用户平均下载速率超过美国，与日本、韩国、俄罗斯处于同一水平。移动数据流量消费呈现爆发性增长态势，2016 年 12 月户均接入流量达 1087M，是两年前的 5.3 倍，由此进入"G 比特"消费时代。同时，网络资费水平持续下降。据测算，全国固定宽带平均资费水平从 2014 年每兆带宽每月 5.9 元下降到了 2016 年底的 0.815 元，降幅达 86.2%，用户月均支出减少 22.8%。移动宽带流量平均资费水平从每兆流量 0.139 元下降到 0.049 元，降幅达 64.8%。根据国际电联 2016 年 11 月发布的《衡量信息社会》报告数据，中国固定和移动宽带价格在 190 个国家和地区中分别排名第 81 位和第 36 位（按从低到高排名），分别处于资费中等和较低的国家行列。

七　工业国际竞争力

中国工业的快速发展产生了广泛而巨大的国际影响，可以说，现在中国贸易对象国已扩展至每一个国家，中国工业产品已遍布世界的每一个角落。中国货物国际贸易总量从 1980 年的 381.4 亿美元增长至 2015 年的 39530.3 亿元，增长了 102.6 倍；其中，工业制成品进出口贸易总量从 1980 年的 220.63 亿美元增长至 2015 年的 33770.48 亿美元，增长了 152.1 倍；这其中，工业制成品出口量增长了 240 倍，进口增长了 91.5 倍。

表 3 - 13 反映了中国货物进出口贸易总额和结构的变化，以及由此带来的国际竞争力的变化。① 总体来说，中国制成品进口所占

---

① 通常将货物贸易分成初级产品和工业制成品两大类。

比重呈下降趋势，而出口比重则呈上升趋势，反映出中国贸易结构的优化和转型升级。从贸易竞争力角度来看，改革开放初期中国贸易竞争力指数为负值，主要是工业制成品缺乏竞争力所致。①此后，工业制成品贸易竞争力指数逐步由负转正，数值慢慢增高，并带动了中国整个的国际竞争力的提升。

表 3 - 13　中国工业制成品的国际竞争力

	出口总额（亿美元）	进口总额（亿美元）	其中：工业制成品		所占比重（%）		中国贸易竞争力*	工业制成品竞争力*
			出口	进口	出口	进口		
1980	181.2	200.2	90.05	130.58	49.70	65.22	- 0.05	- 0.18
1985	273.5	422.5	135.22	369.63	49.44	87.49	- 0.21	- 0.46
1990	620.9	533.5	462.05	434.92	74.42	81.52	0.08	0.03
1995	1487.8	1320.8	1272.95	1076.67	85.56	81.52	0.06	0.08
2000	2492.0	2250.9	2237.43	1783.55	89.78	79.24	0.05	0.11
2001	2661.0	2435.5	2397.60	1978.10	90.10	81.22	0.04	0.10
2002	3256.0	2951.7	2970.56	2458.99	91.23	83.31	0.05	0.09
2003	4382.3	4127.6	4034.16	3399.96	92.06	82.37	0.03	0.09
2004	5933.3	5612.3	5527.77	4439.62	93.17	79.11	0.03	0.11
2005	7619.5	6599.5	7129.16	5122.39	93.56	77.62	0.07	0.16
2006	9689.8	7914.6	9160.17	6043.32	94.53	76.36	0.10	0.21
2007	12200.6	9561.2	11562.67	7128.65	94.77	74.56	0.12	0.24
2008	14306.9	11325.7	13527.36	7701.67	94.55	68.00	0.12	0.27
2009	12016.1	10059.2	11384.83	7161.19	94.75	71.19	0.09	0.23

---

① 贸易竞争力是测算产业（产品）国际竞争力的一种方法。贸易竞争力指数的计算方法是：（出口 - 进口）/（出口 + 进口），该指数取值范围为［-1，1］，大于 0 表示在国际市场上有竞争力，越接近 1，表示竞争能力越强；小于 0 表示在国际市场上缺乏竞争力，越接近 - 1，表示竞争能力越弱。

续表

	出口总额（亿美元）	进口总额（亿美元）	其中：工业制成品		所占比重（%）		中国贸易竞争力*	工业制成品竞争力*
			出口	进口	出口	进口		
2010	15777.5	13962.4	14960.69	9623.94	94.82	68.93	0.06	0.22
2011	18983.8	17434.8	17978.36	11392.15	94.70	65.34	0.04	0.22
2012	20487.1	18184.1	19481.56	11834.71	95.09	65.08	0.06	0.24
2013	22090.0	19499.9	21017.36	12919.09	95.14	66.25	0.06	0.24
2014	23422.9	19592.3	22296.01	13122.95	95.19	66.98	0.09	0.26
2015	22734.7	16795.6	21695.41	12075.07	95.43	71.89	0.15	0.28

注：＊取值范围是［-1，1］。

资料来源：根据《中国统计年鉴（2016）》数据整理。

在工业制成品中，中国高技术产品出口增长更加突出。进入21世纪后，中国高技术产品出口额占世界高技术产品出口额的比重持续大幅度上升。2000年，中国高技术产品出口额为417亿美元（按现价美元计算），占世界的比重为3.6%；2002年，中国高技术出口额为692亿美元，占世界比重上升为6.48%，超过法国所占比重；2003年，中国出口额增加为1086亿美元，占世界比重达到9.11%，超过英国；2004年，中国出口额达到1630亿美元，比重达到11.38%，超过德国和日本；2005年，中国出口额增加到2159亿美元，比重达到13.62%，超过美国，成为高技术产品出口额占世界总额最高的国家，并且比重不断上升，到2014年，高技术产品出口已超过世界总量的1/4，中国已经是世界第一大高技术产品出口国，为世界各国人民提供了大量高技术产品（见图3-14）。

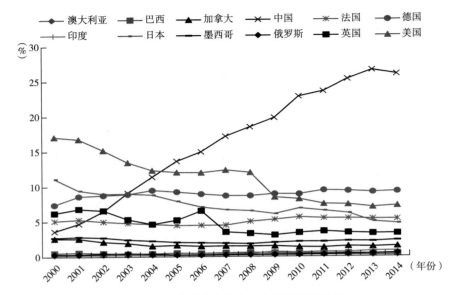

图3-14 高技术产品出口比重的国际比较

数据来源：World Bank，*World Development Indicator* 2016（http://data.worldbank.org/data-catalog/world-development-indicators）。

第二节 中国工业化发展阶段判断

21世纪初，中国工业迅速发展，目前中国整体已处于工业化后期后半阶段，但各地区之间发展不平衡，在四大板块中，东部地区已经进入后工业化时期，东北地区进入工业化后期后半阶段，中部和西部地区则处于工业化后期前半阶段。

一 中国工业化阶段测算方法

工业化阶段的测算方法有许多种。对于如何衡量一个国家或地区的工业化水平，国内外学者基于不同的理论，提出了不同的测算指标体系。本文将列出具有代表性的国内外工业化阶段测算方法。

1. 国外工业化阶段测算方法

（1）基于人均收入的测算方法

美国经济学家钱纳里提出了基于人均收入的工业化阶段测算方法。他认为经济增长是经济结构转变的结果，因此经济结构与人均收入之间存在规律性联系。他将经济结构的转变分为三个大阶段，即初级产品生产阶段、工业化阶段和发达经济阶段，其中工业化阶段又分为初期、中期和后期三个小阶段。具体测算方法见表 3 - 14。

表 3 - 14　基于人均收入的工业化阶段测算方法

单位：美元

时期	人均收入				发展阶段	
	1964 年	1970 年	1982 年	1996 年		
1	100 ~ 200	140 ~ 280	364 ~ 728	620 ~ 1240	初级产品生产阶段	
2	200 ~ 400	280 ~ 560	728 ~ 1456	1240 ~ 2480	工业化阶段	初期
3	400 ~ 800	560 ~ 1120	1456 ~ 2912	2480 ~ 4960		中期
4	800 ~ 1500	1120 ~ 2100	2912 ~ 5460	4960 ~ 9300		后期
5	1500 ~ 2400	2100 ~ 3360	5460 ~ 8736	9300 ~ 14880	经济发达阶段	后工业化时期
6	2400 ~ 3600	3360 ~ 5040	8736 ~ 13104	14880 ~ 22320		

资料来源：钱纳里：《工业化和经济增长的比较研究》，上海三联书店，1989。

（2）基于就业结构的测算方法

英国经济学家科林·克拉克基于大量统计分析得出了规律性结论，即随着经济发展和人均 GDP 的不断增长，劳动力将先从第一产业向第二产业转移，再从第二产业向第三产业转移。这一理论被称为"配第 - 克拉克定理"。克拉克根据三次产业就业结构将工业化分为三个大阶段和五个时期。具体测算方法见表3 - 15。

表 3 – 15　基于就业结构的测算方法

一次就业比重	二次就业比重	三次就业比重	时期	经济发展阶段
>63.3	<17.0	<19.7	初级产品生产阶段	工业化准备期
<46.1	>26.8	>27.1	工业化阶段	工业化初期
<31.4	>36.0	>32.6		工业化中期
<24.2	>40.8	>35.0		工业化成熟期
<17.0	>45.6	>37.4	经济稳定增长阶段	工业化后期

资料来源：朱勇：《现代经济增长理论与政策选择》，中国经济出版社，2000。

（3）基于三次产业占 GDP 比重的测算方法

美国经济学家西蒙·库兹涅茨测算了 1958 年 57 个国家的各产业在 GDP 中所占份额和 1960 年 59 个国家的各产业劳动力在其总劳动力中所占份额，得出的结论显示，随着经济的发展和劳动力在各生产部门之间的转移，农业在 GDP 中所占份额下降，同时工业和服务业份额增加。当第一产业所占份额小于 20%，而第二产业份额高于第三产业时，国家或地区进入工业化中期阶段；当第一产业份额小于 10%，第三产业比重逐渐高于第二产业时，国家或进入工业化后期阶段。

（4）基于工业净产值占国民收入比重的测算方法

联合国工业发展组织将工业净产值占国民收入比重作为衡量工业发展阶段的指标。当工业净产值占国民收入的比重小于 20% 时，国家或地区处于农业经济阶段；当比重在 20% 到 40% 之间时，处于工业初兴阶段；当比重大于 40% 时，则达到工业加速阶段。

2. 国内工业化阶段测算方法

陈佳贵、黄群慧等[1]从经济发展水平、产业结构、工业结构、

---

[1]　陈佳贵、黄群慧、钟宏武、王延中等：《中国工业化进程报——1995～2005 年中国省域工业化水平评价与研究》，社会科学文献出版社，2007。

就业结构和空间结构等方面，分别选取人均 GDP、三次产业产值比、制造业增加值占总商品生产部门（大体为第一产业和第二产业）增加值的比重、城镇人口占总人口的比重、第一产业就业人数占总就业人数的比重等指标，提出了一套综合评价国家或地区工业化水平的指标体系和方法。

首先，通过将各省份的具体指标数值与标志值进行比较，确定各省份在各个指标中所对应的工业化阶段。标志值如表 3 - 16 所示。

表 3 - 16　工业化不同阶段的标志值

单位：美元

基本指标		前工业化阶段（1）	工业化实现阶段			后工业化阶段（5）
			工业化初期（2）	工业化中期（3）	工业化后期（4）	
人均 GDP（经济发展水平）	1964 年	100～200	200～400	400～800	800～1500	1500 以上
	1995 年	610～1220	1220～2430	2430～4870	4870～9120	9120 以上
	1996 年	620～1240	1240～2480	2480～4960	4960～9300	9300 以上
	2000 年	660～1320	1320～2640	2640～5280	5280～9910	9910 以上
	2002 年	680～1360	1360～2730	2730～5460	5460～10200	10200 以上
	2004 年	720～1440	1440～2880	2880～5760	5760～10810	10810 以上
	2005 年	745～1490	1490～2980	2980～5960	5960～11170	11170 以上
	2010 年	827～1654	1654～3308	3308～6615	6615～12398	12398 以上
三次产业产值比（产业结构）		A＞I	A＞20% A＜I	A＜20% I＞S	A＜10% I＞S	A＜10% I＜S
制造业增加值占总商品增加值比重（工业结构）		20% 以下	20%～40%	40%～50%	50%～60%	60% 以上
城镇人口占总人口比重（空间结构）		30% 以下	30%～50%	50%～60%	60%～75%	75% 以上
第一产业就业占总就业比重（产业结构）		60% 以上	45%～60%	30%～45%	10%～30%	10% 以下

注：A 表示第一产业，I 表示第二产业，S 表示第三产业。

资料来源：黄群慧、李芳芳等：《中国工业化进程报告（1995～2015 年）》，社会科学文献出版社，2017。

其次，利用阶段阀值法对每个指标的值进行无量纲化处理，从而对每个指标进行标准化打分。阶段阈值法的公式为：

$$\begin{cases} \lambda_{ik} = (j_{ik} - 2) \times 33 + (X_{ik} - \min_{kj})/(\max_{kj} - \min_{kj}) \times 33 \ (j_{ik} = 2,3,4) \\ \lambda_{ik} = 0 \ (j_{ik} = 1) \\ \lambda_{ik} = 100 \ (j_{ik} = 5) \end{cases}$$

式中，i 表示第 i 个国家或地区，k 表示第 k 个指标，λ_{ik} 表示第 i 个国家或地区的第 k 个指标的评测值，j_{ik} 表示第 i 个国家或地区第 k 个指标所处的工业化阶段（1，2，3，4，5）。

当国家或地区的某一指标处于前工业化阶段时，相应的评测值为 0；当国家或地区的某一指标处于后工业化阶段时，相应的评测值为 100；当国家或地区的某一指标处于工业化阶段时，满足 $\lambda_{ik} = (j_{ik} - 2) \times 33 + (X_{ik} - \min_{kj}) / (\max_{kj} - \min_{kj}) \times 33$，其中 X_{ik} 代表实际指标值，$\max_{kj}$ 代表第 k 个指标在 j 阶段的最大参考值，$\min_{kj}$ 代表第 k 个指标在 j 阶段的最小参考值。各指标在各阶段的参考值如表 3 – 17 所示。

表 3 – 17　工业化各指标在各阶段的参考值

符号	基本指标	工业化实现阶段		
		工业化初期 $k = 2$	工业化中期 $k = 3$	工业化后期 $k = 4$
$j_k = 1$	人均 GDP（2005 年美元）	$\min_{12} = 1490$ $\max_{12} = 2980$	$\min_{13} = 2980$ $\max_{13} = 5960$	$\min_{14} = 5960$ $\max_{14} = 11170$
$j_k = 2$	三次产业产值结构（%）	$\min_{22} = 33$ $\max_{22} = 20$	$\min_{23} = 20$ $\max_{23} = 10$	$\lambda_{ik} = 66 + S/(I + S) \times 33$
$j_k = 3$	制造业增加值占总商品增加值比重（%）	$\min_{32} = 20$ $\max_{32} = 40$	$\min_{33} = 40$ $\max_{33} = 50$	$\min_{34} = 50$ $\max_{34} = 60$

续表

符号	基本指标	工业化实现阶段		
		工业化初期 $k=2$	工业化中期 $k=3$	工业化后期 $k=4$
$j_k = 4$	人口城市化率（%）	$\min_{42} = 30$ $\max_{42} = 50$	$\min_{43} = 50$ $\max_{43} = 60$	$\min_{44} = 60$ $\max_{44} = 75$
$j_k = 5$	第一产业就业占总就业比重（%）	$\min_{52} = 60$ $\max_{52} = 45$	$\min_{53} = 45$ $\max_{53} = 30$	$\min_{54} = 30$ $\max_{54} = 10$

资料来源：黄群慧、李芳芳等：《中国工业化进程报告（1995~2015年)》，社会科学文献出版社，2017。

再次，采用加成合成法来计算地区工业化水平综合指数 K。计算公式为：

$$K = \sum_{i=1}^{n} \lambda_i w_i \bigg/ \sum_{i=1}^{n} w_i$$

其中，w_i 表示各指标权重。采用层次分析法计算各指标具体权重，人均 GDP 指标权重为 36%，三次产业产值比指标权重为 22%，制造业增加值占总商品增加值比重指标的权重为 22%，人口城市化率指标的权重为 12%，第一产业就业占总就业比重指标的权重为 8%。

最后，通过比较计算出的 K 值与工业化各阶段的划分标准，来确定国家或地区的工业化阶段。具体划分标准见表 3-18。

表 3-18　工业化各阶段的划分标准与表示方法

阶段	前工业化	工业化初期	工业化中期	工业化后期	后工业化
K 值	0	（0，33）	［33，66）	［66，100）	100
符号	一	二	三	四	五

续表

阶段	前工业化	工业化初期		工业化中期		工业化后期		后工业化
		前半	后半	前半	后半	前半	后半	
K值	0	(0, 17)	[17, 33)	[33, 50)	[50, 66)	[66, 83)	[83, 100)	100
符号	一	二（Ⅰ）	二（Ⅱ）	三（Ⅰ）	三（Ⅱ）	四（Ⅰ）	四（Ⅱ）	五

阶段	前工业化	工业化初期			工业化中期			工业化后期			后工业化
		前	中	后	前	中	后	前	中	后	
K值	0	(0, 11)	[11, 22)	[22, 33)	[33, 44)	[44, 55)	[55, 66)	[66, 77)	[77, 88)	[88, 100)	100
符号	一	二（Ⅰ′）	二（Ⅱ′）	二（Ⅲ′）	三（Ⅰ′）	三（Ⅱ′）	三（Ⅲ′）	四（Ⅰ′）	四（Ⅱ′）	四（Ⅲ′）	五

资料来源：黄群慧、李芳芳等：《中国工业化进程报告（1995~2015年）》，社会科学文献出版社，2017。

二　中国代表性年份工业化阶段

根据上文中所提到的中国工业化阶段测算方法，黄群慧、李芳芳等①分析了1995~2015年中国工业化进程，分别测算了1995年、2000年、2005年、2010年和2015年中国工业化发展阶段。

1995年，中国整体工业发展处于工业化初期前半阶段。从各省份来看，绝大部分省份的工业发展达到工业化初期，其中西藏和海南工业发展缓慢，仍然处于前工业化阶段，21个省处于工业化初期前半阶段，4个省份处于初期后半阶段，1个省份处于工业化中期后半阶段，上海和北京的工业发展较快，已经达到工业化后期前半阶段。

2000年，中国整体工业发展处于工业化初期后半阶段。从各

---

① 黄群慧、李芳芳等：《中国工业化进程报告（1995~2015年）》，社会科学文献出版社，2017。

省情况看，处于前工业化阶段的省区仅有西藏；处于工业化初期的省份减少到23个，其中17个为初期前半阶段，6个为初期后半阶段；进入工业化中期的省份增加到4个，都是中期前半阶段；达到工业化后期的省份增加到3个，其中上海进入后期后半阶段，北京和天津处于后期前半阶段。

21世纪初期，中国工业迅速发展，工业化水平跨越式提高。2005年，中国整体工业化水平已经达到工业化中期前半阶段，所有省份都进入工业化阶段。从各省份的情况看，6个省份进入了工业化后期，其中有3个省份进入后期后半阶段，3个省份进入后期前半阶段；4个省份进入工业化中期，其中2个省份进入中期后半阶段，2个省份处于中期前半阶段；21个省份仍处于工业化初期，但其中15个省份已经进入初期后半阶段，仅有6个省份处于初期前半阶段。

2010年，中国整体工业化水平进入工业化后期前半阶段，各省份工业化发展也跨越式前进，上海和北京两个直辖市达到了后工业化阶段。其他省份中，进入工业化后期的省份增加到10个，进入后期后半阶段的省份增加到4个，进入后期前半阶段的省份则增加到6个；进入工业化中期的省份从2005年的4个迅速增加到16个，且其中11个已经进入中期后半阶段；处于工业化初期的省份仅剩新疆、海南和西藏。

2015年，中国整体处于工业化后期后半阶段，所有省份都至少进入工业化中期。进入后工业化阶段的省份增加到3个，进入工业化后期的省份增加到16个，处于工业化中期的省份仅剩12个（见表3-19）。

表 3 - 19 工业化不同阶段的省份数量

单位：个

阶段 \ 年份		1995	2000	2005	2010	2015
前工业化阶段（一）		2	1	0	0	0
工业化初期（二）	整体	25	23	21	3	0
	前半阶段	21	17	6	0	0
	后半阶段	4	6	15	3	0
工业化中期（三）	整体	1	4	4	16	12
	前半阶段	0	4	2	5	6
	后半阶段	1	0	2	11	6
工业化后期（四）	整体	2	3	6	10	16
	前半阶段	2	2	3	6	9
	后半阶段	0	1	3	4	7
后工业化阶段（五）		0	0	0	2	3

注：重庆市 1995 年尚未直辖，因此只参加 2000 年以后的统计。

资料来源：黄群慧、李芳芳等：《中国工业化进程报告（1995～2015 年）》，社会科学文献出版社，2017。

三 当前各地区工业化发展阶段

"十二五"期间，"新常态"经济的转型对工业发展速度造成一定影响，中国工业发展速度明显放缓，所有省份的工业化进程都明显减速。

从人均 GDP 指标来看，到 2015 年，中国工业化水平达到工业化后期前半阶段，即将进入后半阶段。在四大板块中，东部地区已经进入后工业化阶段，东北地区进入工业化后期后半阶段，中部和西部地区则处于工业化后期前半阶段。在九大区域中，长三角（上海、江苏、浙江）和珠三角（广东、海南、福建）率先进入后工业化时期，环渤海（北京、天津、河北、山东）、京津冀（北京、天津、

河北）、东北三省（黑龙江、吉林、辽宁）和长江经济带（上海、
江苏、浙江、安徽、江西、湖南、湖北、重庆、四川、贵州、云南）
进入了工业化后期后半阶段，大西北（山西、甘肃、青海、宁夏、
新疆、内蒙古）、中部六省（湖北、湖南、江西、安徽、山西、河
南）和大西南（重庆、广西、四川、贵州、云南、西藏）进入工业
化后期前半阶段。

可以看出，在人均 GDP 方面，中国整体工业化水平较高，且
各区域之间差距较小，都集中在后工业阶段和工业化后期阶段
（见表 3 - 20）。

表 3 - 20　中国工业化水平——基于人均 GDP（汇率—平价法）的评价（2015）

阶段 \ 区域	全国	四大板块	九大区域	31 省份
后工业化阶段（五）		东部（100）	长三角（100）珠三角（100）	北京、上海、天津、浙江、江苏、广东、福建、辽宁、内蒙古
工业化后期（四） 后半阶段		东北（86）	环渤海（97）京津冀（96）东北三省（86）长江经济带(85)	山东（98）、重庆（85）、吉林（84）、湖北（83）
工业化后期（四） 前半阶段	全国（82）	中部（72）西部（71）	大西北（78）中部六省(72)大西南（67）	陕西（80）、宁夏（76）、湖南（75）、青海（73）、海南（73）、河北（72）、新疆（72）、河南（71）、黑龙江（71）、江西（68）、四川（68）、安徽（67）、广西（66）、山西（66）
工业化中期（三） 后半阶段				西藏（61）、贵州（57）、云南（55）、甘肃（50）
工业化中期（三） 前半阶段				

续表

阶段 \ 区域		全国	四大板块	九大区域	31 省份
工业化初期（二）	后半阶段				
	前半阶段				
前工业化阶段（一）					

注：括号中的数字为相应的工业化综合指数。

资料来源：黄群慧、李芳芳等：《中国工业化进程报告（1995~2015年）》，社会科学文献出版社，2017。

从三次产业产值比的指标看，中国整体进入了后工业化时期。在四大板块中，仅有东部地区发展较快，进入了后工业化时期；其他三个板块仍处于工业化中期后半阶段，与东部地区相差较大。在九大区域中，京津冀、环渤海、长三角、珠三角和长江经济带均进入了后工业化阶段，东北三省、中部六省、大西北和大西南地区则仍然处于工业化中期后半阶段。

可以看出，在产业结构方面，中国整体工业化水平很高，但区域之间差异较大，发展非常不均衡（见表3-21）。

表3-21　中国工业化进程——基于三次产业产值比的评价（2015）

阶段 \ 区域		全国	四大板块	九大区域	31 省份
后工业化阶段（五）		全国	东部	京津冀、环渤海、长三角、珠三角、长江经济带	北京、上海、天津、浙江、江苏、广东、重庆、山西、西藏
工业化后期（四）	后半阶段				
	前半阶段				辽宁（82）、山东（82）、宁夏（82）、福建（81）、内蒙古（81）、陕西（81）、青海（81）
工业化中期（三）	后半阶段		中部（63）东北（61）西部（59）	中部六省（63）大西北（63）东北三省（61）大西南（57）	江西（64）、湖北（62）、吉林（62）、安徽（62）、河北（61）、湖南（61）、河南（61）、四川（59）、甘肃（53）
	前半阶段				广西（49）、云南（49）、贵州（47）、新疆（44）、黑龙江（41）

续表

阶段 \ 区域		全国	四大板块	九大区域	31省份
工业化初期（二）	后半阶段				海南（25）
	前半阶段				
前工业化阶段（一）					

注：括号中的数字为相应的工业化综合指数。

资料来源：黄群慧、李芳芳等：《中国工业化进程报告（1995～2015年）》，社会科学文献出版社，2017。

从工业结构（制造业增加值占总商品生产部门增加值的比重）指标来看，中国整体处于工业化后期后半阶段。在四大板块中，东部和中部地区已经进入后工业化阶段，东北地区则处于工业化后期后半阶段，西部地区处于工业化中期后半阶段。在九大区域中，环渤海、长三角、珠三角、京津冀和长江经济带已进入后工业化阶段，中部六省和东北三省处于工业化后期后半阶段，大西南处于工业化后期前半阶段，大西北处于工业化中期前半阶段。

可以看出，在工业结构方面，中国整体工业化水平较高，但区域之间存在一定差异，大西北地区远远落后于其他几个区域，工业化水平较低（见表3－22）。

表3－22　中国工业化进程——基于工业结构指标的评价（2015）

阶段 \ 区域		全国	四大板块	九大区域	31省份
后工业化阶段（五）			东部、中部	京津冀、环渤海、长三角、珠三角、长江经济带	北京、上海、天津、浙江、江苏、广东、辽宁、福建、重庆、山东、湖北、河北、江西、湖南
工业化后期（四）	后半阶段	全国（91）	东北（86）	中部六省（94）东北三省（86）	安徽（98）、吉林（97）、河南（95）、四川（86）、广西（84）
	前半阶段			大西南（72）	

续表

阶段 ＼ 区域		全国	四大板块	九大区域	31 省份
工业化中期（三）	后半阶段		西部（58）		陕西（61）
	前半阶段			大西北（39）	内蒙古（46）、甘肃（44）、青海（43）
工业化初期（二）	后半阶段				黑龙江（31）、云南（31）、贵州（27）、宁夏（19）
	前半阶段				新疆（12）、海南（7）、山西（6）
前工业化阶段（一）					西藏（0）

注：括号中的数字为相应的工业化综合指数。

资料来源：黄群慧、李芳芳等：《中国工业化进程报告（1995～2015 年）》，社会科学文献出版社，2017。

　　从城镇化率（城镇人口占总人口比重）指标看，中国整体进入了工业化中期后半阶段。在四大板块中，东部地区和东北地区处于工业化后期前半阶段，中部地区处于工业化中期前半阶段，西部地区仍处于工业化初期后半阶段。在九大区域中，长三角地区进入了工业化后期后半阶段，珠三角、京津冀、环渤海和东北三省处于工业化后期前半阶段，长江经济带处于工业化中期后半阶段，中部六省和大西北处于工业化中期前半阶段，大西南处于工业化初期后半阶段。

　　可以看出，在城镇化率方面，中国工业化水平整体较低，各区域之间差异较大，分布于工业化初期后半阶段到工业化后期后半阶段中（见表 3 - 23）。

表 3 - 23　中国工业化进程——基于城镇化率指标的评价（2015）

阶段 ＼ 区域		全国	四大板块	九大区域	31 省份
后工业化阶段（五）					北京、上海、天津
工业化后期（四）	后半阶段			长三角（87）	广东（85）
	前半阶段	东部（77）东北（69）		珠三角（80）京津冀（72）东北三省（69）环渤海（66）	辽宁（82）、江苏（80）、浙江（79）、福建（72）、重庆（68）、内蒙古（67）
工业化中期（三）	后半阶段	全国（53）		长江经济带（51）	黑龙江（62）、山东（59）、湖北（56）、吉林（51）、宁夏（50）、山西（50）、海南（50）
	前半阶段		中部（40）	中部六省（40）大西北（38）	陕西（46）、江西（38）、河北（37）、湖南（36）、安徽（35）、青海（34）
工业化初期（二）	后半阶段		西部（31）	大西南（29）	四川（29）、河南（28）、广西（28）、新疆（28）、甘肃（22）、云南（22）、贵州（20）
	前半阶段				
前工业化阶段（一）					西藏（0）

注：括号中的数字为相应的工业化综合指数。

资料来源：黄群慧、李芳芳等，《中国工业化进程报告（1995～2015 年）》，社会科学文献出版社，2017。

　　从第一产业就业比看，中国整体进入工业化后期前半阶段。在四大板块中，东部地区处于工业化后期前半阶段，东北地区和中部地区进入工业化中期后半阶段，西部地区处于工业化初期后半阶段。在九大区域中，长三角领先其他区域，进入了工业化后期后半阶段；京津冀、环渤海和珠三角则处于工业化后期前半阶段；东北三省、中部六省和长江经济带处于工业化中期后半阶段；大西北处于工业化中期前半阶段；大西南仍处于工业化初期后半阶段。

　　在就业结构方面，中国工业化水平整体较高，但区域之间差异较大，发展最好的地区已经到达工业化后期后半阶段，而工业化水平最低的地区则仍处于工业化初期后半阶段（见表3-24）。

表3-24　中国工业化进程——依据就业结构指标的评价（2015）

区域 阶段		全国	四大板块	九大区域	31省份
后工业化阶段（五）					北京、上海、天津
工业化 后期（四）	后半阶段			长三角（92）	浙江（94）、江苏（85）
	前半阶段	全国（69）	东部（78）	珠三角（77） 京津冀（76） 环渤海（70）	广东（79）、福建（79）、辽宁（68）、江西（66）
工业化 中期（三）	后半阶段		东北（59） 中部（50）	长江经济带（60） 东北三省（59） 中部六省（50）	重庆（64）、山东（64）、安徽（61）、河北（59）、山西（54）、青海（53）、吉林（51）
	前半阶段			大西北（35）	湖北（48）、陕西（48）、四川（47）、内蒙古（46）、黑龙江（46）、湖南（42）、河南（42）、西藏（41）、海南（41）、新疆（35）
工业化 初期（二）	后半阶段		西部（31）	大西南（30）	宁夏（32）、广西（18）
	前半阶段				云南（14）、甘肃（4）、贵州（1）
前工业化阶段（一）					

注：括号中的数字为相应的工业化综合指数。

资料来源：黄群慧、李芳芳等：《中国工业化进程报告（1995~2015年）》，社会科学文献出版社，2017。

从综合指标上来看，到2015年，中国整体处于工业化后期后半阶段，整体工业化水平较高，但仍存在较大的地区差异。

在四大板块中，东部地区发展最快，已经达到工业化后期后半阶段；西部地区发展最慢，仍然处于工业化中期后半阶段；东北地区和中部地区则发展到工业化后期前半阶段。

从九大区域来看，长三角地区、珠三角地区、京津冀地区、环渤海地区和长江经济带地区发展较快，已经处于工业化后期后半阶段；大西北地区和大西南地区工业化发展进程较慢，处于工业化中期后半阶段；东北三省和中部六省则处于工业化后期前半阶段。

从各省份来看，北京、上海、天津三个直辖市为第一梯队成员，其工业发展超过其他省份，已经进入了后工业化阶段；浙江、江苏、广东、辽宁、福建、重庆和山东七省份为第二梯队，已经进入了工业化后期后半阶段；湖北、内蒙古、吉林、河北、江西、湖南、陕西、安徽和河南九省份为第三梯队，工业化发展到后期前半阶段；四川、青海、宁夏、广西、山西和黑龙江六省份为第四梯队，工业化发展较缓慢，处于工业化中期后半阶段；西藏、新疆、甘肃、海南、云南和贵州工业发展落后于其他省份，仍处于工业化中期前半阶段（见表3－25）。

表 3－25　中国各地区工业化阶段的比较（2015）

阶段　　区域	全国	四大板块	九大区域	31省份
后工业化阶段（五）				北京、上海、天津
工业化后期（四）　后半阶段	全国（84）	东部（95）	长三角（98）珠三角（96）京津冀（93）环渤海（92）长江经济带（85）	浙江（97）、江苏（96）、广东（96）、辽宁（91）、福建（91）、重庆（88）、山东（88）
工业化后期（四）　前半阶段		东北（76）中部（71）	东北三省（76）中部六省（71）	湖北（76）、内蒙古（75）、吉林（75）、河北（70）、江西（70）、湖南（70）、陕西（69）、安徽（69）、河南（66）
工业化中期（三）　后半阶段		西部（58）	大西北（58）大西南（58）	四川（64）、青海（62）、宁夏（58）、广西（58）、山西（57）、黑龙江（53）
工业化中期（三）　前半阶段				西藏（47）、新疆（44）、甘肃（43）、海南（42）、云南（41）、贵州（39）

续表

阶段 ＼ 区域		全国	四大板块	九大区域	31 省份
工业化初期（二）	后半阶段				
	前半阶段				
前工业化阶段（一）					

注：括号中的数字为相应的工业化综合指数。

资料来源：黄群慧、李芳芳等：《中国工业化进程报告（1995～2015 年）》，社会科学文献出版社，2017。

参考文献

1. 金碚：《经济发展新常态下的工业使命》，《中国工业评论》2015 年 Z1 期，第 10～14 页。

2. 黄群慧：《中国的工业化进程：阶段、特征与前景》，《经济与管理》2013 年第 7 期。

3. 陈佳贵、黄群慧、王延中、刘刚等：《中国工业现代化问题研究》，中国社会科学出版社，2004。

4. 郭朝先、张其仔：《中国工业实现又好又快发展需处理好六大关系》，《新视野》2007 年第 5 期。

5. 中国社会科学院工业经济研究所课题组：《"十二五"时期工业结构调整和优化升级研究》，《中国工业经济》2010 第 1 期。

6. 张其仔、郭朝先、白玫：《协调保增长与转变经济增长方式关系的产业政策研究》，《中国工业经济》2009 年第 3 期。

7. 张其仔、郭朝先：《中国工业增长的性质：资本驱动或资源驱动》，《中国工业经济》2008 年第 3 期。

8. 郭朝先、王宏霞：《中国制造业发展与"中国制造 2025"规划》，《经济研究参考》2015 年第 31 期。

9. 李林：《产业融合：信息化与工业化融合的基础及其实践》，《上海经济研究》2008 年第 6 期。

10. 吕铁：《中国工业技术创新的基本特征及推进思路》，《经济管理》2004 年
    第 9 期。

11. 吴寿平、戚红艳：《经济全球化与中国工业结构变化》，《财经科学》2012
    年第 3 期。

12. 马建堂：《六十五载奋进路，砥砺前行谱华章——庆祝中华人民共和国成
    立 65 周年》，《人民日报》2014 年 9 月 24 日。

13. 陈因：《以技术创新驱动工业转型升级》，《工业技术创新》2014 年第
    1 期。

14. 冯飞：《推动工业绿色化促进产业转型发展》，《中国信息化》2016 年第
    2 期。

15. 黄群慧、李芳芳等：《中国工业化进程报告（1995～2015 年）》，社会科学
    文献出版社，2017。

第四章 包容的可持续工业化
"中国经验"

要点：

（1）中国用不到半个世纪的时间实现了世界发达国家历时两个多世纪完成的工业化进程，成为世界工业化人口规模最大的国家，为加速推进全球工业化进程和工业文明的发展做出了极为重要的贡献。

（2）作为实行社会主义制度的发展中大国，中国政府在工业化进程中始终扮演着十分重要的角色，在中国工业实行改革、开放、转型、赶超过程中发挥了主导性作用，实现了"有效市场"与"有为政府"的有机结合，构建了一条不同于西方传统的，具有中国特色的工业化发展道路。

（3）1978年以来，中国根据社会主义大国的基本国情，因地制宜探索实行了一条以市场化为导向，以渐进式改革为特点、顶层设计与基层创造相结合的工业改革和发展之路，建立起了国有、民营、"三资"三足鼎立、相互融合的混合所有制工业企业格局，以及公平竞争、透明开放的市场环境，为激发工业企业的市场活力和竞争力创造了重要的体制基础。

（4）中国紧紧抓住全球产业转移的历史机遇，实施开放式、外向型工业发展战略，以最优惠政策吸引外商投资、承接国际产业转移；充分发挥低要素价格优势参与国际竞争，凭借产能和价格优势在全球产业分工体系中奠定了第一制造大国的地位。作为发展中国家和新兴经济体国家代表，中国致力于推动建立更具创新、开放、联动、包容精神的全球经济治理新格局，为推动经济全球化和可持续发展发挥积极作用。

（5）在科技成为第一生产力以及可持续发展成为全球共识的时代背景下，中国倡导"创新、协调、绿色、开放、共享"发展理念，积极谋求工业转型，走新型工业化发展道路，启动了由要素驱动向创新驱动，由粗放式发展向低碳、绿色、可持续发展，由工业单兵突进向工农城乡协同发展的重大转变。在新的工业发展模式引领下，中国制定了面向未来三十年的制造业由大变强战略，力争到 21 世纪中叶建成引领世界制造业发展的制造强国。

改革开放以来，中国经历并实现了世界罕见的持续高速的经济增长和工业发展，工业化水平大大提升。1978～2015 年，国内生产总值（GDP）从 3678.7 亿元增加到 685505.8 亿元，按名义价格计算年均增长 15.2%，按不变价格计算，年均实际增长 9.66%，其中，工业增加值从 1621.5 亿元增加到 235183.5 亿元，按名义价格计算年均增长 14.40%，按不变价格计算，年均实际增长 11.02%。根据中国社会科学院工业经济研究所制定的工业化水平综合指数测量，中国自"十二五"以来从总体上已进入工业化后期（由于国内经济发展不平衡，多数中西部省份还没有进入工业化后期）。如果仅从产业结构指标看，自 2012 年第三产业增加值占比首次超过第二产业以来，中国已呈现后工业化发展态势。根据《工业化蓝皮书（2017）》预测，中国将于 2020 年基本实现工业化，2030 年全面实现工业化。这一目标的实现，将意味着中国用半个世纪的时间完成了世界发达国家历时两个多世纪完成的工业化进程。届时，中国将成为世界工业化人口规模最大的国家，从而为全球现代化和工业文明的发展做出最为重要的贡献（黄群慧，2013）。

改革开放是中国经济，包括工业经济取得巨大成功的基本经验。改革与开放形成了中国工业发展最主要的推动和拉动力量。工业领域不仅是中国经济改革起步最早，改革力度最大的领域之一，也是最早向世界开放，参与国际产业分工与竞争的领域。中国工业领域的改革开放不仅带动了国内其他经济、社会领域的变革与发展，也推动了世界经济全球化和一体化的进程。当前，在全球经济增长动力发生重大转变、世界经济格局面临深刻调整的国际背景下，中国作为发展中国家代表和新兴经济体成员，在积极寻求自身工业转型发展的同时，正与世界其他国家一道，致力于构建一个更加富有创新能力、增长活力，更具开放性和包容性的全球工业体系，为推动全球可持续发展目标的顺利实现做出积极贡献。在可持续发展成为全球共同奋斗目标的时代背景下，中国通过改革开放实现工业发展和经济腾飞，通过转型发展谋求制造业由大变强，从一个贫穷落后的农业大国迈向富裕先进的工业化强国的发展道路，不仅对众多处于发展进程之中的落后和转轨国家提供了重要的"中国经验"，更为全球工业化、现代化进程提供了一种不同于西方传统的发展模式。

回顾改革开放近四十年来的发展历程，我们认为中国包容的可持续工业化发展的成功经验可以着重概括为以下四个方面：

①因地制宜、循序渐进推进工业体制改革；②把握时机、坚定不移融入全球产业分工体系；③与时俱进、"五化协同"走新型工业化发展之路；④"有效市场＋有为政府"打造中国特色工业发展模式。下面分四个小节予以详细阐述。

第一节　因地制宜、循序渐进推进工业体制改革

一　培育多元化市场主体，构建国有、民营、"三资"企业三足鼎立的工业格局

与 20 世纪八九十年代中东欧国家全盘接受西方发达国家经验，以"休克疗法"等激进手段实行经济转轨不同，中国的经济改革始终强调在处理好"改革、发展与稳定"三者关系的前提下，采取以我为主、循序渐进的方式，即一方面通过"摸着石头过河"、以点带面的方式，积极探索并稳步推进适合自身国情的改革方向；另一方面则在保持经济社会稳定的前提下，实行先易后难的增量式改革策略。在改革开放初期，尽管国有经济面临严重危机和重重困难，但中国没有贸然采用全盘私有化的方式解决国有企业的生存危机，而是在始终坚持公有制为主体的基本经济制度不动摇的前提下，采取了"两条腿走路"的办法，一方面通过试点稳步推进国有企业改革，另一方面通过积极吸引外资、发展壮大民营企业等非公有制经济增强经济活力，同时倒逼国有经济体制改革。经过三十多年的发展，不仅国有、民营与"三资"企业在中国工业体系中形成了三足鼎立的格局（见表 4-1），而且不同所有制企业间取长补短、相互融合，形成了独具中国特色的混合所有制经

济蓬勃发展的局面。① 相关统计表明，2012 年，规模以上工业企业中，混合所有制企业在数量上占到了 26.3%，资产占 44%，利润总额占 41.8%（黄速建，2014）。截至 2015 年底，中央企业中混合所有制企业户数占比达到 67.7%。②

表 4 - 1　规模以上工业企业所有制结构变动情况（1998、2014）

年　份	1998			2014		
企业类型	国有及国有控股企业	非国有内资企业	外商与港澳台商投资企业	国有及国有控股企业	非国有内资企业	外商与港澳台商投资企业
企业数（个）	64737（39.2%）	73901（44.8%）	26442（16%）	18808（5%）	303908（80.4%）	55172（14.6%）
资产总计（亿元）	74916（68.8%）	12579（11.6%）	21327（19.6%）	371309（38.8%）	387306（40.5%）	198162（20.7%）
主营业务收入（亿元）	33566（52.3%）	14978（23.3%）	15605（24.3%）	262692（23.7%）	591710（53.5%）	252630（22.8%）
利润总额（亿元）	4393（54.8%）	703（16%）	1282（29.2%）	14508（21.3%）	37070（54.4%）	16577（24.3%）

注：非国有内资企业包括所有国有及国有控股和外商与港澳台商投资企业之外的规模以上工业企业；1998 年数据中，利润总额为 2000 年数据。

数据来源：《中国统计年鉴》（1999、2015）。

1. 国有工业企业的改革及其贡献

（1）改革举措

国有企业改革是中国经济体制改革最重要的领域。改革开放初期，由于服务业发展水平相对落后，不仅工业部门在国民经济中占据主导地位（1978 年，三次产业比重为 27.9：47.6：24.5），而且国有工业企业在整个工业部门更是占据绝对主导地位。1978

---

① 本文所称"三资"或外资企业，除特别说明外，均指外商与港澳台商投资企业。

② 肖亚庆：《国务院关于国有资产管理与体制改革情况的报告》，十二届全国人大常委会第二十一次会议报告，2016 年 6 月。

年，国有工业企业的产值在工业企业总产值中占比 78%，资产总额占比更是高达 92%。因此，国有企业改革的主体是国有工业企业。

从改革内容看，国有企业改革的重点主要集中在三个方面：一是在体制上逐步解除国有企业与政府部门的行政隶属关系，使之成为自主经营、自负盈亏、权责对等的独立法人，以及与非公有制企业公平竞争的市场主体；二是通过破除所有制偏见、推行股份制改革的方式改善企业公司治理，建立现代企业制度，提升国有企业的经济活力与市场竞争力；三是逐步调整和明确国有企业的功能定位，使其有所为有所不为，逐步从一般竞争性行业退出，向关系国民经济命脉的重要行业和关键领域集中，着重在涉及国家安全、自然垄断、公共物品与服务提供行业，以及支柱性及战略新兴产业等领域发挥主导和引导作用，为经济转型和社会发展提供必要的引领作用和公共物品支撑。

从改革过程看，中国国有企业的改革并不是一蹴而就的，而是经历了从改革探索、制度创新进而走向深入的一个较长过程。一般认为，中国国有企业改革大体经历了三个阶段。第一个阶段是从改革开放之初到十四届三中全会（1993 年）前的改革探索阶段，大体经历了十五年时间。这一时期，国有企业改革以"放权让利"为原则，尝试通过承包经营等方式，赋予企业更大的经营自主权和生产积极性，以提高企业活力。尽管承包经营的做法并没能对企业形成有效的激励约束，并导致了企业行为短期化、国有资产流失等消极后果，但这一时期的探索提高了国有企业的竞争意识，为其在下一阶段改革中真正走向市场奠定了基础。第二个阶段是从十四届三中全会到 21 世纪初的制度创新与结构调整阶段，大体经历了十年时间。1993 年召开的十四届三中全会，作为中国改革进程中具有里程碑意义的重大事件，不仅确立了建立社会主义市场经济的经济体制改革目标，而且明确了建立现代企业制度为国有企业改革的方向。此后，国有企业以建立"产权清晰、权责明确、政企分开、管理科学"的现代企业制度为目标，从产权制度、公司治理到组织管理展开了全方位的制度变革与创新。与微观层面的企业制度改革相配合，国家在宏观层面提出了"抓大放小、有进有退、从整体上搞好国有经济"的战略思想，对国有经济布局和结构进行战略性调整。第三个阶段以2003年成立国有资产监督管理委员会为标志，国有企业进入改革深化阶段。国资委的成立标志着国有经济管理体制的重大变革，对于改变政企、政资和资企关系，深化国有企业改革与发展产生了重要而深远的影响。

如同其他经济社会领域的改革一样，国有企业改革的最大特点是没有简单地奉行"拿来主义"，盲目照搬其他国家的经验模式，也不追求一步到位、立竿见影，而是采取上下结合、以点带面、先易后难、循序渐进的方式稳步探索适合中国国情的改革路径。"上下结合、以点带面"的做法既有利于激发地方政府和国有企业的改革创新积极性，又有助于将好的改革经验在试点成功基础之上推向全国，既能避免因盲目推行改革方案带来的大范围失败的风险，又能确保改革部署的统一推进。"先易后难、循序渐进"的做法虽然显得较为保守，但却有利于恰当处理改革、发展与稳定的关系，避免因为改革过激导致大的经济与社会动荡，进而使改革陷于失败的结局。

（2）改革成效及贡献

经过近四十年的改革，特别是国有企业自身的体制创新、国有经济管理体制的变革以及国有经济布局结构的优化调整，国有工业企业在企业数量及产业布局上实现大幅收缩的同时，在规模实力上得到了显著提升。1998~2014年，在规模以上工业企业中，国有及国有控股工业企业数量从约6.5万家降到了约1.9万家，所占比重从39%下降到了5%，但国有及国有控股工业企业的资产总额从约7.5万亿增加到约37.1万亿，主营业务收入从约3.4万亿元增加到26.3万亿元，利润总额从4393亿元增加到约1.45万亿元（见表4-1）。与此同时，国有工业企业在布局上逐步向关系国家安全、国民经济命脉和国计民生的重要行业和关键领域、重点基础设施，以及前瞻性战略性产业集中。2014年统计数据表明，在195个中类行业中，国有控股工业企业资产占比超过1/4的行业仅有30个，主要分布在电力生产、电力供应、烟煤和无烟煤开采洗选、钢压延加工、汽车整车制造、石油开采、精炼石油产品制造、常用有色金属冶炼、卷烟制造等公益或垄断性行业（黄顺魁、傅帅熊，2016）。国有资产在军工、电信、民航、能源等重要领域占比达到90%以上，而中央企业60%的资产分布在电力、石油石化、建筑、军工和通信五大行业（肖亚庆，2016）。这为国有工业企业更好地落实宏观调控政策、实施国家重大战略、支持国防现代化建设、服务国家外交大局、承担重大工程项目、保障能源资源安全等方面发挥带头表率作用奠定了重要的产业基础。

更为重要的是，通过不断深化国有企业及国有经济管理体制改革，国有工业企业的发展质量与运行效率得到了显著提升，对国民经济的影响力与控制力显著增强。相关统计显示，全国非金融类国有及国有控股企业进行公司制股份制改革的覆盖面已超过

80%，国资委监管的中央企业及子企业改制面超过 90%。截至 2015 年底，中央企业控股上市公司 388 户，中央企业 61.3% 的资产、62.8% 的营业收入、76.1% 的利润集中在上市公司。中央企业中，混合所有制企业户数占比达到 67.7%。从对国民经济的影响力与控制力角度看，国有工业企业的发展壮大，不仅成为中国经济继续保持稳定与增长的重要保障，而且对于推动中国工业化进程迈向新的台阶发挥了至关重要的引领作用。这种积极作用主要表现在，一方面，国有工业企业凭借在关键科技领域的重大突破，大大提升了中国相关产业领域的国际竞争力，促进了中国产业结构的优化升级，推动中国从制造大国向制造强国迈进。统计表明，2012～2015 年，32.1% 的国家科技奖励、46.1% 的科技进步一等奖、40% 的国家技术发明一等奖皆由中央企业获得，其中 12 项国家科技进步特等奖，中央企业获得了 10 项。新世纪以来，国有工业企业取得了载人航天、探月工程、深海探测、高速铁路、特高压输变电、第四代移动通信（4G）网络等一批具有世界先进水平的重大科技创新成果，自主研制的 C919 大型客机总装下线，"华龙一号"示范工程进入全面建设阶段。另一方面，国有工业企业凭借在资金、人才、技术等方面强大的综合实力，已经成为中国产业走出去，充分利用两种资源、两个市场，参与国际竞争的先导力量。目前，中央企业境外投资额约占中国非金融类对外直接投资总额的 60%，对外承包工程营业额约占中国对外承包工程营业总额的 60%，境外业务逐步由能源、矿产资源开发拓展到高铁、核电、特高压建设运营等领域。中国由传统的商品、劳务输出大国逐步向资本、技术、工程与服务输出大国的转变，为进一步提升中国产业的国际竞争力和影响力，进一步促进世界经济一体化进程发挥了积极作用。

同样不容忽略的是，与其他国有企业一样，国有工业企业在强化社会保障、促进社会公平方面始终扮演着重要角色。2012～2015年，全国国有企业累计上缴税金达15.4万亿元，中央企业累计上缴国有资本收益3386亿元；截至2015年底，全国国有企业国有股减转持充实社保基金累计2563.2亿元，占财政性净拨入的35.3%；国有企业积极参与定点扶贫和援疆、援藏、援青，中央企业定点帮扶246个国家扶贫工作重点县，占全国的42%（肖亚庆，2016）。

2. 非国有工业企业的发展及贡献

（1）乡镇企业对中国农村工业化的历史性贡献

在20世纪80年代初，如果说国有企业是城市经济改革的主要对象，那么乡镇企业则是农村经济改革与发展大潮中的主力军。事实上，乡镇企业的发展本身就是农村经济体制改革的产物。乡镇企业的前身是在计划经济时代和人民公社体制下形成的社队企业。1984年，随着农村经济改革的深入、人民公社制度的废除，社队企业被正式更名为乡镇企业。① 而农村家庭承包责任制的推广，一方面大大增加了农业产出和农村收入，另一方面使大量劳动力从农业生产中解放出来，形成庞大的待业群体。为解决农村新生待业群体的就业问题，国家在"七五"计划中，提出"发展乡镇企业是振兴中国农村经济的必由之路"，"鼓励农民兴办乡镇企业"，并实施了"星火计划"等鼓励乡镇企业发展的政策措施。国家政策支持加上农村劳动力的解放以及农业剩余的积累，直接

---

① 1996年颁布实施的《中华人民共和国乡镇企业法》把乡镇企业定义为：农村集体经济组织或农民投资为主，在乡镇（包括所辖村）举办的承担支援农业义务的各类企业。

推动了乡镇企业的快速发展。

邓小平在1992年南方谈话中指出，"乡镇企业是中国特色社会主义的三大优势之一"。乡镇企业的"异军突起"不仅推动了中国农村的工业发展，而且成为中国工业化进程中的特有现象（金碚，2008）。统计资料表明，1978年至1997年期间，乡镇企业数量从150万户增加到2020万户。1978年，乡镇企业创造的产值仅占农村总产值的24%，到1997年这一比重就上升到了79%。1978年乡镇企业产值只占国内工业部门总产值的9%，1997年这一比重达到58%（于秋华、于颖，2006）。党的十五大之后，随着非公有制经济作为社会主义市场经济主体地位的确立，越来越多的乡镇企业通过改制方式成为私营企业。随着产权制度变革的深入，以及来自城市经济的竞争，传统的乡镇集体企业无论在产权结构上还是地理条件上，都逐步丧失竞争优势。2004年，《中国统计年鉴》不再公布乡镇企业的统计资料，标志着在推动农村工业发展中发挥过主导作用的乡镇（集体）企业，在完成其产权结构和区位结构的双重转型过程后，已逐渐失去在国民经济中的重要地位（周端明，2011）。

尽管如此，乡镇企业在中国经济发展与工业化进程中所做出的独特的历史性贡献是难以抹杀的。总体来看，乡镇企业的贡献突出表现在以下几个方面。

第一，在缺乏国家财力支持情况下，乡镇企业主要依靠农村自有资金与企业自身积累，在较低负债率的情况下实现了年均20%以上的增长率，一度成为中国经济增长十分重要的带动力量（王晓鲁，1997）。1998年的统计资料显示，当年乡镇企业实现增加值22186亿元，占国内生产总值的比重达27.9%；上交国家税金达 1583 亿元，占全国税收总额的 20.4%。当年乡镇企业出口产品交货值为 6854 亿元，比 1995 年增长 27%，占全国出口的 34.8%。

第二，乡镇企业充分借助农村劳动力优势谋求发展，极大地改变了中国农村落后的经济面貌，大大促进了农村工业化、城镇化和现代化进程。1998 年，乡镇工业企业完成增加值 15530 亿元，占全国工业增加值的 46.3%，在中国工业经济总量中占据了半壁江山，形成了独具中国特色的农村工业化发展道路。中国乡镇企业很大程度上是借助农村劳动力优势迅速发展起来的，乡镇企业不仅吸收了大量农村剩余劳动力，而且大大增加了农民收入，提高了农村居民生活水平。改革开放以来，乡镇企业解决了 1 亿多农村剩余劳动力的就业问题。1998 年乡镇企业从业人员 12537 万人，比 1978 年的 2827 万人增加 3.4 倍。1978 年乡镇企业从业人员人均工资仅为 300 多元，到 1998 年已达 4000 多元，比 1978 年翻了近 4 番。1998 年全国农民人均从乡镇企业获得的收入已达 700 多元；农民收入的增加有 1/3 是通过乡镇企业职工工资收入增加而实现的。1978～1998 年 20 年间，乡村工业用于补农建农的资金达 1000 多亿元，为农村小城镇基础设施建设和各项事业的繁荣提供了强有力的物质保证。在乡镇企业发展的带动下，一大批小城镇迅速崛起。1998 年中国仅建制镇就发展到 1.9 万个，是 1978 年的 5.7 倍，全国建制镇约容纳了 1.5 亿农村居民定居，完成了由农民转向城镇居民的历史性跨越，有力地促进了中国农村城市化的进程。[①]

[①]　国家统计局：《新中国 50 年系列分析报告之六：乡镇企业异军突起》，http://www.stats.gov.cn/ztjc/ztfx/xzg50nxlfxbg/200206/t20020605_35964.html。

第三，乡镇企业在特定历史时期发挥了公有制经济的制度优势，为制度转轨后非公有制经济的大发展奠定了重要的人才、资金与技术基础。改革开放以来，党对非公有制经济在社会主义经济制度中的地位和作用问题的认识经历了较长时期。在党的十五大明确"非公有制经济是中国社会主义市场经济重要组成部分"，要"鼓励、引导非公有制经济健康发展"的方针确立之前，中国个体、私营等非公经济的发展始终面临所有制结构以及意识形态的双重束缚，未能真正释放其活力。而乡镇企业，特别是乡镇集体企业，作为公有制经济的重要载体，则因为在当时历史条件下在所有制上体现出的制度优越性，在改革开放前20年获得了长足发展。这一时期，尽管集体企业在产值上仍然占据乡镇企业的主体，但农民个体、联户投资组建的在性质上属于私营经济的企业也有了迅猛增长，并在数量上超过了集体企业（孙绪民，2006）。乡镇企业的蓬勃发展，不仅为农村地区培育了大量技术工人和企业经营管理人才，而且为企业转型后通过技术改造和升级提升竞争力奠定了必要的资金和技术基础。1997年非公经济发展突破所有制束缚后，大量乡镇集体企业转制成为私营股份制企业（姜春海，2002），使后者迅速成长为拉动中国经济增长的新生力量。乡镇企业是中国私营经济成长中不可或缺的一部分，为中国非公有经济的发展奠定了重要基础。

（2）私营工业企业的发展及其贡献

如果说，中国非国有经济的发展历程在改革开放前20年是乡镇（集体）经济发展的黄金时期，那么改革开放的后20年则迎来了私营经济发展的黄金时期。20世纪80年代以来，尽管私营经济的合法地位得到确立，发展得到鼓励，但在国有企业和集体企业分别主导城市和农村经济的格局下，私营企业的发展空间仍然十分有限。私营经济的蓬勃发展是中国在经济和政治制度上，特别是所有制结构上进行重大变革和突破的结果。以 1997 年党的十五大报告为标志，非公有制经济在中国经济与政治体系中的地位和作用不断得到提升（见表 4 - 2）。

表 4 - 2　鼓励支持引导非公有制经济发展的相关法律及政策文件

重要历史时点	对非公有制经济地位与作用的相关表述及促进非公有制经济发展的相关政策
1997 年 9 月	党的十五大首次将非公有制经济的地位从对社会主义市场经济的"有益补充"提升为"重要组成部分"，提出"对个体、私营等非公有制经济要继续鼓励、引导，使之健康发展"
1999 年 3 月	九届全国人大二次会议做出宪法修正案把社会主义的基本经济制度确定为"公有制为主体、多种所有制经济共同发展"；把非公经济地位由原来"补充"确定为"重要组成部分"，非公有制经济正式成为市场竞争的主体
2002 年 11 月	党的十六大第一次做出"两个毫不动摇"的提法，即"必须毫不动摇地巩固和发展公有制经济，毫不动摇地鼓励、支持和引导非公有制经济发展"
2004 年 3 月	十届全国人大二次会议做出宪法修正案，首次对非公有制经济人士做出"社会主义事业的建设者"的政治定位，写入了"国家保护个体经济、私营经济等非公有制经济的合法的权利和权益"，"公民的合法的私有财产不受侵犯"等内容
2005 年 2 月	国务院发布《关于鼓励支持和引导个体私营等非公有制经济发展的若干意见》（国发〔2005〕3 号），即所谓"非公经济 36 条"。这是中华人民共和国成立以来第一份以促进非公经济发展为主题的中央政府文件
2007 年 10 月	党的十七大首次提出了"两个平等"的要求，即要求"形成各种所有制经济平等竞争、相互促进新格局"，"推进公平准入，破除体制障碍，促进个体、私营经济发展"
2010 年 5 月	国务院发布《关于鼓励和引导民间投资健康发展的若干意见》（国发〔2010〕13 号），被称作"非公经济新 36 条"
2012 年 11 月	党的十八大重申"两个毫不动摇"原则外，进一步做出了"三个平等"的表述，即"保证各种所有制经济依法平等使用生产要素，公平参与市场竞争，同等受到法律保护"

资料来源：作者整理。

从私营工业企业的情况看，从 1998 年开始，私营工业企业作为一个独立的企业类型纳入国家统计局规模以上工业企业统计范畴。从企业数量与占比情况看，1998 年规模以上私营工业企业 10667 家，2014 年达到 213789 家，16 年间增长 20 倍以上，年均增长 20.6%，在三种所有制类型中增速最快。私营工业企业数量占规模以上工业企业的比重从 1998 年的 6.5% 增加到 2014 年的 56.6%，比重超过一半（见图 4-1）。从主要经营指标看，1998 年规模以上私营工业企业资产总计 1487 亿元，在所有规模以上工业企业中占比仅为 1.4%，2014 年资产总额达 213114.4 亿元，占比达到 22.3%。1998 年规模以上私营工业企业主营业务收入 1846 亿元，占比仅为 2.9%，2014 年 372175.7 亿元，占比达 33.6%。2000 年私营工业企业利润总额 190 亿元，占比 4.3%，2014 年 23550 亿元，占比达 34.6%。对比 1998 年和 2014 年的数据可以看出，1998 年，在规模以上工业企业中，私营企业的数量占比仅为 6.5%，资产规模、主营业务收入和利润总额占比均在 5% 以下。到 2014 年，私营企业在数量上占比超过一半，资产规模占比超过 20%，主营业务收入和利润总额占比均超过 1/3。从 2009 年以来的工业增加值的增速看，受宏观经济形势影响，尽管工业企业增速整体放缓，但私营企业仍然保持了 10%~20% 的增长速度，不仅远远高于国有及控股企业，而且显著高于外商与港澳台商投资企业（见图 4-2）。

私营工业企业对中国工业化和经济现代化进程的贡献主要表现在以下几个方面。

第一，私营工业企业的崛起打破了公有制经济一统天下的市场格局，成长为国有和集体企业强有力的竞争对手，不仅促进了

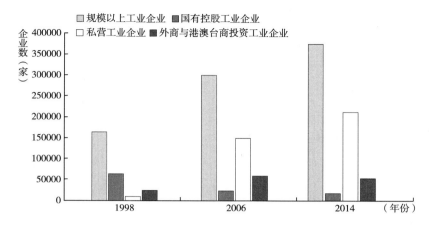

图 4 - 1　规模以上工业企业所有制结构变动情况（1998～2014）
资料来源：根据《中国统计年鉴》（1999，2007，2015）计算。

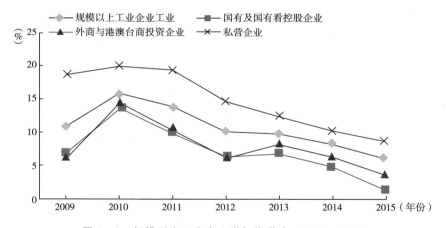

图 4 - 2　规模以上工业企业增加值增速（2009～2015）
资料来源：根据国家统计局数据计算。

多元化市场主体间的竞争，提高了资源配置效率，而且推动了公有制企业的改革以及不同所有制性质企业间的融合与发展，提升了中国工业企业的整体实力与综合竞争力。经过三十多年的发展，私营工业企业不仅在工业产值和利润方面的比重已经超过了 1/3，而且在推动国有企业改革，特别是混合所有制经济发展中发挥了重要作用。根据国资委 2013 年发布的数据，中央企业及其子企业引入非公资本形成混合所有制企业，已经占到总企业户数的 52%。截止到 2012 年底，中央企业及其子企业控股的上市公司总共是 378 家，上市公司中非国有股权的比例已经超过 53%。地方国有企业控股的上市公司 681 户，上市公司非国有股权的比例已经超过 60%。① 混合所有制企业不仅已经成为中国市场经济体系中十分重要的微观主体；国有资本、集体资本、非公有资本等交叉持股、相互融合的混合所有制经济已经成为中国基本经济制度的重要实现形式。

第二，私营工业企业不仅已经成为拉动中国工业和经济增长的重要引擎，而且是城镇就业和国家税收的重要来源，积极推动了中国工业化、现代化和城镇化进程。从就业情况看，2000 年在城镇个体私营企业就业的人口为 3404 万，仅占全部城镇就业人口的 14.7%；2014 年在个体私营企业的就业人口达到 1.69 亿，占比接近 43%。2004 年，在城乡个体私营企业就业的全部人口为 9604 万，其中制造业和建筑业就业人口为 2967 万，占比为 31%。2014 年，城乡个体私营企业就业人口达到 2.5 亿，制造业和建筑业就业人口 6207 万，占比为 25%。从纳税情况看，2014 年规模以上工业企业应缴增值税金额为 33979 亿元，其中国有企业、私营企业和外商投资企业的应缴增值税金额分别为 10781 亿元、10362 亿元和 6951 亿元，占比分别为 31.7%，30.5% 和 20.5%。私营工业企业与国有及控股工业企业的贡献率旗鼓相当。

第三，私营工业企业，特别是东部沿海省份的私营企业，凭借

---

① 国有资产监督管理委员会：《黄淑和就深化国资国企改革答记者问》，http：//money. 163. com/13/1220/09/9GHFF5HE00254TI5. html。

改革开放中的区位优势，不仅通过来料加工等方式，成为中国企业中最早"走出去"、参与全球产业分工的先导力量，而且在外向型经济带动下，推动形成了中国产业，特别是加工制造业的空间集聚和集群化发展的态势。作为市场经济中最具灵活性和开放性和市场主体，非国有中小企业构成了产业集群在经济规模上迅速扩大以及在地域范围上不断延伸的主要力量。伴随中国改革开放空间布局的不断延伸，中国的产业集群也呈现从珠三角、长三角、渤海湾逐步北上的发展轨迹，以及从沿海向内地不断扩展的趋势。从产业发展角度看，这些以私营中小企业为主的产业集群通过产业分工合作形成的生产上的协同优势、产能上的规模优势、集群中龙头企业的示范带动效应，以及品牌效应等，大大提高了相关产业在国内外市场上的竞争力。从区域发展角度看，由产业集群形成的"块状经济"极大带动了当地经济社会发展，有力推动了中国城镇化和城乡一体化进程，成为带动区域发展的重要力量（吴利学等，2009）。

　　总之，中国在从计划经济向市场经济转轨过程中，立足于自身国情和基本经济制度，通过渐进与增量式的改革办法，在稳步推进国有企业改革的同时，不断发展壮大乡镇、私营、外资等非国有企业，不仅培育了多元化的市场主体，促进了不同主体间的竞争与合作、创新与融合，提升了中国工业的整体实力与产业竞争力；而且通过对内调整国有工业企业的产业布局，对外实施开放式外向型发展战略，构建起了一个不同性质企业间各有所长、取长补短，各司其职、各尽所能的工业发展体系。其中，国有工业企业通过抓大放小、收缩战线，在基础性、支撑性和战略新兴产业重点布局，着重发挥对国民经济和工业发展的支撑、带动和引领作用；而非国有工业企业则借助农村经济体制改革所释放的丰富的劳动力资源，以及对外开放获得的资金、技术和产业转移机会，大力发展以轻工业为主的外向型加工制造业，并形成了各具特色的产业集群。凭借产业集聚带来的规模效益和产能优势，中国不仅在国际产业分工体系中占据了十分重要的地位，在中低端制造业领域形成了显著的国际竞争力；而且以"块状经济"方式推动了中国广大农村地区的工业化和城镇化进程，使超过两亿的农村劳动力转化为产业工人，推进世界最大人口规模国家的工业化进程。

二　转变工业管理体制，由微观向宏观、直接向间接、部门向行业管理转变

1978 年以来中国经济体制改革的核心内容是从计划经济向市场经济转变，直至建立完善的社会主义市场经济体制，充分发挥市场在资源配置中的决定性作用。顺应这一改革目标，除为市场经济有效运转提供必要的制度环境、公共服务和基础设施之外，政府对自身在经济活动中的角色和职能也实行了重大调整和转变。在计划经济体制下，政府作为经济活动的主导者和计划者，不仅主导经济资源在国家或地区范围内的配置，而且主导着企业的生产经营计划。在体制转轨过程中，政府逐渐由台前转向幕后，从经济活动的直接参与者转向市场秩序的监管与维护者，在经济管理职能上主要实行了三方面的转变，一是在管理重心上由微观管理转变为宏观管理，将生产经营权力下放给企业的同时，强化政府的宏观调控职能，着力发挥发改委、经贸委、财政部和人民银行等机构作为宏观调控部门在调节经济总量平衡、保持经济稳定、抑制通货膨胀、促进结构优化等方面的作用。二是在管理手段上由直接管理转变为间接管理，从传统的主要依靠行政手段进行直接干预转变为主要依靠经济和法律等间接手段来调节市场主体行为。在国有资产管理体制上不断取得突破，国资委作为国有资产的出资人代表，将进一步从"管资产与管人管事相结合"向"管资本"为主的管理模式转变，政府主要通过资本纽带和契约关系行使对国有企业的相关权利、承担与其资本投入相对应的有限责任。三是在组织架构上从部门管理转变为行业管理。这主要体现在弱化直至撤销传统工业管理部门，强化行业协会作为同行企业自发自律组织的中介服务、利益表达和政企桥梁职能。在 1998 年国务院机构改革中，包括电力工业部、煤炭工业、冶金工业、机械工业等 10 部委在内的几乎所有工业经济的专业管理部门被撤销（仅保留国防科技工业与信息产业两个管理部门），这意味着计划经济时代的政府主导下的资源配置模式失去了重要的组织基础，取代各工业部门的经贸委以及后来的工信部，则主要借助产业政策间接履行对工业部门的监管与调控职责。与此同时，作为各行业企业自发组织的行业协会则逐渐发展壮大，成为服务同行企业的自律性组织与沟通政企关系的重要桥梁。据中国工业经济联合会介绍，目前仅加入该联合会的全国性的工业行业协会会员单位即达178 家。

第二节 把握时机、坚定不移融入全球产业分工体系

"二战"以来，发端于美国的新一轮科技革命和产业升级引发了传递性的国际产业转移浪潮。到 20 世纪 80 年代，美、日等发达国家的产业重心向高技术化、信息化和服务化方向转变，并进一步将劳动、资本密集型产业和部分低附加值的技术密集型产业转

移到海外。亚洲"四小龙"等新兴工业化国家和地区通过大量吸收发达国家的投资，承接美、日转移出来的重化工业和微电子等高科技产业，出现了将劳动密集型产业和一部分资本技术密集型产业进一步向外转移的需要；而此时刚刚打开国门且拥有巨大劳动力市场的中国恰好抓住了这一难得的历史机遇，不仅顺利成为新一轮产业转移的主要承接者，而且借此融入全球产业分工体系，极大地改变了自身的经济命运和世界经济格局。

作为有史以来在工业化进程仍然处于低收入状态下开放速度最快、开放领域最广、开放政策最彻底的一个大国（金碚，2003），中国凭借着自身劳动人口密集的资源优势和改革开放形成的制度与政策优势，吸引了来自周边国家和地区以及西方发达国家巨大的外商投资。而出口导向的外资企业不仅带动了中国加工贸易和对外出口的迅速增长，而且大大促进了中国加工制造业的发展和产业竞争力的提升。2001 年，中国通过加入世界贸易组织全面融入世界经济体系，中国工业在深化与世界经济的竞争与合作中不断提升整体实力。经过三十多年开放式、外向型的发展，中国不仅已经成为全球最大的制造业基地和世界市场的重要组成部分，而且在众多产业领域形成了明显的比较优势与竞争优势，正逐步由制造业大国向世界工业强国迈进（见图 4 - 3）。对外开放不仅大大加速了中国的工业化进程，而且帮助中国工业企业走向世界，在全球性竞争中不断成长壮大，成为全球产业分工体系中举足轻重的组成部分，为世界经济全球化进程和经济可持续发展做出了重要贡献。中国工业融入全球体系的过程大体可以概括为"请进来""走出去"到与世界经济深度融合三个依次递进的发展阶段。

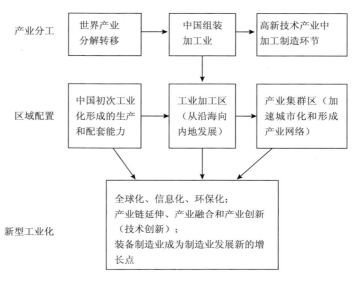

图 4 - 3　对外开放以来中国制造业的发展路径

资料来源：金碚：《世界分工体系中的中国制造业》，《中国工业经济》2003 年第 5 期，第 5 ~ 14 页。

一　"请进来"：以最优惠政策吸引外商投资，承接国际产业大转移

在对外开放的基本方针下，国家很快将吸引和利用外资作为对外经贸工作的重点，认为利用外资、引进先进技术，对加快社会主义现代化建设具有重要的战略意义。1979 年，国务院设立外国投资管理委员会。1982 年，国家将原进出口管理委员会、外贸部、外国投资管理委员会等机构合并，统一设立对外经济贸易部，作为专门的外资管理机构。1986 年，国务院出台《关于鼓励外商投资的规定》，对外资企业，特别是先进技术企业和产品出口企业在土地使用、金融支持、税收政策、企业经营自主权等方面实行一系列"超国民待遇"的优惠政策。1988 年，财政部颁布《关于沿海经济开放区鼓励外商投资减征、免征企业所得税和工商统一

税的暂行规定》；1991 年，全国人大审议通过《中华人民共和国外商投资企业和外国企业所得税法》，统一并降低外商投资企业所得税税负水平。在 2007 年全国人大实施新税法，统一内外资企业所得税税率之前，外资企业始终享受比内资企业优惠一半以上的所得税税率。从外资企业实际缴纳的所得税税率水平看，中国是当时周边国家中最低的（见表 4-3）。

表 4-3   东亚企业税率（1994 年）

单位:%

国　家	名义税率	实际税率
中　国	33	12.9
印度尼西亚	35	32.6
马来西亚	32	18.3
新加坡	27	30.8
泰　国	35	28.5

资料来源：世界银行驻中国代表处：《中国对外商直接投资的税收政策》，《涉外税务》1996 年第 5 期，第 4~7 页。

多项实证研究表明，针对外资企业设立的一系列超国民待遇的优惠政策，特别是税收优惠政策对吸引外商直接投资发挥了显著作用（陈斌，2007；李宗卉、鲁明泓，2004）。中国实际利用外资从 1983 年的 9.2 亿美元增加到 2014 年的 1195.6 亿美元，30 年间增长了近 130 倍。从 1993 起，中国成为吸收外资最多的发展中国家，此后至今（已连续 23 年）一直位居发展中国家首位。而作为外商直接投资的重点领域，工业部门特别是制造业领域吸收了一半以上的外商直接投资。1997~2014 年，中国实际利用外资累计达 1.34 万亿美元，制造业实际利用外资累计达 7059.2 亿美元，占比达 52.7%。"十五"期间，受"入世"利好影响，制造业实际利用外资的比重高达 69.3%。此后，随着服务贸易开放程度的提高，制造业吸引外资的比重虽呈现下降趋势，但"十一五"期间占比仍在 53% 以上；"十二五"期间，制造业吸收外资下降趋势更加明显，但占比仍保持在 30% 以上的比重（见图 4 - 4）。

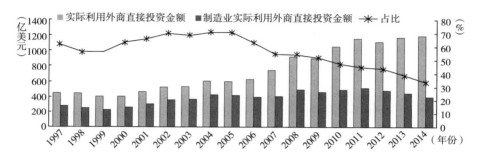

图 4 - 4 制造业实际利用外商直接投资金额增长情况（1997 ~ 2014）
资料来源：根据国家统计局数据计算。

外资企业不仅对中国经济体制改革和工业发展提供了重要的资金、技术支持和先进的企业制度与管理经验，成为带动中国产业扩张和升级的主要力量，而且是中国融入世界产业分工体系的桥梁，中国产品通过外资企业全球化的产业分工链条和销售网络走向世界，使中国成为全球最大的制造业大国和世界工厂。外资企业对于中国工业化及工业全球化的贡献主要表现在以下几个方面。

（1）外资企业创造了 1/4 以上的工业产值，是拉动中国工业增长的重要力量。由于工业部门是外商直接投资的重点领域，外资企业在中国工业部门的投入和产出比重均高于其他部门，对中国工业固定资产投资和产出增长做出了重要贡献。从 2000 ~ 2014 年数据看，外商投资企业在工业企业资产总计中的占比始终保持在 20% 以上，平均达到 23.8%；在固定资产合计中的占比平均为 20.6%，销售产值占比平均达 28.4%（见图 4 - 5 至图 4 - 7）。

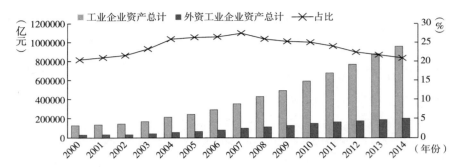

图 4 - 5   外资企业在工业总资产中的比重（2000~2014）
资料来源：根据国家统计局数据计算。

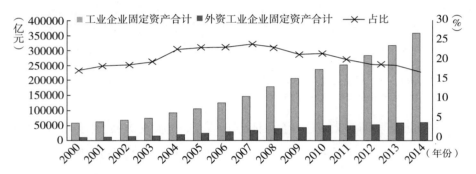

图 4 - 6   外资企业在工业固定资产投资中的比重（2000~2014）
资料来源：根据国家统计局数据计算。

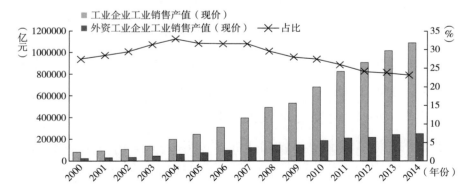

图 4 - 7   外资企业在工业销售产值中的比重（2000~2014）
资料来源：根据国家统计局数据计算。

（2）外资企业提高了中国工业的技术水平和整体实力，带动了国内企业及相关产业的发展。这种提高和带动作用一方面表现为，外资企业通过引进大量先进技术设备，投资于资金技术密集行业以及更高的投资产出效率，直接提升了中国工业部门的产业结构、技术水平和投资效率。另一方面，外资企业通过与国内企业的竞争与合作，在人才、技术、管理、产品研发、市场开拓等多方面产生了广泛的示范和溢出效应，促进了境内外人力资源、知识和技术的流动，不仅推动了国内企业的技术进步，而且促使其在经营理念、管理模式和治理结构等方面产生深刻变革（见表4-4）。一些外资进入较早、较为密集的行业如家用电器、日用化工、汽车、工程机械、通信设备、计算机等行业，已经涌现出许多具有全球竞争力和重要市场地位的国内企业。这些企业在资源配置、股东和管理层结构、企业内部治理和经营理念等方面都已具有鲜明的国际化特征。随着国内人力资本和科技研发水平的不断提升，已经有越来越多的跨国企业在中国设立研发中心。据商务部介绍，截至2013年，已经有1800多家外资研发中心在中国运营，跨国公司在华设立的地区总部超过50家。①

全球企业研发重心的东移，推动了中国制造业从产业分工链条的低端向中高端迈进。

（3）外资企业扩大了中国进出口规模，增加了工业制成品的出口比重，改善了中国出口商品的结构，提高了中国工业的国际竞争力。2000~2014年数据表明，中国全部货物进出口总额从2000年

---

① 商务部新闻办公室：《提高利用外资质量和水平专题新闻发布会》，商务部网站，http://www.mofcom.gov.cn/article/ae/slfw/201306/20130600151670.shtml，2013年6月4日。

表 4-4　外资企业外溢效应的主要方式

外溢的类型	具体的外溢途径	典型表现
人力资本外溢效应	境内人才流动	人才从境内外资企业流向本土企业
	跨境人才和资本流动	境外人才随同外资流入而进入本土
示范效应	产品和技术示范	外资企业新产品提供的观察学习机会
	管理示范	外资企业管理能力被观察和模仿
	产品开发导向	外资企业研发行为提供技术和市场导向
竞争效应	技术竞争	与外资企业竞争迫使本土企业加快新产品新技术开发
	成本和管理竞争	与外资企业竞争迫使本土企业创新体制和管理模式
合作效应	合资合作经营	内外资企业分享对方优势
	产品配套	国内配套企业获得技术指导、品质控制和市场渠道等多种益处
技术应用效应	提供核心部件	外资企业为本土企业提供核心零部件
市场开拓效应	开拓一个新的市场	外资企业开辟新市场和本土企业跟进

资料来源：江小涓：《中国吸收外资 30 年：利用全球资源促进增长与升级》，《经济与管理研究》2008 年第 12 期，第 5~11 页。

的 4743 亿美元增加到 2014 年的 4.3 万亿，年均增长 17.1%，其中外资企业进出口的贡献率占一半以上，年平均占比为 52.8%（见图 4-8）。从出口数据看，工业企业出口交货值从 2000 年的 1.46 万亿元增加到 2014 年的 11.84 万亿元，年均增长 16.1%，其中外资工业企业的出口交货值占全部工业业出口交货值的占比始终保持在 60% 以上，年平均值达到 67.7%（见图 4-9）。

（4）外资企业为中国贡献了重要的就业机会、劳动报酬、资本收益和国家税收。由于外商投资企业主要集中在劳动密集型加工领域，不仅吸收了大量劳动力，而且由于实行相对完善的劳动者权益保障体制，较大程度上提高了中国劳动者的报酬水平。统计数据表明，在城镇就业人口中，外资企业就业人数从 2000 年的 642 万增加到 2014 年的 2955 万，增加了 3.6 倍，在城镇就业人口中的占比从 2000 年的 2.8% 提高到 2014 年的

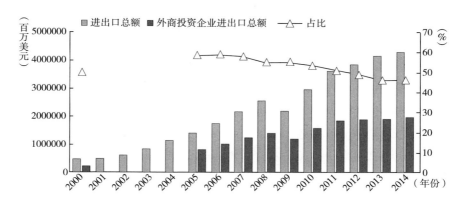

图 4-8 外资企业出口总额及占比情况（2000~2014）
资料来源：根据国家统计局数据计算。

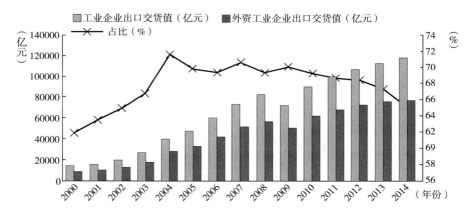

图 4-9 外资工业企业出口额及占比情况（2000~2014）
资料来源：根据国家统计局数据计算。

7.5%。2000 年，城镇单位职工年平均工资水平为 9333 元，其中城镇国有单位职工，集体单位职工、外资单位职工的年平均工资水平分别为 9441 元、6241 元和 13951 元。2014 年，城镇单位职工年平均工资水平为 56360 元，上述三类单位职工的年平均工资水平为 57296 元、42742 元和 62881 元，外资企业的平均工资水平均高于其他两类单位。在税收方面，2007 年以前外商投资企业虽然享受所得税优惠和减免待遇，但每年仍为中国财政贡献1/5左右的税收。2014年，规模以上工业企业应缴增值税和所得税43869亿元，外资工业企业应缴两税合计9836亿元，占比22.4%。此外，在外资企业的投资收益中，不仅有相当部分归中方投资者所有，而且外方投资者利润中也有相当一部分通过再投资方式继续在中国发挥作用。外资企业的收益绝大部分都留在了中国（江小涓，2008）。

二 "走出去"：充分发挥低要素价格优势参与国际市场竞争

除了以最优惠政策吸引外商投资，弥补中国经济发展的资金、技术缺口，提高中国工业生产力和产业竞争力之外；鼓励和帮助中国企业和产品走出去是中国开放式、外向型经济发展战略的另一项重要内容。事实上，由于改革开放初期引进的外资具有显著的来料加工和成品出口特征，大量引进的外资企业已经极大地带动了中国加工贸易和工业制成品的出口。在此基础上，为进一步刺激内资企业出口，提升出口企业的国际竞争力，中国在外贸、外汇、投资等领域进行了一系列深刻的体制变革。一方面逐步放松对企业外贸经营权、外商投资领域、外汇等方面的管制，让市场在涉外经贸领域发挥主导作用；另一方面还实行关税减免、出口退税，成立进出口银行、组织商会等一系列出口扶持和援助政策。凭借着"中国制造"在土地、资源、劳动力等生产要素方面的价格优势以及在加工制造方面形成的产能优势，加上有利政策的扶持，中国出口贸易获得了突飞猛进的增长，工业制成品成了中国产品"走出去"的绝对主力。1980～2014年，中国出口商品总额从181亿美元增加2.34万亿美元，工业制成品出口额从90亿美元增加到 2.23 万亿美元。工业制成品在中国出口商品贸易总额中的比重不断上升，从 1980 年的 50%，到 1992 年的 80%，到 2000 年的 90%，直至 2014 年的 95%（见图 4 - 10）。随着中国工业制成品出口总量的不断攀升，中国工业品占全球市场的比重不断提升。1990 年中国制造业占全球的比重为 2.7%，居世界第九；到 2000 年上升到 6.0%，居世界第四；2007 年达到 13.2%，居世界第二；2010 年为 19.8%，超越美国位居世界第一，成为名副其实的制造业大国。2014 年这一比重提高到 20.8%，继续保持世界第一的位置。按照国际标准工业分类，在 22 个大类中，中国在 7 个大类中名列第一，钢铁、水泥、汽车等 220 多种工业品产量居世界第一位。

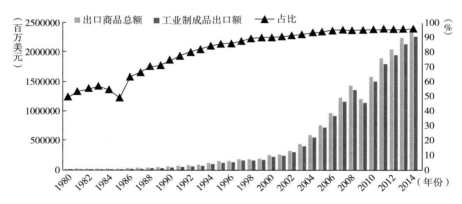

图 4 - 10　工业制成品出口规模增长趋势（1980 ~ 2014 年）
资料来源：根据国家统计局数据计算。

从工业品的出口结构看，大体以中国加入世界贸易组织为分界线，入世前 20 年以轻纺产品等劳动密集型产品为主，1994 年劳动密集型产品的比重达到 60.5% 的历史最高值。入世之后，以 2003 年机电、高新技术产品等资本密集型产品出口比重（47.3%）首次超过劳动密集型成品为标志，中国出口商品结构实现了从低附加值的劳动、资源密集型产品向较高附加值的资本密集型产品的重要转变（魏锋、沈坤荣，2009）。高技术产品占出口商品总额的比重从 1995 年的 6.8% 提高到 2010 年的 31.2%（见表 4 - 5）。

表 4 - 5　高技术产品出口比重变动情况（1995 ~ 2014）

单位：亿美元,%

指标＼年份	1995	2000	2005	2010	2014
商品出口贸易总额	1487.8	2492	7619.5	15779.32	23427
高技术产品出口贸易总额	100.91	370.43	2182.48	4923.79	6605
高技术产品占商品出口贸易总额比重	6.8	14.9	28.6	31.2	28.2

资料来源：根据国家统计局数据计算。

不过，从中国出口工业制品的技术含量看，魏浩（2015）按照技术复杂度指标进行分类测算的结果表明，目前中等技术产品是中国第一大出口商品，高技术产品在中国出口中所占份额仍然较低，一直维持在 5% 左右的份额。尽管低技术商品在中国出口总额中的比例日益下降，但是，在世界市场上，中国占世界低技术商品出口总额的比例是日益提高的，且具有一定的垄断地位；中国占世界中低技术、中等技术商品出口总额的比例也比较高；而中国占世界中高技术特别是高技术商品出口总额的比例较低，与发达国家的差距很大，且有日益拉大的趋势。这意味着，改革开放三十多年来，尽管中国制造业的规模以及在全球市场的份额实现了巨大提升，但中国工业国际竞争力主要依赖于低要素价格比较优势的基本格局尚未根本改变，以技术进步为基础的竞争优势尚显不足。中国经济包括工业仍面临着转变发展方式的艰巨任务，提升工业核心竞争力任重道远。

尽管如此，这种低成本出口导向的工业化战略对于中国工业发展和世界经济稳定和繁荣都做出了重要贡献。对中国自身而言，一方面，出口导向战略使中国工业在对外贸易中长期保持贸易顺差，为工业再投资和技术升级提供了重要的资金来源。另一方面，外资企业与出口导向型内资企业的迅速发展形成了强烈的产业集聚效应，不仅强化了中国加工制造业的规模优势，而且促进了区域经济的繁荣和城市化进程的推进。对世界经济而言，来自中国的商品不仅以更低廉的方式满足了世界性的消费需求，增进了消费者福利，更使世界经济在相当长时期内保持了较低的通货膨胀率。

三　积极参与全球治理，推动世界经济深度融合

对外开放三十多年来，中国工业实现了从与世界接轨，到全面融入全球产业分工体系，再到与世界经济深度融合的转变。随着与世界经济融合程度的加深，中国已经成为世界经济体系不可分割的重要组成部分，两者形成了休戚与共的命运共同体。

自 1993 年以来，中国已经成为吸收外资最多的发展中国家和世界第二大外资流入国。"十二五"期间，中国吸收外资总量占全球外国直接投资流入总量的比重接近 9%，为全球特别是周边国家投资者提供了巨大的海外投资机会。中国以低成本要素融入全球产业链条，不仅使自身成为全球最大的制造基地，而且促进了全球分工体系的拓展和深化。欧美和日本等发达国家提供资金、专利和技术，在中国和东南亚地区生产和提供零部件，在中国加工组装，最终产品销回欧美日本。这种分工格局为世界提供了大量物美价廉的商品。来自中国的进口消费品，使欧美等发达国家的消费者节约了大量消费支出，成为过去三十多年抑制全球通货膨

胀、促进经济复苏和发展的重要因素。21 世纪以来，中国加快了
对外投资的步伐。2015 年，中国对外投资创下了 1456.7 亿美元的
历史新高，占到全球流量份额的 9.9%，金额仅次于美国（2999.6
亿美元），首次位列世界第二（第三位是日本，1286.5 亿美元），
并超过同期中国实际使用外资（1356 亿美元），实现了资本项下净
输出。① 2007~2014 年，中国累计对外直接投资净额达 6012 亿美
元，其中工业直接对外投资净额 1665 亿美元，占全部对外直接投
资的 27.7%（见图 4-11），这意味着中国工业开始改变传统的被
动接受境外产业转移的格局，以更为积极主动的姿态融入世界，
谋求在全球范围内优化资源配置和市场布局。

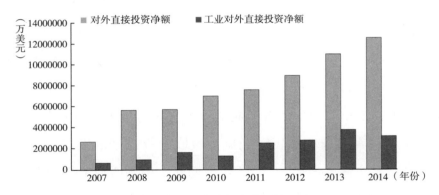

图 4-11 中国工业对外直接投资增长情况（2007~2014）
资料来源：根据国家统计局数据计算。

　　2009 年中国成为世界第一出口大国。2013 年，中国货物进出
口 4.16 万亿美元，成为世界第一货物贸易大国，也是首个货物贸
易总额超过 4 万亿美元的国家，创造了世界贸易发展史上的奇迹。

---

① 商务部综合司：《2015 年中国对外贸易发展情况》，http://zhs.mofcom.gov.
cn/article/Nocategory/201605/20160501314688.shtml。

其中，出口 2.21 万亿美元，占全球比重为 11.8%，连续五年居全球首位；进口 1.95 万亿美元，占全球比重为 10.3%，连续五年居全球第二。作为世界第二大进口市场，中国从全球进口大量的中高档消费品、高技术含量的投资品、中间投入品和资源性产品，为这些产品的出口国提供了巨大的市场和获利机会。

然而，自 2008 年金融危机以来，全球经济陷入长期衰退的泥潭，复苏乏力，充分暴露了世界经济结构的深层矛盾和整体危机。"二战"后，美欧发达国家依靠技术、资金、制度、规则等方面的优势，通过直接投资和产业转移，将全球主要经济体联结为一体，形成了一个按经济发达程度和产业价值链地位划分等级的国际产业分工结构和整体经济循环。在这一循环中，发达国家主要从事设计、研发、销售、管理、服务等高价值环节，并通过国际投资、产业转移等将低增值环节转移到发展中国家。外围国家则依靠从发达国家转移来的技术和资金从事低端加工制造与出口，为全球生产产品，以此带动本身就业和经济增长。从事这种加工制造的，先是日本、德国，后是"亚洲四小龙"和一些拉美国家，再后来就是中国等新兴经济体。中心国家和外围国家之间的分工与交易，包括直接投资、出口、间接资本流动、国际技术转移等活动，成为战后世界经济增长的主要驱动力。它带来了战后世界经济发展的黄金时代、"亚洲四小龙"的出现，以及中国的崛起。然而，这一结构固有的内在矛盾（主要表现为发达国家的产业空心化和全球经济失衡）不断累积，造成美国的高负债和流动性泛滥、欧洲国家产业空心化和政府债务，最终导致了美国次贷危机，并引发全球经济危机。为应对经济危机，发达国家大规模减少进口，实施贸易保护，同时启动产业回流和再工业化等应对措施，致使原有的世界经济运行结构和增长机制被打破。为使全球经济重回可持续增长的轨道，国际社会迫切需要一个新的经济治理结构，以整合不同发展阶段国家的利益诉求，在平等互利基础上实现共同发展①。

在此背景下，作为发展中国家和新兴经济体的突出代表，中国被推向了国际舞台的中心，成为引领全球治理体制改革的关键力量。党的十八大以来，中国提出"一带一路"倡议，倡导通过互联互通和国际产能合作，将沿线国家及周边发展中国家经济体紧密连为一体，形成一个以发展中国家为主要参与者、内部分工合作、优势互补的经济循环。作为新形势下中国在区域经济合作领域的一项顶层设计和制度创新，"一带一路"倡议不仅有助于实现自身产业转移和经济转型升级的目标，也可以带动沿线和周边发展中国家的工业化进程，为世界经济在互利共赢基础上实现可持续增长注入了新的活力和动力。"一带一路"倡议提出三年来，已经吸引了100多个国家和国际组织参与其中，中国同30多个国家签署了共建"一带一路"合作协议，同20多个国家开展了国际产能合作。② 截至 2016 年底，已有 100 多个国家表达了对共建"一带一路"倡议的支持和参与意愿，中国与 39 个国家和国际组织签署了 46 份共建"一带一路"合作协议。③

2016 年 9 月，中国作为东道国在杭州成功举办第 11 次二十国集团领导人峰会。会上，习近平主席代表中国首次全面阐述了中方的

---

① 王跃生：《从结构视角看世界经济持续低迷》，《第一财经日报》2016 年 3 月 31 日。

② 《习近平在推进"一带一路"建设工作座谈会上发表重要讲话 张高丽主持》，http://www.gov.cn/guowuyuan/2016 – 08/17/content_ 5100177. htm。

③ 推进"一带一路"建设工作领导小组办公室：《共建"一带一路"：理念、实践与中国的贡献》，2017 年 5 月 10 日。

全球经济治理观，提出全球经济治理应该以平等为基础，以开放为导向，以合作为动力，以共享为目标，共同构建公正高效的全球金融治理格局、开放透明的全球贸易投资治理格局、绿色低碳的全球能源治理格局、包容联动的全球发展治理格局。在中国的积极推动下，杭州峰会制定《二十国集团落实 2030 年可持续发展议程行动计划》，在推进全球发展合作方面迈出了务实的一步。在贸易投资领域，峰会制定了两份具有历史意义的文件，一份是《二十国集团全球贸易增长战略》，致力于扭转当前全球贸易疲软的态势；另一份是《二十国集团全球投资指导原则》，这是世界范围内首个多边投资规则框架，填补了全球投资治理领域的空白。在中国的积极倡导下，G20 在议程设置上实现了从侧重短期政策向短中长期政策并重和结构性变革的转变，曾经作为一个临时性危机应对机制的 G20 有望成为全球经济治理的首要平台和东西方共同治理的新模式。

第三节　与时俱进、"五化协同"走新型工业化发展之路

市场化取向的经济体制改革和开放式、外向型的经济发展战略使中国工业在改革开放前二十年获得了年均 15.9% 的增长速度（1979～1998 年按可比价格计算的工业总产值增速）①，不仅创造了中国经济增长的奇迹，而且推动中国成为全球最大的制造业基地。然而，进入 21 世纪以来，原有的粗放式工业增长模式遭遇越来越多的挑战和制约，出现了难以为继的势头。这些制约因素主

---

① 国家统计局：《新中国 50 年系列分析报告之六：工业经济欣欣向荣》，http://www.stats.gov.cn/ztjc/ztfx/xzg50nxlfxbg/200206/t20020605_35962.html。

要表现在三个方面。第一，中国工业大而不强的局面日益突出。随着全球化进程的不断推进，中国工业依靠低要素价格形成的比较优势随着中国自身要素成本的上升以及来自其他后发国家的竞争而不断弱化，而建立在技术进步和创新基础上的产业竞争优势又尚未形成。① 中国工业迫切需要通过转变发展方式提升自己的国际竞争力。第二，传统的资源要素驱动型的工业增长模式给中国经济社会带来了严重的资源消耗和环境破坏，日益严峻的资源环境约束迫使中国工业必须转变发展方式，提高工业生产的集约化和绿色化水平。第三，传统的工业优先的经济发展模式造成了严重的城乡和地区经济的不平衡②，农业和农村发展水平的落后极大地制约了国内消费水平的提升，难以有效地吸收日益扩大的工业产能。工业化的继续推进必须以农业和农村现代化为条件，走协同发展之路。

正是在这样的背景之下，以 2002 年党的十六大正式提出走新型工业化道路为标志，中国开始谋求转变工业增长方式以更好地适应

① 中国关键技术的自给率较低，对外技术依存度达 50% 以上，而发达国家均在 30% 以下，美国和日本则在 5% 左右；在中国的设备投资中，进口设备占投资设备购置总额的比重达 60% 以上，一些高技术含量的关键设备基本上依靠进口；中国每年的发明专利数占世界的比重不到 3%，与美国和日本等发达国家以及韩国这样的新兴工业化国家相比存在很大差距；2003 年中国的 R&D 经费总额为 1539.6 亿元，按汇率换算仅相当于美国的 1/16，R&D 占 GDP 的比重仅为 1.32%，明显低于美国、日本和韩国 3% 左右的水平；中国制造业的产出规模已占世界制造业产出总量的 6%，而制造业 R&D 投入仅占世界制造业 R&D 投入总量的 0.3%（吕政等，2005）。

② 吕政等基于人均 GNP、三次产业比重、城市化率、制造业增加值占总商品生产增加值的比重、第一次产业就业比重等指标综合计量结果表明，到 2002 年，中国内地各地区的工业化进程差别巨大，上海已经实现了工业化，而北京、天津、广东、浙江、江苏等地区则进入了工业化后期，但海南、贵州、西藏、内蒙古、甘肃、新疆、云南等地区只处于工业化前期或者初期阶段（吕政等，2005）。

国内外经济社会条件的变化，探索可持续的工业发展新路子。从党的十六大首次提出"走新型工业化道路"，到十七大强调要"走中国特色新型工业化道路"，再到十八大提出"走中国特色新型工业化、信息化、城镇化、农业现代化道路，推动信息化和工业化深度融合、工业化和城镇化良性互动、城镇化和农业现代化相互协调，促进工业化、信息化、城镇化、农业现代化同步发展"，直到 2015年党中央和国务院在《关于加快推进生态文明建设的意见》中提出"协同推进新型工业化、信息化、城镇化、农业现代化和绿色化……实现中华民族永续发展"，党和国家对新型工业化道路的内涵及其在经济建设和社会发展中的地位和作用不断拓展和深化，最终形成了新型工业化、信息化、城镇化、农业现代化和绿色化"五化协同"的发展理念和行动纲领。

　　走中国特色新型工业化道路，就工业发展本身而言，是要通过四个方面的转变，即由要素驱动向创新驱动转变，由低成本竞争优势向质量效益竞争优势转变，由高消耗、高污染的粗放制造向绿色制造转变，由生产型制造向服务型制造转变（郭朝先、王宏霞，2015），构建一个创新能力强、品质服务优、协作紧密、环境友好的现代产业新体系，显著提升中国制造业在全球产业分工和价值链中的地位，由制造大国向制造强国迈进。而"五化协同"发展则意味着，在新型工业发展进程中，信息化特别是新一代信息技术与制造业的深度融合是推动工业增长向创新驱动方式转变的抓手和主线，绿色化是贯穿工业制造全过程、支撑工业可持续发展的必要条件，而城镇化和农村现代化则意味着通过以工促农、以城带乡实现三者相互支撑，良性互动，形成工农、城乡协调发展、同步向前的格局，使工业发展的成果惠及全民，真正实现创新、协调、绿色、开放、共享的发展新模式。

一 以 "两化融合" 为抓手, 推动中国工业由要素驱动型向创新驱动型增长方式转变

进入 21 世纪以来, 随着信息产业的发展以及信息技术及其应用水平不断取得突破, 信息技术、信息网络和信息资源日益成为最重要的生产要素和竞争力来源。信息技术在工业生产制造中的大规模应用, 引起了制造范式的革命性变化。制造业信息化与经济全球化的趋势交互作用, 深刻地改变着全球经济增长的动力机制和竞争格局。谁能在信息技术及其应用领域取得竞争优势, 谁就能在全球产业分工体系中占据更有利的位置。

表 4 - 6 推进 "两化融合" 相关政策文件及发展规划

日　期	文件名称	颁发机构
2006 年 3 月 19 日	《2006～2020 年国家信息化发展战略》（中办发〔2006〕11 号）	中办、国办
2011 年 4 月 6 日	《关于加快推进信息化与工业化深度融合的若干意见》（工信部联信〔2011〕160 号）	工信部、科技部、财政部、商务部、国资委
2011 年 12 月 30 日	《国务院关于印发〈工业转型升级规划（2011～2015 年）〉的通知》（国发〔2011〕47 号）	国务院
2012 年 6 月 28 日	《国务院关于大力推进信息化发展和切实保障信息安全的若干意见》（国发〔2012〕23 号）	国务院
2013 年 8 月 23 日	《信息化和工业化深度融合专项行动计划（2013～2018 年）》（工信部信〔2013〕317 号）	工信部
2015 年 5 月 8 日	《中国制造 2025》（国发〔2015〕28 号）	国务院
2015 年 7 月 4 日	《国务院关于积极推进"互联网＋"行动的指导意见》（国发〔2015〕40 号）	国务院
2016 年 5 月 20 日	《国务院关于深化制造业与互联网融合发展的指导意见》（国发〔2016〕28 号）	国务院
2016 年 10 月 12 日	《信息化和工业化融合发展规划（2016～2020）》（工信部规〔2016〕333 号）	工信部

资料来源：作者整理。

在此时代背景下，面临工业发展道路转型的中国意识到新一代信息技术的发展不仅是改造和提升传统产业，提高工业增长质量和效益的重要力量；更是转变工业增长方式，以创新驱动工业增长，提高产业国际竞争力，实现由制造大国向制造强国迈进的关键因素。为此，中国确立了优先发展信息产业，推进信息化与工业化深度融合，以"两化融合"为主线推进制造强国的产业发展战略。1997年，中国召开全国信息化工作会议；1998年成立信息产业部。2002年，党的十六大做出了以信息化带动工业化、以工业化促进信息化、走新型工业化道路的战略部署。2006年中办、国办联合发布《2006～2020年国家信息化发展战略》。2007年，党的十七大进一步做出要"大力推进信息化与工业化融合，促进工业由大变强"的部署。2008年，成立十年的信息产业部，与发改委工业行业管理部门合并，正式组建工业和信息化部（简称工信部），进一步健全工业和信息化管理体制。2011年，工信部联合其他四部委发布《关于加快推进信息化与工业化深度融合的若干意见》，"两化融合"进入发展快车道。

中国电子信息产业发展研究院发布的《2015年度中国两化融合发展水平评估报告》显示，"十二五"期间，"两化融合"进入快速发展期。2011～2015年，综合反映信息化基础环境、工业应用以及应用效益三方面水平的全国"两化融合"发展指数从52.7提升到72.7，提高了20个百分点（见表4-7、图4-12）。"两化融合"在改造提升传统产业、催生新业态新模式、支撑新兴产业发展等方面的作用和成效不断显现。具体来看：

传统产业得到改造提升，工业发展质量和效益不断提升。目前，主要行业大中型企业数字化设计工具普及率超过

72.3%，关键工艺流程数控化率达到59.6%，用信息化手段对企业进行管理的ERP（企业资源计划）系统普及率62.7%。主要行业研发周期、财务决算、库存周转、劳动生产率、单位产品能耗等关键指标大幅改善；装备、石化、汽车、民爆、轻工等行业生产管理的科学化、精准化和智能化水平大幅提升；计算机辅助设计、系统仿真等技术广泛应用，极大地提高了企业研发创新能力；中小企业信息化服务体系不断完善，两化融合能力稳步提升。

新一代信息通信技术与制造业融合创新，不断催生新业态新模式。物联网、云计算、大数据等新一代信息通信技术不断融入工业研发、生产、服务和管理等各个环节，并加速向集成应用阶段发展。工业产品智能化水平大幅提升，2013年国产数控机床的国内市场占有率达到62%，国内汽车电子产品占整车价值超过30%。异地协同设计、个性化定制、网络众包、云制造等新的研发模式、生产组织方式不断涌现，电子商务、互联网金融、服务型制造等生产性服务业创新发展。2014年，中国电子商务交易额超过12万亿元，同比增长20%，成为全球最大的网络零售市场；2015年中国电子商务交易额突破18万亿，同比增长36.5%。

新兴产业快速发展，两化融合支撑能力不断增强。自主品牌智能手机、智能电视和低端服务器国内市场占有率分别超过70%、87%和50%。智能机器人和高端装备制造业爆发式增长，已成为全球第一大工业机器人市场。高性能计算CPU、大容量动态随机存储器（DRAM）芯片研制成功，12英寸45/40nm芯片工艺实现大规模量产。网络基础设施建设不断加快，三网融合深入推进，网络升级和行业转型成效显著，基于 3G、4G 网络和 RFID（射频识别，Radio Frequency Identification）等新技术的快速发展，M2M（Machine 2 Machine）业务正加速普及，工业互联网发展已经拉开帷幕。

表 4 – 7　2011～2015 年"两化融合"各类指数发展比较

年　份	基础环境指数	工业应用指数	应用效益指数	总指数
2011	52.93	50.26	57.47	52.73
2012	58.36	56.13	65.65	59.07
2013	64.87	57.34	68.27	61.95
2014	71.71	59.7	73.43	66.14
2015	75.38	66.04	83.25	72.68

资料来源：中国电子信息产业发展研究院：《2015 年度中国两化融合发展水平评估报告》，2016 年 8 月，http://www.miit.gov.cn/n1146290/n1146402/n1146445/c5191925/content.html。

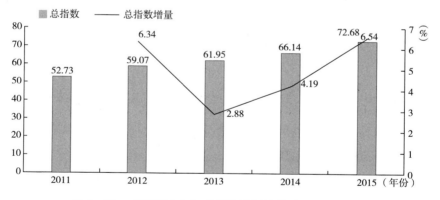

图 4 – 12　"两化融合"总指数增长情况（2011～2015）
资料来源：中国电子信息产业发展研究院：《2015 年度中国两化融合发展水平评估报告》，2016 年 8 月。http://www.miit.gov.cn/n1146290/n1146402/n1146445/c5191925/content.html。

二　以绿色生产为主线，构建工业可持续发展之路

改革开放前 20 年，中国以巨大的资源消耗和环境破坏为代价

实现了举世瞩目的工业增长①。然而作为世界上人均资源水平极低的发展中大国（见表4-8），这种粗放式的增长模式注定难以为继。伴随中国消费结构升级和生产规模的扩大，资源环境与经济增长之间的矛盾日益突出。中国的工业经济要实现可持续发展，必须改变"高投入、高消耗、高污染、低质量、低效益、低产出"和"先污染，后治理"为特征的增长模式，走资源节约和环境友好的绿色发展之路。

表4-8　中国自然资源的国际比较

指数* 国家及分类	人均能源 生产量	人均国土 面积	人均可 耕地面积	人均草地 面积	人均淡水 资源	人均森林 面积
中　国	100.0	100.0	100.0	100.0	100.0	100.0
高收入国家	441.0	344.0	244.0	445.0	642.0	416.0
世界平均	289.0	207.0	180.0	324.0	493.0	174.0
中国/高收入国家（%）	22.7	29.1	41.0	22.5	15.6	24.0
中国/世界平均（%）	34.6	48.3	55.6	30.9	20.3	57.5

*指数 = 100 ×其他国家数值÷中国数值
资料来源：中国现代化战略研究课题组：《中国现代化报告（2007）》，北京大学出版社，2007。

　　1992 年，联合国环境与发展大会提出并制定首个全球可持续发展议程后，中国很快制定第一个涵盖经济、社会、资源、环境各方面的国家可持续发展行动计划《中国 21 世纪议程》。1995 年，十四届五中全会首次将可持续发展提升至战略高度，并纳入《国民经济和社会发展"九五"计划和 2010 年远景目标纲要》。2003 年，十六

---

① 中国工业能源消耗和二氧化硫排放量分别占全社会能源消耗、二氧化硫排放总量的 70%以上，钢铁、炼油、乙烯、合成氨、电石等单位产品能耗较国际先进水平高出 10% ~20%；矿产资源对外依存度不断提高，原油、铁矿石、铝土矿、铜矿等重要能源资源进口依存度超过 50%。《2011 ~2015 工业转型升级规划》，http：// www. gov. cn/zwgk/2012 –01/18/content_ 2047619. htm。

届三中全会提出科学发展观,主张"坚持以人为本,树立全面、协调、可持续的发展观,促进经济社会和人的全面发展"。2007年,党的十七大不仅决定将科学发展观、建设资源节约型、环境友好型社会等内容写入新修订的《中国共产党章程》,而且提出了建设生态文明的先进理念。2012年,党的十八大提出把生态文明建设纳入中国特色社会主义事业,正式形成经济、政治、文化、社会、生态建设"五位一体"总体布局。2016年,在"十三五"规划和《中国制造2025》战略部署基础上,工信部还专门制定《工业绿色发展规划(2016~2020年)》(工信部规〔2016〕225号),规划不仅确定了未来五年工业绿色发展的五大目标和十项重点任务,还着重从三个方面构建了工业绿色发展的推进体制及其配套的政策体系。

以约束性指标强化资源环境保护。从"九五"计划首次提出要"加强工业污染的控制,逐步从末端治理为主转到生产全过程控制",国家开始以总量控制方式加强对资源环境的保护,提出节能减排的量化目标以强化对工业生产行为的调节。例如,在"九五"计划中提出万元GDP能耗由1995年的2.2吨标准煤下降到2000年的1.7吨标准煤,年均节能率5%。到2000年,县及县以上工业废水处理率达到83%,废气处理率86%,固体废物综合利用率50%等。随着工业绿色转型步伐的加快,国家在资源环境保护方面的力度不断加大,不仅将节能减排和资源环境保护方面的指标硬性化,而且指标涵盖范围不断扩大。自"十一五"规划开始,到"十三五"规划,约束性指标数量显著增加,从7个增加到了10个。新颁布的《工业绿色发展规划(2016~2020年)》(工信部规〔2016〕225号)则进一步规定了工业绿色发展的九大主要指标(见表4-9)。

表 4-9 "十三五"时期工业绿色发展主要指标

指　标	2015 年	2020 年	累计降速
（1）规模以上企业单位工业增加值能耗下降（％）	—	—	18
吨钢综合能耗（千克标准煤）	572	560	
水泥熟料综合能耗（千克标准煤/吨）	112	105	
电解铝液交流电耗（千瓦时/吨）	13350	13200	
炼油综合能耗（千克标准油/吨）	65	63	
乙烯综合能耗（千克标准煤/吨）	816	790	
合成氨综合能耗（千克标准煤/吨）	1331	1300	
纸及纸板综合能耗（千克标准煤/吨）	530	480	
（2）单位工业增加值二氧化碳排放下降（％）	—	—	22
（3）单位工业增加值用水量下降（％）	—	—	23
（4）重点行业主要污染物排放强度下降（％）	—	—	20
（5）工业固体废物综合利用率（％）	65	73	
其中：尾矿（％）	22	25	
煤矸石（％）	68	71	
工业副产石膏（％）	47	60	
钢铁冶炼渣（％）	79	95	
赤泥（％）	4	10	
（6）主要再生资源回收利用量（亿吨）	2.2	3.5	
其中：再生有色金属（万吨）	1235	1800	
废钢铁（万吨）	8330	15000	
废弃电器电子产品（亿台）	4	6.9	
废塑料（国内）（万吨）	1800	2300	
废旧轮胎（万吨）	550	850	
（7）绿色低碳能源占工业能源消费量比重（％）	12	15	
（8）六大高耗能行业占工业增加值比重（％）	27.8	25	
（9）绿色制造产业产值（万亿元）	5.3	10	

注：本专栏均为指导性指标，大多为全国平均值，各地区可结合实际设置目标。

资料来源：工信部：《工业绿色发展规划（2016～2020年）》，http://www.miit.gov.cn/n1146295/n1652858/n1652930/n3757016/c5143553/content.html。

充分发挥市场调节作用，构建工业绿色发展长效机制。深化资源体制改革，通过理顺资源价格体系，建立以市场化为导向的，能够反映市场供求关系、资源稀缺程度、环境损害成本的资源价格形成机制，建立健全用能权、用水权、排污权、碳排放权初始分配制度，创新有偿使用、预算管理、投融资机制，培育和发展交易市场。建立覆盖工业产品全生命周期、全价值链的绿色管理体系。开展能效、水效、环保领跑者引领行动。发布实施《工业节能管理办法》，强化工业绿色发展的法规、标准约束，严格监管，营造良好的市场环境。

加大财税和金融支持力度，支持工业绿色发展。通过中央预算内投资、技术改造、节能减排、清洁生产、专项建设基金等资金渠道及政府和社会资本合作（PPP）模式，支持传统产业改造、绿色制造试点示范、资源综合利用等。落实资源综合利用、节能节水及环保（专用）装备等领域财税支持政策，将绿色节能产品纳入政府采购。以绿色金融支持工业绿色发展，不断扩大工业绿色信贷和绿色债券规模，创新金融产品和服务，积极开展绿色消费信贷业务。积极研究设立工业绿色发展基金，鼓励社会资本投入绿色制造业。建立企业绿色发展水平与企业信用等级评定、贷款联动机制。鼓励金融机构为中小企业绿色转型提供便捷、优惠的担保服务和信贷支持，积极发展融资租赁、知识产权质押贷款、信用保险保单质押贷款等。

三　以工促农、以城带乡推进工业化、城镇化和农村现代化同步发展

改革开放前，重化工业优先的发展战略及其服务于该战略而形成的城乡二元经济结构，使农村和农业在资源配置中长期处于不利

地位。改革开放之后，随着农村经济体制改革和城乡工业化进程的推进以及工业结构的改善，不仅农业生产率显著提高，而且农村劳动力在非农部门就业的比例大幅提高，显著提升了农村居民的生活水平以及农村的城镇化进程。然而，受城乡二元户籍制度和农村集体土地制度等因素制约，农村和农业资源向非农产业和城市单向流动的局面并没有根本改变（蔡昉，2006），农村现代化水平不仅滞后于工业化和城市化进程，甚至出现反向发展趋势（见图4－13）。

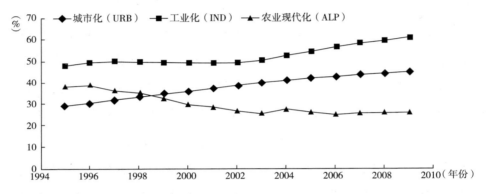

图4－13　1995～2009 中国工业化、城镇化和农业现代化发展水平

说明：工业化水平用非农产业就业比重，城镇化水平用城镇人口占总人口比重，农业现代化水平用农业部门产值比重与农业部门就业人口比重之比来衡量。

资料来源：王贝：《中国工业化、城镇化和农业现代化关系实证研究》，《城市问题》2011 年第 9 期，第 21～25 页。

工农和城乡之间不均衡发展的态势不仅拉大了城乡居民收入和生活水平的差距，不利于经济社会稳定和全面建设小康社会目标的实现。在世界经济结构发生重大调整，经济增长更大程度需要依赖国内投资和消费需求的背景下，日益拉大的城乡和区域差距更严重制约着国内经济增长方式的转变以及包括工业部门在内的经济可持续发展。在此背景下，中国从"三农问题"入手，开始着力解决工农、城乡经济发展不平衡问题。2002 年党的十六大提出要统筹城乡经济社会发展。2004 年，十六届四中全会提出"两个趋向"的重要论断，认为工业化初期以农业积累支持工业发展是普遍性趋向，而在工业化达到相当程度后，工业反哺农业、城市支持农村，实现工农城乡协调发展，也是普遍性趋向。认为中国经济社会发展已经到了工业反哺农业、城市支持农村的阶段。基于这一重要判断，国家在"十一五"规划中提出要建立"以工促农、以城带乡的长效机制"。"十二五"规划进一步提出要"同步推进工业化、城镇化和农业现代化。坚持工业反哺农业、城市支持农村和多予少取放活方针，充分发挥工业化、城镇化对发展现代农业、促进农民增收、加强农村基础设施和公共服务的辐射带动作用，夯实农业农村发展基础，加快现代农业发展步伐"。2012 年，党的十八大进一步将"三个同步"提升为"四个同步"，即要"走中国特色新型工业化、信息化、城镇化、农业现代化道路，推动信息化和工业化深度融合、工业化和城镇化良性互动、城镇化和农业现代化相互协调，促进工业化、信息化、城镇化、农业现代化同步发展。"2015 年，十八届五中全会通过的《中共中央关于制定国民经济和社会发展第十三个五年规划的建议》提出"创新、协调、绿色、开放、共享"五大发展理念，再次强调要"正确处理发展中的重大关系，重点促进城乡区域协调发展，促进经济社会协调发展，促进新型工业化、信息化、城镇化、农业现代化同步发展……不断增强发展整体性"。

从"十二五"期间的经济社会发展情况来看，经济结构调整步伐和城乡协调发展的格局正加快形成。从产业结构来看，服务业增加值占 GDP 比重从 2010 年的 43.2% 提高至 2014 年的 48.1%，同时工业增加值占 GDP 比重由 40.0% 下降至 35.8%，实现了由工业为主导向由服务业主导的现代产业体系的转变。从就业结构来看，服务业的比重从 2010 年的 34.6% 提高至 2014 年的 40.6%，服务业就业规模也从 2.63 亿人突破到 3 亿人，成为最大的就业产业部门。而农业就业人数从 2.79 亿人降至 2.3 亿人，城镇就业规模也从 3.47 亿人提高至 3.93 亿人，并且首次超过乡村就业规模（为 3.79 亿人），显示着中国正在经历前所未有的产业结构、就业结构大变动以及发展的转折点，其中农业就业比重从 2010 年的 36.7% 下降至 2014 年的 29.5%，提前实现了 2002 年国家计委所提出的 2020 年降至 30% 左右的目标。伴随产业和就业结构调整的步伐，中国城镇化进程也迎来重大转折点。2011 年末，城镇人口占比达到 51.27，首次超过农村人口。到 2014 年，中国城镇化率提高至 54.77%，比 2010 年提高了 4.82 个百分点，其中户籍人口城镇化率达到 36.7%；城镇总人口从 6.70 亿人提高至 7.49 亿人，平均每年增加近 2000 万人，这不仅在中国发展历史上，而且在世界发展历史上都属于超大规模的城镇化。与此同时，农村人口大幅度减少，从 6.71 亿人减少至 6.19 亿人，占世界农村人口总数（33.63 亿人）比重的 18.39%，居印度之后，成为世界第二大农村人口国家。城市化进程带动了城乡居民收入水平的提高。2011～2014 年，全国城镇居民、农村居民人均可支配收入增长率分别达到 8.0% 和 10.1%，首次高于经济增长率（8.0%）。城乡居民人均收入差距进一步缩小，从 2010 年的 3.23 倍缩小至 2014 年的 2.92 倍，是 13 年来首次降至 3 倍以下。城乡居民收入增加带动了社会消费品零售总额从 2010 年 15.7 万亿元增长至 2014 年的 26.24 万亿元（相当于 4.27 万亿美元），年平均增长率 13.7%，扣除价格因素，实际年平均增长率为 10.6%，高于经济增长率，内需对经济增长的贡献不断提升（胡鞍钢，2015）。

第四节　"有效市场+有为政府"打造
中国特色工业发展模式

林毅夫（2014）对发展中国家的转型研究发现，自二战结束以来只有为数很少的国家或地区成功实现了由低收入向中等收入，进而高收入水平的跨越，而那些实现成功转型的经济体共同的"制胜之道"就是能实现"有效市场"和"有为政府"的有机结合。董志凯（2009）认为，具有中国特色的国家主导型市场经济模式对工业化、现代化发挥了非常重要的作用。伍晓鹰（2014）认为，中国工业化的"特殊性"在于，自19世纪中叶中国被迫打开国门以来，国家在追求工业化和现代化的漫长过程中持续扮演着非常重要的角色。不同政权下的中国政府，在这段历史中的几乎每一个重要阶段，都影响或主导了中国工业化的方式和方向，塑造了中国工业化的道路。

政府在中国工业发展过程中的主导作用，不仅是由中国社会主义公有制为主体、多种所有制经济共同发展的基本经济制度所决定的，也是由中国经济处于转轨和赶超的发展阶段所决定的。公有制为主体的基本制度决定了国有经济必须始终在国民经济发展中占据主导地位，这种主导地位不必然表现为在经济份额上占据绝对优势，而主要表现在通过市场化的改革提高国有经济自身的发展活力，进而提升其对国民经济的支撑力、带动力和影响力方面。而中国的大国国情决定了，无论是从计划经济向市场经济转轨，还是从闭关锁国向融入世界过渡，都需要一个强有力的政府通过控制改革节奏和把握开放程度，在确保经济社会稳定的前提下，通过循序渐进的方式和全方位的体制改革构建一个有助于经济转轨和对外开放的经济贸易体制。最后，加速推进工业化进程，实现21世纪中叶进入世界制造强国前列的奋斗目标，同样需要政府在判断全球经济发展趋势和竞争格局变化基础上，不仅在发展战略上做出全局性的规划和部署，而且在战略实施上提供必要的包括制度、基础设施等在内的公共物品和服务支持。

因此，尽管中国的改革开放始终是以让市场在资源配置中起决定性作用，与全球经济全面融合为导向的，但中国作为一个发展中的社会主义大国的基本国情决定了政府在市场化和国际化为导向的改革开放，以及向创新驱动，可持续发展为目标的工业转型进程中的作用是不可或缺的，甚至是主导性的。简言之，发挥政府的积极作用甚至主导作用，并不是要使政府干预企业的微观经营活动，而是要充分发挥政府的生产要素（尤其是公共产品）提供者、竞争秩序的维护者、前瞻性问题的决策者角色。

总体而言，政府在中国工业经济实行改革开放，实现赶超、转型过程中所发挥的积极作用主要表现在以下几个方面。

首先，在由计划经济向社会主义市场经济转变过程中，政府通过主导经济体制改革提供了市场经济有效运转所需的制度环境。政府在市场化制度建设方面的作用主要体现在，第一，以产权制度变革和产权保护为核心，推动国有企业改革，支持鼓励引导非公有制经济发展，培育形成多元化的市场主体和独具特色的混合所有制经济。第二，以价格机制和投资体制改革为核心，推动形成统一的，主要由市场决定的要素价格机制，以及面向所有市场主体开放的行业准入制度，构建公平竞争、透明开放的市场环境。

其次，政府在对外开放过程中扮演着积极建设者和促推者角色。主要体现在：第一，通过涉外经济体制的构建和完善形成与国际接轨的经济贸易体制；第二，通过实施优惠的外资、外贸、出口和产业扶持等政策吸引投资、鼓励出口，培育和提高中国产业的国际竞争力；第三，通过积极参与国际经济治理和推动全球投资贸易体制变革，为本国企业"走出去"，在全球范围内优化资源配置和市场布局提供有利的外部环境。

再次，国家根据全球经济结构调整和竞争格局变化趋势以及国内资源禀赋条件的变化情况，及时对工业发展路径做出战略性调整，主导了工业发展模式由要素驱动向创新驱动，由粗放式发展向低碳、绿色、可持续发展，由工业单兵突进向工农城乡协同发展的转变。配合工业发展战略的转变，政府的作用主要体现在以下方面：第一，通过实施创新驱动和人才优先发展战略，加大国家对科技研发和人才培养的投入力度，推进更有利于市场主体在研发和创新中主体作用的科研和人才培养体制改革，为实现工业增长方式真正向创新驱动转变提供坚实的科技、人才与制度支撑。第二，通过深化资源体制改革，建立市场导向的资源价格形成机制，加强工业绿色发展的行业标准和法规建设等举措，构建有助于工业低碳、绿色、可持续发展的长效体制机制。同时切实发挥宏观经济手段，加大对绿色产业的财政和金融支持力度。第三，通过完善农业支持保护制度，推进新型城镇化建设、培育发展县域经济，提升其承接城市功能转移和辐射带动乡村发展能力，促进城乡公共资源均衡配置、公共服务均等化等政策手段促进工农协同，城乡一体的发展格局，使工业化的发展成果能够反哺农业和带动农村发展，使现代化的农村和农业体系能够更好地支撑工业可持续发展，使城乡居民共享工业化、城市化、农村现代化的文明果实。

参考文献

1. 蔡昉：《"工业反哺农业、城市支持农村"的经济学分析》，《中国农村经济》2006 年第 1 期。

2. 陈斌：《税收优惠对吸引外商直接投资有效性的实证分析》，《改革与战略》2007 年第 1 期。

3. 董志凯：《中国工业化 60 年——路径与建树（1949～2009）》，《中国经济史研究》2009 年第 3 期。

4. 郭朝先、王宏霞：《中国制造业发展与"中国制造 2025"规划》，《经济研究参考》2015 年第 31 期。

5. 黄群慧、李晓华：《中国工业发展"十二五"评估及"十三五"战略》，《中国工业经济》2015 年第 9 期。

6. 黄群慧：《"新常态"、工业化后期与工业增长新动力》，《中国工业经济》2014 年第 10 期。

7. 黄群慧：《中国的工业化进程：阶段、特征与前景》，《经济与管理》2013 年第 7 期。

8. 黄顺魁、傅帅雄：《基于中类行业的国有工业企业行业布局与分类研究》，《中国市场》2016 年第 26 期。

9. 黄速建：《中国国有企业混合所有制改革研究》，《经济管理》2014 年第 7 期。

10. 胡鞍钢：《"十二五"时期经济社会发展的成就与评价》，《前线》2015 年第 10 期。

11. 姜春海：《中国乡镇企业发展历史回顾》，《乡镇企业研究》2002 年第 2 期。

12. 江小涓：《大国双引擎增长模式——中国经济增长中的内需和外需》，《管理世界》2010 年第 6 期。

13. 江小涓：《中国开放三十年的回顾与展望》，《中国社会科学》2008 年第

6 期。

14. 江小涓：《中国吸收外资 30 年：利用全球资源促进增长与升级》，《经济与管理研究》2008 年第 12 期。

15. 江小涓：《中国出口增长与结构变化：外商投资企业的贡献》，《南开经济研究》2002 年第 2 期。

16. 江小涓、李蕊：《FDI 对中国工业增长和技术进步的贡献》，《中国工业经济》2002 年第 7 期。

17. 金碚：《全球竞争新格局与中国产业发展趋势》，《中国工业经济》2012 年第 5 期。

18. 金碚、吕铁、邓洲：《中国工业结构转型升级：进展、问题与趋势》，《中国工业经济》2011 年第 2 期。

19. 金碚：《资源约束与中国工业化道路》，《求是》2011 年第 18 期。

20. 金碚：《中国工业的转型升级》，《中国工业经济》2011 年第 7 期。

21. 金碚：《中国工业改革开放 30 年》，《中国工业经济》2008 年第 5 期。

22. 金碚：《1978 年以来中国发展的轨迹与启示》，《中国工业经济》2007 年第 5 期。

23. 金碚：《世界分工体系中的中国制造业》，《中国工业经济》2003 年第 5 期。

24. 李宗卉、鲁明泓：《中国外商投资企业税收优惠政策的有效性分析》，《世界经济》2004 年第 10 期。

25. 林毅夫：《新结构经济学：反思经济发展与政策的理论框架》，北京大学出版社，2014。

26. 吕政、黄群慧、吕铁、周维富：《中国工业化、城市化的进程与问题——"十五"时期的状况与"十一五"时期的建议》，《中国工业经济》2005 年第 12 期。

27. 世界银行驻中国代表处：《中国对外商直接投资的税收政策》，《涉外税务》1996 年第 5 期。

28. 孙绪民：《对新时期乡镇企业的几点认识》，《乡镇经济》2006 年 3 月。

29. 王贝：《中国工业化、城镇化和农业现代化关系实证研究》，《城市问题》2011 年第 9 期。

30. 王晓鲁：《对乡镇企业增长的重新估计——制度变革对增长的影响》，《经济研究》1997 年第 1 期。

31. 魏锋、沈坤荣：《中国出口商品结构与贸易发展方式的转变——基于 1978～2007 年的经验研究》，《国际贸易问题》2009 年第 10 期。

32. 魏浩：《中国出口商品结构变化的重新测算》，《国际贸易问题》2015 年第 4 期。

33. 吴利学、魏后凯、刘长会：《中国产业集群发展现状及特征》，《经济研究参考》2009 年第 15 期。

34. 伍晓鹰：《中国工业化道路的再思考：对国家或政府作用的经济学解释》，《比较》2014 年第 6 期。

35. 肖亚庆：《国务院关于国有资产管理与体制改革情况的报告》，十二届全国人大常委会第二十一次会议报告，2016 年 6 月。

36. 工业和信息化部：《2015 年度中国两化融合发展水平评估报告》，http://www. miit. gov. cn/n1146290/n1146402/n1146445/c5191925/content. html。

37. 周端明：《中国的渐进式改革与乡村工业的转型》，《当代经济研究》2010 年第 5 期。

38. 周端明：《中国乡村工业"消失"之谜》，《经济体制改革》2011 年第 3 期。

39. 于秋华：《改革开放三十年中国乡村工业发展的经验与启示》，《经济纵横》2009 年第 4 期。

40. 于秋华、于颖：《中国乡村工业发展的制度分析》，《财经问题研究》2006 年第 12 期。

41. 中国现代化战略研究课题组：《中国现代化报告（2007）》，北京大学出版社，2007。

第五章　中国包容的可持续工业化问题与挑战

要点：

（1）当前中国包容的可持续工业化存在的问题主要是：很多工业行业出现的产能过剩问题，且与以往不同是绝对性的而非相对性的；总体技术水平偏低和核心技术缺乏；基于丰富的劳动力资源和环境要素资源的比较优势逐步弱化，其他后发国家逐渐呈现出比中国具有更大的优势；很多国内优势产业在国际价值链条中仍处于中低端环节；在工业化快速推进过程中，工业包容性增长面临挑战，各地区经济发展不平衡；很大程度上还需要依赖投资和出口来拉动经济增长。

（2）与此同时，中国包容的可持续工业化还面临一系列国内外约束条件和挑战：国内外资源环境约束呈增强趋势；在向全球价值链中高端攀升的过程中，遭遇发达国家与发展中国家的"两端挤压"；世界范围内"新工业革命"的冲击；中国已越过"刘易斯拐点"，"人口红利"难以持续下去；"脱实向虚"趋势明显，中国存在过早"去工业化"的风险。

近年来，中国在包容的可持续工业化取得显著成就的同时，也存在一些不容忽视的问题和挑战。正视这些问题，并妥善解决和应对，是中国从传统工业化道路迈向新兴工业化道路，实现包容性增长和可持续发展的必然要求，是中国从"工业大国"变成"工业强国"的必由之路。

第一节 中国包容的可持续工业化存在的主要问题

当前，中国包容的可持续工业化面临的突出问题，主要是以下几点。

一 产能过剩问题

当前工业行业中的产能问题比较突出，直接原因是前些年投资持续过快增长，导致产能扩张速度远远超过市场需求扩张的速度，根本原因是经济增长方式不合理。最近几年越演越烈的产能过剩问题，还呈现出与以往不同的新特征，需要引起高度关注。

首先，受国际范围内经济不景气的影响，中国目前产能过剩现象涉及领域更广、程度更严重。近年来，全国工业企业平均产能利用率在 72% 左右，且呈逐年下降趋势，其中，轻工业产能利用率普遍较高，而资源、能源消耗大的重工业产能利用率普遍较低。2012 年底，中国钢铁、水泥、电解铝、平板玻璃、船舶产能利用率分别仅为 72% 、73.7% 、71.9% 、73.1% 和 75% ，明显低于国际通常水平。[①] 上述 5 个行业是政府多年大力治理产能过剩情

---

① 《国务院关于化解产能严重过剩矛盾的指导意见》（国发〔2013〕41 号），2013 年 10 月 6 日。

况下的结果，但产能利用率仍旧不高。与发达市场经济国家偶发的周期性、局部的产能过剩相比，中国产能过剩则具备多领域、程度严重、持久且易于复发等特点。值得警惕的是，一些行业比如钢铁甚至出现了所谓"先进产能"而非"落后产能"的过剩。

其次，中国的产能过剩正处在以前相对过剩到现实的绝对过剩的过渡期，企图等待经济复苏后依靠经济快速增长来化解过剩已几无可能。大量落后产能的存在，且一时难以退出，这已成为严重抑制中国经济发展的"痼疾"。当前企业经营困难、财政收入下降、金融风险积累等，都与产能严重过剩密切相连。鉴于产能严重过剩越来越成为中国经济运行中的突出矛盾和诸多问题的根源，中央及时提出要进行供给侧结构性改革，对产能过剩行业要加快兼并重组和淘汰落后产能的步伐，并采取提高财政奖励标准、落实等量或减量置换方案等措施，集中力量实现钢铁、电解铝、水泥、平板玻璃等重点行业淘汰落后产能的目标任务。一系列措施的实施，取得积极成效，为未来经济持续健康的发展打下了坚实的基础，但是在国内外经济低迷、工业发展面临较大压力的背景下，工业企业的经营、工业行业的发展面临多重压力，除了应对上述市场波动外，还要实现生产方式、效益增加模式、产品竞争实力等多方面的本质提升，这是对企业和行业的重大考验。

严重的产能过剩导致市场出清困难和金融风险加大。当前急需通过市场出清恢复市场供需平衡，但受过剩产能行业重资产技术经济特征、地方政府保护等主客观因素的影响，化解产能过剩和清除"僵尸企业"仍面临种种困难。大量资源固化于产能过剩行业，抑制了战略性新兴产业与现代服务业等领域的发展。产能过剩问题严重、企业效益恶化、地方政府融资平台清理等实体经济的问题开始向金融领域传导。2012 年以来，商业银行不良贷款余额呈现逐季上升趋势，而同期拨备覆盖率则呈下降趋势，并导致融资难、融资贵。实体经济领域的融资难、融资贵也导致部分地区非法集资问题抬头。这些问题相互交织、相互传导，加大了经济下行的压力，也导致金融风险上升。

简言之，中国当前所面临的产能过剩问题，绝不仅仅是一个淘汰落后产能的问题，也不仅仅是产业重组及产业结构转型的综合治理工作，而是从某种程度来说，与深化政府体制改革、转变经济发展方式密切相关，与中国治理体系和治理能力现代化进程密切相关。

二 核心技术缺乏的问题

尽管中国近年来无论是在政府政策上还是在企业实践上均最大限度地加大了科技创新的力度，但是，核心零部件、关键技术领域依赖国外、受制于人的问题依然突出。比如：①中国机器人产业缺少技术创新，没有可以参与国际竞争的骨干企业，关键部件质量和可靠性落后世界先进水平 5 到 10 年。① ②中国每年大量进口高端芯片，2014 年和 2015 年芯片进口额均超过 2000 亿美元，2016 年前十个月的芯片进口额已将近 1800 亿美元，国内芯片进口价值早已经超过石油，成为中国外汇消耗第一大户。③智能手机价格中包含大量的专利费，有研究表明，在中高端智能手机中各种专利费用占到总价格的 30%，甚至超过了设备的零部件成本。

---

① 李寅峰：《林光如委员：机器人大国不"大"》，《人民政协报》2015 年 3 月 7 日。

高通公司案反映中国每年向高通公司支付大量的专利许可费，国内每生产一台 CDMA 手机，要向美国高通公司上交 10 美元专利费。① ④中国优质、低耗的先进工艺普及率不足 10%，数控机床、精密设备不足 5%，且 90% 以上的高档数控机床、100% 的光纤制造装备、85% 的集成电路制造设备、80% 的石化设备、70% 的轿车工业装备，都是依赖进口。②

诚然，中国工业企业研发投入、研发强度、研发投入产出等指标在各方面不懈努力下都有较为明显的改善，但是，技术创新资源配置效率不高、科技成果转化率低等问题始终没有得到很好解决。一般地，研发活动包括基础研究、应用研究和研究发展三种类型，要提高自主创新能力和研发效率，就需要三者协同发力。但长期以来中国基础研究占研发经费支出的比重非常小，一般在 5% 左右，而美国、英国、法国等这一比重都在 10% 以上。基础研究投入不足，从根本上制约了中国科技水平的提升。更为严重的是，受制于体制束缚和激励机制扭曲，中国产学研合作研发力度不够、成效不彰。技术创新的市场化导向不足，科技成果转化率低，一般仅为 10%，远低于发达国家的 40% 的水平。③ 因此，完善工业创新体系，通过加强关键企业核心技术研发和技术中心建设，促进节能环保、新一代信息技

---

① 张宁：《揭秘高通利益链：所产芯片几乎垄断中国 4G 手机行业》，《企业观察报》2014 年 9 月 1 日。

② 许颖丽：《从"两化融合"到"中国制造 2025"》，《上海信息化》2015 年第 1 期，第 24 ~ 27 页。

③ 张晓强：《实施创新驱动需要破除体制机制障碍》，《经济参考报》2013 年 12 月 30 日。

术、生物、高端装备制造、新能源等重要及战略性新兴产业领域的跨越发展。对于缓解中国核心技术缺乏导致的总体技术水平落后问题至关重要。

三 比较优势逐步丧失的问题

"中国制造"的优势主要体现为价格优势，这种建立在初级生产要素基础之上并表现为低价格的竞争优势是非常脆弱的。改革开放30多年来，中国通过工业化和城镇化充分释放了工业要素自身的效率，从而带来了较长期的高速增长。但不可否认的是，这一阶段的增长效率是低下的，增长方式是粗放的。而一方面随着低成本竞争国家的经济发展，其劳动力、土地、资金、环境成本会不断上涨，使价格优势不断缩小；另一方面，世界上存在许多低收入国家，当这些国家恢复稳定，经济走上良性轨道后，就会对先前低成本竞争的国家产生威胁。因此，当自己的成本优势丧失或者有成本更低、产品质量更高的国家进入全球市场后，先前依赖于低成本竞争国家的制造业出口就会显著下降。2004年以来，包括因《新劳动合同法》实施造成的劳动力成本提高、土地成本上涨、环境管制更加严格、运费上涨、人民币汇率升值等，沿海地区在低端加工组装环节的劳动密集型行业的竞争优势正在逐步丧失。

数据显示，2000年中国劳动力的小时平均成本已经超过周边的印度、印度尼西亚，2004年超过菲律宾，2009年超过泰国以及北美洲的墨西哥。中国低成本比较优势正在逐渐丧失，高成本时代已经来临。美国波士顿咨询集团2011年发布的一份报告也预计，五年内中国沿海城市的总生产成本只会比位于美国一些地区（如南卡莱罗纳、阿拉巴马、田纳西）的工厂的成本低 10% ~ 15%，对于以北美为目标的产品来说，外包到中国与在美国生产的成本差距将会很小。特别是对于那些劳动在全部成本中比重小且中等数量的产品，如汽车零部件、建筑设备和机械等，将会从中国转移到美国低成本的州。[①] 该报告认为，尽管中国可以投资于自动化以解决生产率较低的问题从而应对劳动力价格上涨，但是自动化会减少劳动在产品中的比重，从而消减中国在制造业中的主要竞争优势——低劳动成本。面对成本优势的削弱，中国迫切需要通过产业升级提高制造业的竞争力。

四 处于全球价值链低端环节的问题

虽然自改革开放以来，中国工业产品产量提高很快，国际市场份额和国际竞争力不断提高，但是在国际产业价值链中，中国处于所谓的"微笑曲线"底部，主要从事技术含量低、附加值低的"制造—加工—组装"环节，在附加值较高的研发、设计、工程承包、营销、售后服务等环节缺乏竞争力，在消耗大量国内资源和排放大量污染物的同时，所获利益却甚少。

总体上看，"中国制造"在关键技术、关键设备上对国外还有相当大的依赖，核心和关键零部件大部分需要从国外进口，全球产业链的中低端地位决定了尽管产量和出口量很大，但是附加价值和利润较低。从产业内部的结构看，中国出口的制成品仍以初级制成品为主，即使在所谓高技术产品中，中国所从事的很大一部分工作也是劳动密

---

① H. L. Sirkin, M. Zinser, D. Hohner, "Made in AmericaAgain: Why Manufacturing Will Return to the U. S," *Boston Consulting Group* 8 (2011).

集型的加工组装活动。从发展质量上看，在表征技术创新能力的许多关键指标上，目前中国都与发达国家存在较大差距，虽然中国的 R&D 经费及研发人员数均增长较快，但 R&D 经费占 GDP 的比重和每万人中科学家、工程师的数量仍然低于美、日、德、韩等国家。

商务部发布的《全球价值链与中国贸易增加值核算研究报告》（2014 年度）表明，中国传统劳动密集型产业单位出口具有相对较高的国内增加值，而技术密集型产业单位出口的国内增加值含量较低。一般贸易出口中，农林牧渔业每 1000 美元出口的国内增加值含量高达 893 美元；食品及酒精饮料、烟草制品业每 1000 美元出口分别能拉动 861 美元和 857 美元的 GDP 增加值；纺织、针织制成品制造业、服装鞋帽制品业等传统的劳动密集型产业，1000 美元出口所带来的国内增加值在 890 美元左右。作为技术密集型产业和高技术产业的部门如交通运输设备制造业、电气设备、通信设备、电子计算机制造业、电子元器件制造业等，1000 美元出口所带来的国内增加值均不足 800 美元。加工贸易出口中，以上部门 1000 美元出口所带来的国内增加值甚至不足 400 美元，如电气设备制造业 171 美元、汽车制造业 249 美元、电子计算机制造业 308 美元等。① 中国在中高端产业和技术密集型产业国内增加值比例偏低的状况，亟待通过产业、技术、外贸等领域多层面转变发展方式来解决。

五 地区发展不平衡的问题

根据 2000～2015 年中国各地区规模以上工业企业指标占比数

---

① 中国全球价值链课题组：《全球价值链与中国贸易增加值核算研究报告》，2014 年 9 月。

据，东部地区主要指标所占比重都在下降，而中部地区和西部地区主要指标所占比重呈上升态势，可见中国工业经济领域的区域协调发展取得一定进展（见表 5 - 1）。不过，尽管中部地区和西部地区工业实力有了较大幅度的增强，但东部地区仍然占据绝对优势地位，企业数量、资产总额、营业收入等指标占比超过 50%，利润占比一直在 60% 以上，说明中国各地区工业发展仍然很不均衡。与此同时，东北地区工业经济呈现一种相对萎缩态势，乃至出现所谓"东北塌陷"问题，2000 年到 2015 年期间，规模以上企业数量在全国占比下降 1.2 个百分点，资产总额、销售收入占比分别下降 4.9 个和 3.8 个百分点，利润总额占比更是大幅度下降，下降了 14.7 个百分点。

表 5 - 1　各地区规模以上工业企业指标占比情况　　　单位：%

	2000 年				2005 年			
	企业单位数	资产总额	销售收入	利润总额	企业单位数	资产总额	销售收入	利润总额
东部地区	59.4	54.6	65.1	64.2	68.2	60.3	68.3	63.4
中部地区	19.4	16.4	13.6	8.0	14.6	15.4	13.2	12.1
西部地区	14.3	17.0	11.4	9.0	10.8	15.6	10.8	13.9
东北地区	7.0	11.9	9.9	18.8	6.3	8.8	7.7	10.6
	2010 年				2015 年			
	企业单位数	资产总额	销售收入	利润总额	企业单位数	资产总额	销售收入	利润总额
东部地区	64.3	56.9	61.3	57.3	58.5	53.4	57.9	62.3
中部地区	17.2	16.9	17.4	18.4	22.5	19.3	21.5	20.0
西部地区	10.9	17.8	12.9	15.9	13.2	20.3	14.5	13.5
东北地区	7.6	8.4	8.4	8.4	5.8	7.0	6.1	4.1

资料来源：根据《中国统计年鉴》（历年）整理。

　　而且，各地区工业化发展水平差距巨大，也反映出中国工业实现地区协同发展任重道远。工业化并不是单纯的工业发展，但与工业发展高度相关。工业发展水平的差距，是导致各地区工业化水平差距的主要因素。按照经典工业化理论，一般可以将工业化的进程分为前工业化、工业化初期、工业化中期、工业化后期和后工业化五个大的时期。根据中国社会科学院的一项长期跟踪项目研究，"十二五"时期中国从整体上工业化阶段已从工业化后期前半阶段发展到工业化后期的后半阶段，但各地区工业化发展阶段差异巨大，东部地区已经是工业化后期的后半阶段，而西部地区还处在工业化中期的后半阶段。分省份来看，浙江、江苏、广东、辽宁、福建、重庆、山东等已是工业化后期的后半阶段，而西藏、新疆、甘肃、海南、云南、贵州等仍处在工业化中期的前半阶段，与此同时，北京、上海、天津已经跨越工业化阶段，进入后工业化阶段。[①]

六　依赖投资和出口维持经济增长的问题

　　长期以来，在拉动经济增长的消费（最终消费）、投资（资本形成）和出口（货物和服务净出口）"三驾马车"中，投资和出口都占据着十分重要的地位，尤其是投资。2006～2015年十年间，投资在拉动经济增长中的贡献率年年都超过40%，个别年份甚至超过60%（2010年达到66.3%）、80%（2009年达到86.5%），而与此同时，消费对经济增长拉动作用乏力。消费增长乏力，表明中国经济内生增长动力不足，这种状况亟待改变，这实际上也是转变经济

---

① 黄群慧、李芳芳等：《中国工业化进程报告（1995～2015）》，社会科学文献出版社，2017。

发展方式的主要内容。

2009 年以来，先是由于国际金融危机对中国出口的影响（2009年的净出口对经济增长的贡献率为 −42.6%，由此造成经济增长下降 4 个百分点），而后由于经济下行造成投资乏力（投资从 2010 年之前的每年拉动经济增长 5~8 个百分点降低到 2010 年之后 3~5 个百分点），出口和投资在拉动经济增长的作用下降，结果是经济下行压力持续加大。

图 5−1 显示了最近 10 年消费、投资和出口"三驾马车"对经济增长的贡献程度。从中可以看出，投资和出口增长的放缓甚至负增长严重影响了中国经济的增长，依赖投资和出口维持经济增长的道路难以为继。不过，尽管投资和出口拉动作用已经显著下降，但是消费对经济增长的拉动作用还没有很好都发挥出来。因此，今后中国经济的增长应当从依赖出口和投资转变到依靠内需和产业结构升级上来。

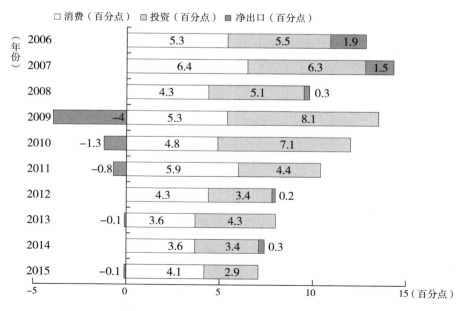

图 5−1　三大需求对经济增长的拉动作用

第二节　中国包容的可持续工业化面临的主要挑战

中国包容的可持续工业化还面临一系列国内外约束条件和挑战，概括起来主要是以下几点。

一　资源环境约束越来越强

从全球视野来看，日益严重的资源稀缺、环境污染等问题，使得传统工业化道路历史性地走到了尽头。在资源消耗上，研究表明，2008 年占世界总人口 14% 的 25 个发达国家消费了全球 41% 的一次能源、43% 的铜、42% 的铝以及 29% 的钢，而发展中国家人均消费量则分别占到了发达国家的 24%、40%、21% 和 21%。[①] 当前世界资源紧缺、成本较高等现实，资源剥削、掠夺不可复制，已经没有条件支撑发展中国家沿用资源粗放的传统发展道路。而且传统工业发展带来超负荷的污染排放，据统计，近年来人类每年向大气排放二氧化硫超过 2 亿吨，排放温室气体超过 300 亿吨二氧化碳当量，排放超过 1000 亿吨各种生产和生活废水，大大超过自然界的自我净化能力。由此，带来了生态系统破坏、生物物种灭绝、荒漠化、大气污染和酸雨、河流和海洋污染、臭氧层破坏、全球气候变化以及极端气候等一系列问题，千年生态系统评估机构（Millennium Ecosystem Assessment）更是指出人类赖以生活的 2/3 的生态系统受到污染和过度开发。资源环境的恶化，新兴经济体和

---

① 《全球能源与重要矿产资源需求重心向亚洲转移》，《科学时报》2011 年 1 月 30 日。

发展中工业国家难以"外部化"其工业化的负面效应，只能国家内部消化所有污染效应，在这种情况下，只有放弃原有的工业化发展道路，转变传统工业社会的增长模式，走新型工业化道路，也就是可持续工业化发展道路。

在全球资源环境约束的大背景下，中国工业化进程中的资源消耗和对环境污染问题不容小觑。长期以来，中国工业主要依靠资源能源等要素投入来实现规模扩张、推动经济增长，资源能源消耗量大、利用效率低。20世纪末开始的新一轮重化工业化以来，中国工业化发展对能源和资源性产品的需求快速增长。据测算，2010年，单位国内生产总值能耗仍是世界平均水平的2倍以上；全国钢铁、建材、化工等行业单位产品能耗比国际先进水平高出10%~20%。① 图5-2则显示，与OECD国家平均水平相比，中国一次能源生产率始终与其存在巨大差距。2012年中国一次能源生产率为4475美元/吨标油，而OECD国家平均高达7571美元/吨标油，相差3096美元/吨标油，这个差距是2000年以来最大的。资源紧缺以及由此带来的成本上升，倒逼中国工业必须走节约资源，提高资源使用效率的发展路子。

与此同时，中国单位产出的资源、能源消耗和污染物排放都远远高于发达国家。用现价衡量，中国2006年单位GDP能耗是世界平均水平的约3倍，按照购买力平价美元衡量，中国单位GDP能耗是世界平均水平的1.5倍（2007年），单位GDP二氧化碳排放则是世界平均水平的近4倍。中国有机水污染物排放量、氮氧化物排放量、二氧化碳

---

① 《国务院关于印发〈节能减排"十二五"规划〉的通知》（国发〔2012〕40号），2012年8月6日。

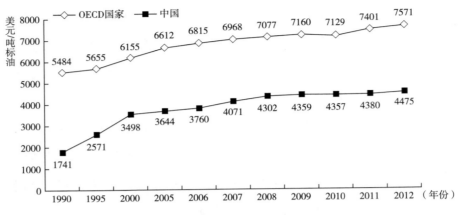

图 5 - 2　中国与 OECD 国家能源生产率的比较

数据来源：OECD 数据库（http：//stats. oecd. org/）。

排放量已经处于世界第一位。根据 BP 的数据，中国 2009 年二氧化碳排放 75. 185 亿吨，二氧化碳排放量占世界的 24. 15%。相对于 2000 年，中国 2009 年二氧化碳排放量增长了 122. 3%，远远超过 23. 0% 的世界平均增长水平。当前环境问题频发，巨大的环境压力使中国迫切需要进行可持续工业化，走排污总量低、环境污染少的新型工业化道路。

二　全球价值链攀升中遭遇 "两端挤压"

改革开放以来，中国抓住机遇积极融入全球分工体系，逐步向利用国内外两个市场、国内外两种资源的开放经济转变，近些年呈现出在全球价值链中从低端向中高端攀升的趋势。但同样的，在攀升过程中也面临着发达国家的高端挤压和新兴经济体低端挤出的 "双端挤压" 的风险。

一方面，新兴经济体快速崛起，发展中经济体如东盟、印度等将以更加低廉的成本优势实现对中国制造的替代。例如，泰国的制造业劳动生产率与中国大致相当，但人均工资水平却显著低于中国；而越南、印度和印度尼西亚的制造业劳动生产率和平均工资均低于中国。随着这些国家的经济发展，其制造业区位吸引力会快速提升，对中国引资的替代效应将逐渐增强。

另一方面，国际金融危机以后，发达国家反思了"制造业空心化"产生的问题，纷纷推进了"再工业化"战略。近年来，以福特、GE 为代表的美国制造业企业明显加大了在本土的投资规模，根据波士顿咨询集团预测，2020 年将会有多达 60 万个制造业岗位从中国返回美国。同时，美、欧等国家加速构建新一轮全球贸易、投资秩序新格局，通过积极推进 TPP（跨太平洋伙伴关系协议）、TTIP（跨大西洋贸易与投资伙伴协议），美国正在组织创建超越 WTO 规范的全面性经贸自由化网络，这将成为制约中国制造业融入新的贸易、投资秩序的重大障碍，对中国产品向 TPP 成员国出口造成威胁，对中国在全球制造业竞争体系中的比较成本优势形成冲击。

面临发达国家高端制造回流与中低收入国家争夺中低端制造转移形成的"两端挤压"挑战态势，不得不承认中国原来以廉价劳动力和资源要素投入为主要特征的传统优势正在日趋弱化，产业转型升级势在必行，迫切需要加快新旧动能转换，培育面向产业中高端的竞争新优势。2015 年 5 月国务院推出《中国制造 2025》部署全面推进实施制造强国战略，7 月出台《关于积极推进"互联网＋"行动的指导意见》，均是中国政府针对制造业及工业的转型升级重任和"双端挤压"困境而做出的现实努力，对于工业化的可持续健康发展具有重要指导意义。

三　"新工业革命"的冲击

"新工业革命"（或称为"第三次工业革命"）不能仅理解为个别新的制造技术和设备的出现和应用引起的突变，实质是一个由信息技术创新引发的内涵丰富的、多层次的、已经发生突破但仍处于演进中的工业系统变革。① "第三次工业革命"正在影响各国的经济发展，包括制造业数字化智能化、互联网革命，以及生物电子、新材料和新能源等技术革命。在"第三次工业革命"成为世界工业化进程新趋势的大背景下，中国的可持续工业化进程可能会因此面临不小的冲击和挑战。

第一，进一步弱化中国的要素成本优势。世界范围内"第三次工业革命"的开展加速推进了先进科学技术的应用，必然会提高各行业的劳动生产率、减少劳动在工业总投入中的比重，中国的比较成本优势则可能会加速弱化。以中美之间的差距为例，美国某权威研究机构根据劳动生产率调整后的综合劳动成本为标准精确计算，得出未来 5~10 年中美劳动力成本之间的差距将快速缩小的结论。再加上美国在能源方面现已形成了价格洼地，美国的物流成本只占到 GDP 的 9%，而中国占到 18%。美国发展制造业的比较成本劣势会逐渐减弱。

第二，抑制中国产业转型和产业结构升级。现代制造技术的应用很大程度上提升了制造环节的价值创造能力，促使制造环节在产业价值链上的战略地位变得与研发和营销同等重要，过去描述价值链各环节价值创造能力差异的"微笑曲线"有可能变成"沉默曲线"甚至"悲伤曲线"。"新工业革命"在发达工业国家迅猛开展，使其不仅可以通过发展工业机器人、高端数控机床、柔性制造系统等现代装备制造业来控制新的产业制高点，而且可以通过运用现代制造技术和制造系统装备传统产业来提高传统产

---

① 〔美〕戴维·S. 兰德斯：《国富国穷》，门洪华等译，新华出版社，2001。

业的生产效率。毫无疑问，"第三次工业革命"为发达工业国家重塑工业及实体经济优势提供了千载难逢的机遇。曾经为寻找更低成本要素而从发达国家转出的生产活动开始极有可能向发达国家回溯，导致制造业重心再次向发达国家偏移，传统"雁阵理论"所预言的后发国家产业赶超路径可能被封堵。而对于中国等一些正想方设法避免落入"中等收入陷阱"的国家，无法在工资方面与低收入国家竞争，又无法在尖端技术研制方面与富裕国家竞争，导致进一步发展的空间变窄。而经济的停滞不前，又使得以前快速发展中积聚的问题集中爆发，面临着贫富分化加剧、产业升级艰难、城市化进程受阻、社会矛盾凸显等一系列风险，而这有可能导致经济的进一步恶化，危及工业可持续发展。

第三，促使中国收入分配结构开始走向失衡。提高劳动报酬机制，虽然可以通过税收等制度设计提高劳动在初次和二次分配中的比重，更根本、有效，对要素市场扭曲最小的方式却是为劳动者创造更多具备高生产效率的工作岗位。但是，在一般劳动者素质不能够大幅度提高的情况下，"第三次工业革命"的推进会造成失业者被锁定在低附加值的简单劳动环节中，劳动者收入改善的相对速度有可能进一步放缓。这就意味着"新工业革命"会加大中国实施新型工业化战略的难度，为中国可持续工业化的推进发展带来挑战，但也使我们认识到加快产业结构调整的必要性和紧迫性，倒逼我们必须积极推进产业结构的转型升级。①

第四，对中国政府职能转换提出要求。"新工业革命"对于充

---

① 黄群慧、贺俊：《第三次工业革命与中国经济发展战略调整》，《中国工业经济》2013 年第 1 期。

分发挥政府的职能和作用，从而营造一流的工业集成化创新环境提出较大的挑战。一方面，政府应该善于与本国市场力量配合，鼓励市场力量的发展，扶持本国研发力量的成长，保持国内市场垄断和竞争的均衡发展。同时简政放权打造服务型政府，完善市场公平竞争、优胜劣汰的机制，营造公平开放透明的市场环境，通过市场手段实现资源的优化配置，支持优势企业的发展。另一方面，要求国家从政治利益、经济利益、社会利益角度出发积极参与全球工业市场游戏规则的制定，政府积极审视中国法律法规和政策方面的不足，要加快财税、价格、企业等各方面制度改革的推进步伐，并督促有关部门使改革落到实处，为可持续工业化进程的运行提供相应的制度保障。

四 "人口红利" 难以持续

对于中国来说，经过 30 多年的高速增长，曾经推动中国经济高速增长的数量型"人口红利"正在衰减，第一波"全球化红利"已经透支，以增量改革为特征的"体制转型红利"也基本释放完毕，低成本的要素价格优势逐步丧失，出现了许多不均衡、不协调、不可持续等突出问题[1]，因此，过去过于依赖要素投入和投资的后发模式已经难以持续，必须转移到创新驱动的发展战略中来。如果不进行增长动力的转变，很可能处于"被主导成熟产业的、低工资的穷国竞争者和主导技术迅速变化产业的、追求创新的富国挤压在中间"[2]，中国的工业化速度可能会大幅放慢甚

---

① 刘志彪：《从后发到先发：关于实施创新驱动战略的理论思考》，《产业经济研究》2011 年第 4 期。

② 世界银行：《东亚复兴：关于经济增长的观点》，中信出版社，2008，第 5 页。

至出现停滞。

　　由于国内劳动力市场供需情况变化，以及国际市场中人民币价格总体上涨，导致中国劳动力成本低的传统优势弱化，甚至消失。制造业作为中国工业中的重要部分，其劳动力工资上涨趋势见图5-3，在2003~2014年间，制造业劳动力名义工资几乎增长了7倍，这基本上与全社会劳动力工资上涨情况一样。根据国内诸多相关领域研究显示，在2004年前后，中国迎来了以"民工荒"和工资上涨为主要标志的"刘易斯拐点"，劳动力无限供给的特征开始逐步消失，劳动力成本逐年上升。"人口红利"理论据此推测中国潜在经济增长率必然下降。该理论认为中国经济之所以能够高速增长多年，主要来自与劳动年龄人口增长、人口抚养比下降相关的人口红利，而在2004年以后特别是在2010年劳动人口达到峰值出现负增长，人口红利消失了，中国经济发展阶段正在发生着根本性变化。

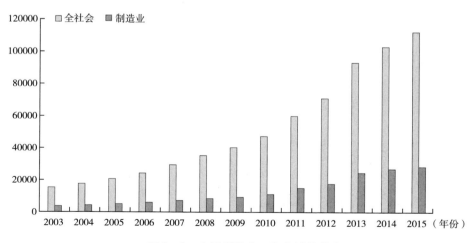

图5-3 中国制造业工资上涨趋势

资料来源：根据《中国统计年鉴2016》计算。

　　而在国际横向比较方面，中国劳动力用工成本在迅速变
"贵"，诸多原因当中，汇率上升成为中国劳动力成本快速上升的
一个重要推动力量。图 5 - 4 显示的是中美两国工业单位劳动力成
本上涨情况。以 2005 年各国单位劳动力成本指数为 100 计，2012
年美国工业部门的指数仅为 97.6，而中国工业部门的指数高达
141.3。与发达国家相比，中国劳动力成本快速上升，这削弱了中
国制造业在国际上的竞争力，以及对外国直接投资的吸引力。

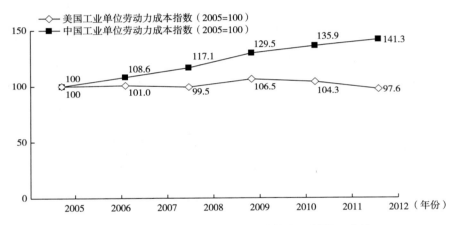

图 5 - 4　中美工业单位劳动力成本指数上涨情况比较

资料来源：根据 OECD 网站（http：//stats. oecd. org/Index. aspx）和历年《中国统计年鉴》整理。

五　　"脱实向虚" 的隐患

　　进入 21 世纪以来，房地产、资源性产品价格暴涨，金融、商
业、房地产等领域投资投机均获利巨丰，过度刺激了虚拟经济的
不当增长，与此同时，以制造业为主体的实体经济利润率水平持
续下降，结果造成整个社会资源加速流向 "虚拟经济" 领域，社
会资源 "脱实向虚" 问题严重。以一组统计数据来看，中国实体
经济规模占 GDP 比例从 2010 年 73.7% 下降到 2014 年的 66.5%，

而同期货币供应量 M2 是 GDP 的倍数从 1.78 倍上升到 1.93 倍比例。得出结论是中国实体经济发展速度相对落后于虚拟经济发展速度，但这种分离程度加大的趋势与中国总体上经济服务化的趋势正相关，符合中国经济发展的阶段性特征，尚处在健康合理的区间。如果此时政府政策上不能审时度势决定虚拟经济发展的"度"，调控虚拟经济发展的方向、速度和虚实经济占比，将会造成很多隐患。

首先，制造业技术人才流失日趋严重。根据 2000 ~ 2015 年中国工业总资产利润率的变化情况（见图 5 - 5），也可以在 2011 年之前，中国工业总资产利润率总体是向上增长的，尽管受到国际金融危机的干扰，2008 年、2009 年出现了暂时下降，但是，2011年之后出现了明显相反方向的走势，2011 年为 9.09%，2012 年为 8.06%，2013 年为 7.39%，2014 年为 7.12%，2015 年为 6.47%。2015 年，中国工业总资产利润率为 6.47%，仅比同期贷款利率（五年期以上的中长期贷款）4.9% 高出 1.57 个百分点，制造业已经进入微利时代。在 31 个制造业行业中，有 9 个行业总资产利润率低于同期贷款利率。在这种"制造业空心化"情况下，社会资本不愿意投向制造业领域，同时，大量的社会资源逐步从制造业流出，技术人才流失最为严重。中国人口数量巨大，但是专业技术人才比例不高，制造企业高技能人才短缺现象尤为普遍。高技能人才是企业生存发展的核心竞争力，解决中国制造业高技能人才短缺问题，刻不容缓。

其次，实体经济优势地位逐渐遭到动摇。虽然中国目前已经成为一个实体经济的世界大国，但是中国实体经济的根基还有待进一步加强，这表现为实体经济还存在一系列问题，包括适应

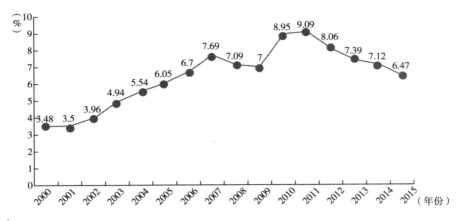

图 5 - 5 中国工业总资产利润率变化

资料来源：根据历年《中国统计年鉴》计算。

"新常态"的动力机制还没有完全形成，劳动生产率逐年下降，关键领域的创新能力不够高，产能过剩问题已成为困扰中国实体经济发展的痼疾，节能减排压力依然巨大，未来发展正面临着来自发达国家的高端和新兴经济体的低端的"双端挤压"。"大而不强"成为中国实体经济的根本特征，推进实体经济从大向强的转变是当前面临的重大任务，换句话说，在"脱实向虚"常态中坚持"实体经济决定论"的政策导向，是"十三五"摸索出的重要的宏观调控经验。

再次，工业领域信息化建设规范有待加强。全面提高各行业信息化水平，加快推进"两化"在虚实经济中的进一步融合是在"制造业空心化"大背景下迫切需要进行的任务。一方面是虚拟经济发展过程中的信息安全性问题，加强作为电子商务基础的信用服务、网上支付等基础支撑体系建设，最大限度对虚拟经济与实体经济的过度脱离进行纠正，争取将波及范围极大的经济泡沫和金融危机扼杀在摇篮中；另一方面是体现在实体经济发展战略调整上，工业部门可以将推进《中国制造 2025》作为抓手，通过核心能力构建进一步突出制造业在国民经济中的创新驱动和高端要素承载功能，大力推进实体经济中工业化和信息化的融合，促进实体产业之间的相互融合发展，并在融合中提升各个产业的创新发展能力。具体形式上可以借鉴德国"工业 4.0"战略的经验，加快建立中国特色"工业 4.0"服务架构标准，使企业在基本结构原理、结构和数据方面达成一致；加强对机器人等智能装备的研发和产业化；设立数字工厂示范项目，及时总结经验，推广最佳实践经验。

总之，"脱实向虚"或者说"制造业空心化"的发展趋势已经对中国的经济运行情况产生了较大影响，对现阶段的可持续工业进程来说是一项重要挑战。如果不能有效解决"脱实向虚"的问题，不能够继续进一步深化工业化进程、促进制造业转型升级、进而提高效率，那么中国可能会因过早地"去工业化"而最终无法实现成为一个工业化国家的中国梦，即使现在中国离这个梦想仅一步之遥。

参考文献：

1. H. L. Sirkin, M. Zinser, D. Hohner, "Made in America Again: Why Manufacturing Will Return to the U. S. " *Boston Consulting Group* 8 （2011）.

2. 陈佳贵、黄群慧、王延中、刘刚等：《中国工业现代化问题研究》，中国社会科学出版社，2004。

3. 金碚：《经济发展新常态下的工业使命》，《中国工业评论》2015 年 Z1 期。

4. 黄群慧、李芳芳等：《中国工业化进程报告（1995～2015 年)》，社会科学文献出版社，2017。

5. 黄群慧等：《中国的工业化进程》，社会科学文献出版社，2015。

6. 黄群慧、贺俊：《第三次工业革命与中国经济发展战略调整》，《中国工业经济》2013 年第 1 期。

7. 黄群慧：《中国的工业化进程：阶段、特征与前景》，《经济与管理》2013 年第 7 期。

8. 郭朝先、王宏霞：《中国制造业发展与"中国制造 2025"规划》，《经济研究参考》2015 年第 31 期。

9. 郭朝先、张其仔：《中国工业实现又好又快发展需处理好六大关系》，《新视野》2007 年第 5 期。

10. 中国全球价值链课题组：《全球价值链与中国贸易增加值核算研究报告》，2014 年 9 月。

11. 中国社会科学院工业经济研究所课题组：《"十二五"时期工业结构调整和优化升级研究》，《中国工业经济》2010 年第 1 期。

12. 李林：《产业融合：信息化与工业化融合的基础及其实践》，《上海经济研究》2008 年第 6 期。

13. 李寅峰：《林光如委员：机器人大国不"大"》，《人民政协报》2015 年 3 月 7 日。

14. 刘志彪：《从后发到先发：关于实施创新驱动战略的理论思考》，《产业经济研究》2011 年第 4 期。

15. 吕铁：《中国工业技术创新的基本特征及推进思路》，《经济管理》2004 年第 9 期。

16. 马建堂：《六十五载奋进路，砥砺前行谱华章——庆祝中华人民共和国成立 65 周年》，《人民日报》2014 年 9 月 24 日。

17. 世界银行：《东亚复兴：关于经济增长的观点》，中信出版社，2008。

18. 吴寿平、戚红艳：《经济全球化与中国工业结构变化》，《财经科学》2012 年第 3 期。

19. 许颖丽：《从"两化融合"到"中国制造 2025"》，《上海信息化》2015 年第 1 期。

20. 张宁：《揭秘高通利益链：所产芯片几乎垄断中国 4G 手机行业》，《企业观察报》2014 年 9 月 1 日。

21. 张其仔、郭朝先、白玫：《协调保增长与转变经济增长方式关系的产业政策研究》，《中国工业经济》2009 年第 3 期。

22. 张其仔、郭朝先：《中国工业增长的性质：资本驱动或资源驱动》，《中国工业经济》2008 年第 3 期。

23. 陈因：《以技术创新驱动工业转型升级》，《工业技术创新》2014 年第 1 期。

24. 〔美〕戴维·S. 兰德斯：《国富国穷》，门洪华等译，新华出版社，2001。

25. 冯飞：《推动工业绿色化促进产业转型发展》，《中国信息化》2016 年第 2 期。

26. 张晓强：《实施创新驱动需要破除体制机制障碍》，《经济参考报》2013 年 12 月 30 日。

第六章　深化国际合作，促进包容的可持续工业化

要点：

（1）工业领域是中国最早向世界开放，参与国际产业分工与合作的领域。改革开放以来，中国工业的对外开放与国际合作在大体经历"引进来""走出去"的发展阶段后，正进入一个构建全方位对外开放格局的新时期，即"一带一路"建设时期。

（2）"一带一路"倡议是中国在新时期提出的为维护全球自由贸易体系和开放型世界经济、深化区域经济合作的战略构想。它不仅标志着中国对外开放格局的重大调整和开放水平的全面提升，而且致力于在有效对接沿线国家发展需要基础之上实现开放合作、互利共赢的区域发展。

（3）作为新时期中国对外工业合作的一种新模式，国际产能合作是围绕生产能力的建设，转移和提升的综合性的投资合作，它以企业为主体，以市场为导向，以国际互利共赢为目标，以制造业的发展、基础设施的建设、资源能源的开发为主要内容，以直接投资、承包工程、装备贸易和技术合作为主要形式。国际产能合作不仅在工业合作方式与商业模式上体现了诸多创新之处，而且为新形势下区域和全球工业经济提供了互利多赢、共同发展

的新机制。

（4）作为进一步提升贸易和投资开放水平的重要举措，中国加快实施自贸区战略，以优化自贸区的建设布局和提升自贸区内贸易和双向投资的自由化程度为主要任务，致力于建设立足周边、涵盖"一带一路"沿线国家以及辐射五大洲重要国家的高水平、高标准的全球自贸区网络。

（5）配合创新驱动发展战略的有效实施，中国在对外科技交流与合作方面也做出重要调整。新时期的中国对外科技合作不断创新合作方式、深入参与全球科技创新与治理，构建"一带一路"协同创新共同体，拓展与发展中国家的"科技伙伴关系"，呈现出诸多新特点；对中国在全球视野下推动科技创新，实施全方位对外开放发挥了重要的支撑作用。

在工业化的过程中，对外开放并不断加深合作的内容、多样化合作的方式，是"包容的可持续工业化"的重要内容之一。工业领域是中国最早向世界开放，参与国际产业分工与合作的领域。改革开放以来，中国工业的对外开放与国际合作经历了从"引进来"到"走出去"的巨大变化，特别是"一带一路"倡议的提出，一批重大跨境基础设施的建设和国际产能合作的推进，把中国对外开放提升到一个新的高度，中国对外开放格局正在进行重大深刻调整。与此同时，中国加大了自由贸易区建设的力度，进一步提升贸易和投资开放水平，为工业发展营造良好的外部环境。中国对外交流越来越重视"引智"工作，在保持与传统国家科技交流的同时，与美国、欧洲、日本等科技发达国家建立了广泛的科技合作关系，这在促进中国工业可持续发展中发挥着越来越重要的作用。

第一节　中国工业开展国际合作历程

工业领域不仅是中国经济改革起步最早，改革力度最大的领域之一；也是最早向世界开放，参与国际产业分工与合作的领域。改革开放近四十年来，中国工业的对外开放与国际合作在大体经历"引进来"（吸引外资阶段）、"走出去"（对外直接投资、对外承包工程、国际劳务合作、对外经济援助）的发展阶段后，正进入一个构建全方位对外开放格局的"一带一路"建设时期，也是工业化包容性发展的新时期。

一　通过"引进来"发展工业合作关系

在所有的发展中国家中，中国是吸引外资最多的国家，从1979年改革开放到2016年底，累计实际使用外资高达19721.28亿美元。在世界经济发展的历程中，还没有哪一个国家像中国这样从外商投资中获益如此之多，外资对中国经济的快速增长、技术进步、人力资本的提升，贸易、产业、区域结构的优化，以及工业现代化进程做出了重要的贡献。与此同时，作为对外资开放程度最高、吸引外资最多的发展中国家，中国是第三次国际产业转移的最大承接国，不仅为周边国家、地区及发达国家的外商提供了巨大的投资机会和市场，更为世界工业经济的结构调整和优化升级发挥了积极作用。

1. 工业成为吸引外资最多的部门

1979年7月1日《中华人民共和国中外合资经营企业法》正式颁布，意味着中国开始正式引进外资。改革开放初期，国家设立深圳、珠海、汕头和厦门四个经济特区，作为吸引外资的重点地区。稳定增长的外资额对这四个经济特区乃至广东和福建的经济发展都产生了重要的影响。继深圳经济特区成为成功范例之后，国务院批准了另外 14 个城市为沿海开放城市。1992 年邓小平南方谈话后，国务院在一年之内批准了 18 个经济技术开发区，大量的外资涌入国内。2001 年末中国加入 WTO，中国利用外资进一步保持上升趋势。表 6 - 1 是 1979～2015 年中国利用外资情况。

表 6 - 1　1979～2015 年中国利用外资情况

单位：亿美元

年　份	合同利用外资额					实际使用外资额		
	总　计		外商直接投资			总金额	外商直接投资	
	项目	金额	项目	金额	比例（%）		金额	比例（%）
1979～1984	3841	281.26	3724	97.50	35	181.87	41.04	23
1985	3145	102.69	3073	63.33	62	47.60	19.56	41
1986	1551	122.33	1498	33.30	27	76.28	22.44	29
1987	2289	121.36	2233	37.09	31	84.52	23.14	27
1988	6063	160.04	5945	52.97	33	102.26	31.94	31
1989	5909	114.79	5779	56.00	49	100.60	33.92	34
1990	7371	120.86	7273	65.96	55	102.89	34.87	34
1991	13086	195.83	12978	119.77	61	115.54	43.66	38
1992	48858	694.39	48764	581.24	84	192.03	110.08	57
1993	83595	1232.73	83437	1114.36	90	389.60	275.15	71
1994	47646	937.56	47549	826.80	88	432.13	337.67	78
1995	37184	1032.05	37011	912.82	88	481.33	375.21	78
1996	24673	816.10	24556	732.76	90	548.05	417.26	76
1997	21138	610.58	21001	510.03	84	644.08	452.57	70
1998	19850	632.01	19799	521.02	82	585.57	454.63	78
1999	17022	520.09	16918	412.23	79	526.59	403.19	77
2000	22347	711.30	22347	623.80	88	593.56	407.15	69
2001	26140	719.76	26140	691.95	96	496.72	468.78	94

年 份	合同利用外资额					实际使用外资额		
	总 计		外商直接投资			总金额	外商直接投资	
	项目	金额	项目	金额	比例（%）		金额	比例（%）
2002	34171	847.51	34171	827.68	98	550.11	527.43	96
2003	41081	1169.01	41081	1150.69	98	561.40	535.05	95
2004	43664	1565.88	43664	1534.79	98	640.72	606.30	95
2005	44001	1925.93	44001	1890.65	98	638.05	603.25	95
2006	41473	1982.16	41473	1937.27	98	670.76	630.21	94
2007	37871		37871			783.39	747.68	95
2008	27514		27514			952.53	923.95	97
2009	23435		23435			918.04	900.33	98
2010	27406		27406			1088.21	1057.35	97
2011	27712		27712			1176.98	1160.11	99
2012	24925		24925			1132.94	1117.16	99
2013	22773		22773			1187.21	1175.86	99
2014	23778		23778			1197.05	1195.62	100
2015	26575		26575			1262.67	1262.67	100

资料来源：《中国统计年鉴2016》，中国统计出版社，2016。从2007年起商务部不再对外公布外资合同金额数据。

发展中经济体近些年来一直在全球FDI流动中保持领先地位，在按照FDI流入量计算的排名全球前20位的国家或地区中，发展中经济体和转型经济体目前占了一半。而中国更是在全球外资直接投资流动中表现不俗，截至2016年底，中国吸引外资额连续25年位居发展中国家首位，是全球最具吸引力的投资目的地之一。2014年中国首次成为全球外国投资的第一大目的国，实际利用外资额为1197.05亿美元，而此前一直是全球吸引外资第一大国的美国FDI流入总量却只有1070亿美元，下跌近50%，排名第三，落后于中国香港。2016年，中国为全球第三大外资流入国，实际使用外资额达 1260 亿美元，仅次于美国和英国，充分说明中国仍然是吸引全球投资者的热土（见表 6－2）。2017 年 1～5 月，全国新设立外商投资企业 12159 家，同比增长 11.9%；实际使用外资金额 3410.8 亿元人民币，同比下降 0.7%。这一系列数据表明，中国吸收外资总体保持稳定。

表 6－2 中国实际利用外资额及其国际比较

单位：亿美元

年份	全球 FDI 流入总量（亿美元）	增长率（%）	发展中经济体 FDI 流入总量（亿美元）	增长率（%）	美国 FDI 流入总量（亿美元）	增长率（%）	中国实际利用外资额（亿美元）	增长率（%）	中国占全球比重（%）
2002	6252	—	1710	—	745	—	550.11	—	8.80
2003	5611	－ 10.25	1801	5.32	531	－ 28.72	561.4	2.05	10
2004	7177	27.91	2836	57.47	1358	155.74	640.72	14.13	8.93
2005	9587	33.58	3164	11.57	1048	－ 22.83	638.05	－ 4.17	6.66
2006	14110	47.18	4130	30.53	2367	125.86	670.76	5.13	4.75
2007	18333	29.93	4997	20.99	2328	－ 1.65	783.39	16.79	4.27
2008	17440	－ 4.87	6300	26.08	3160	35.74	952.53	21.59	5.46
2009	11980	－ 31.31	5190	－ 17.62	1530	－ 51.58	918.04	－ 3.62	7.66
2010	14090	17.61	6370	22.74	2280	49.02	1088.21	18.54	7.72
2011	17000	20.65	7250	13.81	2269	－ 0.48	1176.98	8.16	6.92
2012	14030	－ 17.47	6390	－ 11.86	1610	－ 29.04	1132.94	－ 3.74	8.08
2013	14270	1.71	6620	3.60	1880	16.77	1187.21	4.79	8.32
2014	12770	－ 10.51	6980	5.44	1070	－ 43.09	1197.05	0.83	9.37
2015	17620	37.98	7650	9.60	3800	255.14	1262.67	5.48	7.17
2016	15250	－ 13.45	6460	－ 15.56	3850	1.32	1260	－ 0.21	8.26

资料来源：2002～2015 年的数据见《中国统计年鉴 2016》，2016 年数据来自商务部：http://www.fdi.gov.cn/CorpSvc/Temp/T3/Product.aspx? idInfo = 10000499&idCorp = 1800000121&iproject = 33&record = 7447。

商务部：《中国吸收外资连续 25 年居发展中国家首位》，http://www.chinanews.com/jing-wei/12－26/24887.shtml。

全球资料引自相应年份的《世界投资报告》。

截至 2015 年底，外商直接投资的行业中，制造业数量达到 510904 个，占所有行业的 61.07%，合同外资金额达到 18858.70 亿美元，占所有行业的 51.46%，可以看出，工业是外资流入最多的部门（见表 6-3）。

表 6-3　外商直接投资行业结构（截至 2015 年底）

行业名称	企业数（个）	比重（%）	合同外资金额（亿美元）	比重（%）
农、林、牧、渔业	24094	2.88	863.22	2.36
采矿业	2093	0.25	192.67	0.53
制造业	510904	61.07	18858.70	51.46
电力、燃气及水的生产和供应业	4067	0.49	524.87	1.43
建筑业	13336	1.59	592.70	1.62
交通运输、仓储和邮政业	11280	1.35	1050.63	2.87
信息传输、计算机服务业和软件	14305	1.71	743.86	2.03
批发和零售业业	95380	11.4	2214.34	6.04
住宿和餐饮业	8725	1.04	239.26	0.65
金融业	4507	0.54	1542.52	4.21
房地产业	52681	6.3	5456.89	14.89
租赁和商务服务业	55458	6.63	2501.61	6.83
科学研究、技术服务和地质勘查业	19504	2.33	948.75	2.59
水利、环境和公共设施管理业	1616	0.19	224.98	0.61
居民服务和其他服务业	13016	1.56	399.12	1.09
教育	1796	0.21	35.31	0.10
卫生、社会保障和社会福利业	1446	0.17	90.78	0.25
文化、体育和娱乐业	2368	0.28	167.77	0.46

资料来源：《中国外资统计 2016》，商务部外资统计网站，http：//www.fdi.gov.cn/CorpSvc/Temp/T3/Product.aspx? idInfo = 10000544&idCorp = 1800000121&iproject = 33&record = 7109。

表 6-4 显示，除了个别年份，规模以上外企工业增加值增幅基本超过了全国工业增加值增幅，是中国工业经济中不可或缺的一部分，推动着中国工业经济的增长。

表 6 - 4　全国工业增加值增幅及规模以上外商投资企业工业增加值增幅

年份	全国工业增加值 （亿元人民币）	增幅（%）	规模以上外商投资企业 工业增加值增幅（%）
1992	10116	20.8	48.8
1993	14140	21.1	46.2
1994	18359	18.0	28.0
1995	24718	14.0	19.0
1996	28580	12.7	13.1
1997	31752	11.1	13.4
1998	33541	8.9	12.7
1999	35357	8.5	12.9
2000	39570	9.9	14.6
2001	42607	8.9	11.9
2002	45935	10.2	13.3
2003	53612	12.6	20.0
3004	62815	11.5	18.8
2005	76190	11.4	16.6
2006	90351	12.5	16.9
2007	107367	13.5	17.5
2008	129112	9.5	9.9
2009	134625	8.3	6.2
2010	160030	12.1	14.5
2011	188572	10.7	10.4
2012	199860	7.9	6.3
2013	210689	7.6	8.3
2014	227991	7.0	6.3
2015	228974	5.9	3.7
2016	247860	8.2	4.5

数据来源：1992～2015 年数据来自商务部《中国外资统计 2016》，中华人民共和国商务部，2016。2016 年数据来自国家统计局《2016 年全年全部工业增加值 247860 亿元》，http://finance. sina. com. cn/roll/2017 - 02 - 28/doc - ifyavwcv9185534. shtml。其中，工业增加值绝对数按现价计算，增长速度按可比价格计算。

截至 2015 年，尽管外商直接投资产业结构中，第三产业占比已经连续三年超过第二产业，但是从存量来看，外商直接投资流向第二产业的企业数和合同外资金额占比仍然超过一半（如图6-1、图6-2所示）。在外商直接投资流向第二产业的过程中，中国的工业结构也在发生变化，主要表现为行业集中度不断提高；产业结构进一步向资本和技术密集型行业倾斜，包括资源型设备型重化工业和高技术行业，而劳动密集型传统行业相对减少[①]。

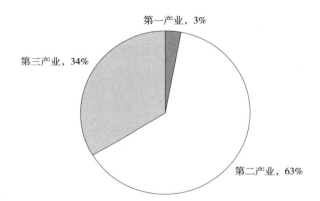

图6-1　2015年三次产业外商直接投资企业数占比

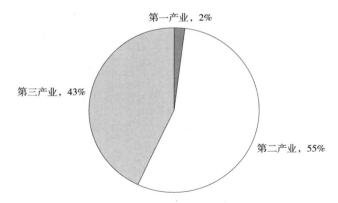

图6-2　2015年外商直接投资合同金额三次产业分布

资料来源：《中国外资统计2016》，商务部外资统计网站，http://www.fdi.gov.cn/CorpSvc/Temp/T3/Product.aspx? idInfo=10000544&idCorp=1800000121&iproject=33&record=7109。

———————

① 王瑜：《外商直接投资对中国工业结构与贸易结构之影响实证研究》，博士学位论文，复旦大学，2008。

截至 2015 年末，中国规模以上工业企业中，外商投资企业达 28270 家，占总数的 7.37%；资产总计 118059 亿元，占总资产的 11.53%；利润总额更是达到了 9957 亿元，占总利润的 15%。改革开放几十年以来，外资企业对中国经济看好，加大对中国市场的投资，大量世界 500 强的工业企业入驻中国，为中国的工业带来了先进的技术和充足的资金，包括德国戴姆勒 – 克莱斯勒集团、日本株式会社日立制作所、法国道达尔集团、美国美铝公司等。近些年来，这些外资企业通过在中国设立产业园等更加多元化的形式与中国开展工业合作关系。

苏州工业园区是中国通过"引进来"发展工业合作关系的典型案例。苏州工业园区是中国和新加坡两国政府间合作的旗舰项目，以该园区为载体借鉴新加坡经验。1994 年苏州工业园区开始开发建设，首批便吸引了韩国三星、美国 BD、新加坡康福、日本百佳等跨国大型企业入驻园区。2016 年，园区实现地区生产总值 2150 亿元，同比增长 7.2%，进出口总额 4903 亿元，实际利用外资 10.5 亿美元。苏州工业园区累计吸引外资项目超 5800 个，实际利用外资 294 亿美元，其中 92 家世界 500 强企业在区内投资了 156 个项目；全区投资上亿美元项目 145 个，其中 10 亿美元以上项目 7 个，在电子信息、机械制造等方面形成了具有一定竞争力的产业集群，高新技术产业产值占规模以上工业总产值比重达到 66.2%①。德国高端制造业企业——埃斯维机床有限公司近期在苏州工业园区开设新工厂。苏州工厂是埃斯维在德国

---

① 《苏州工业园区简介》，http：//www. sipac. gov. cn/zjyq/yqgk/201703/t20170317_
541391. html。

以外首家海外工厂，从最初建立上海办事处到如今苏州工厂成立，埃斯维在中国的战略性布局，足以说明其对中国市场的重视。

2015 年中国提出实施制造强国战略的第一个十年行动纲领，即《中国制造 2025》。不久后，国务院发布了关于《中德（沈阳）高端装备制造产业园建设方案》的批复文件，作为《中国制造 2025》与德国"工业 4.0"战略对接合作的重要载体，中德产业园成为国家批复的第一个以中德高端装备制造产业合作为主题的战略平台。传统制造在技术上如何利用互联网实现新的工业革命，是智能化升级的重要阶段，中德两国将利用这次机会推动制造业向智能制造转型升级。沈阳市铁西区正是此次中德高端装备制造产业园落户的地方，德国在沈阳投资的宝马、巴斯夫等 22 家企业都在此集中落户。作为东北装备制造业密集区，沈阳铁西区规模以上企业 482 家，跨国公司超 100 家，世界 500 强企业超 50 家。作为国家战略，中德高端装备制造产业园将担负起承接中德两国制造业深度合作、实现信息化和工业化深度融合、走新型工业化道路示范区的使命，并成为世界级装备制造业集聚区①。

2. "引进来"对世界工业发展的贡献

工业化始于 18 世纪 60 年代的英国，20 世纪以来，特别是在第二次世界大战以后，工业化成为世界各国经济发展的目标。现在世界上比较主要的工业化国家，他们的工业化大多是在 19 世纪完成的，而中国则是世界工业化进程中的后来者，直到 1949 年之后中国才大规模发展工业化，成为工业化的追赶者。虽然曾经是

---

① 《中国制造 2025》，360 百科，http：//baike. so. com/doc/8385315 - 8703052. html。

落后者，但是中国的工业化的脚步却越发轻快和稳健，大量涌入的外资为中国工业的快速发展提供了支撑。改革开放以后，中国工业化加速发展，到 2000 年，中国已经跻身世界工业大国前列，成为世界第三大制造业国家，制造业增加值占世界比重的 8.33%，居世界第三位。目前，中国已经建立了门类齐全、现代化程度高的工业体系，成为世界上最大的工业国。2015 年，中国制造业增加值占世界总量比重第一，已经超过 20%，达到了 32600 亿美元，比排名第二的美国多出近 12000 亿美元（见图 6 - 3）；高技术产品增加值占世界总量比重的 29.8%，同样超过美国的 28.9%，高技术产品出口额占世界比重的 24%，是美国比重（12.4%）的 1.94倍①，对世界工业发展做出了巨大贡献，是世界工业化快速赶超美、德、日等先进工业化国家的成功案例。

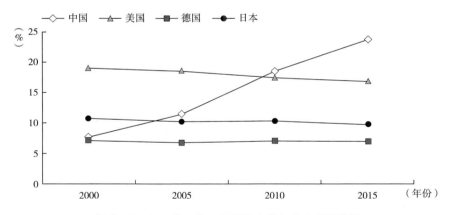

图 6 - 3　中、美、德、日制造业增加值占世界比重

数据来源：世界银行：《制造业增加值（2010 年不变价美元）》，http://data.worldbank.org.cn/in-dicator/NV. IND. MANF. KD? end = 2014&name_ desc = false&start = 1997&view = chart。

———————————

① 胡鞍钢：《中国进入后工业化时代》，《北京交通大学学报》（社会科学版）2017 年第 1 期，第 1~16 页。

从传统工业产品来看，煤炭、粗钢、原油、发电量、水泥、化肥这六种主要工业产品产量中，除了因受原油资源约束外，中国均为世界第一，占世界总量比重远远超过中国人口占世界人口的比重。其中，2015 年中国煤炭产量占世界比重为 47.67%，粗钢产量占世界比重为 49.38%，水泥产量占世界比重为 57.32%，均为人口比重的 2.5～3 倍（见图 6－4）。这一状况充分反映了中国在工业产品制造中的巨大生产力，大大推动了世界工业的发展。

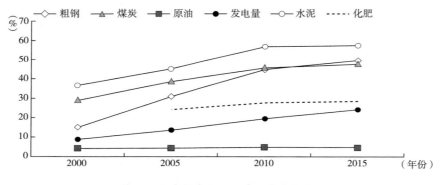

图 6－4　中国主要工业产品占世界比重

2002 年党的十六大报告提出了"走新型工业化道路"的新设想，为世界工业发展注入了新鲜血液。有别于传统的工业化道路，新型工业化道路坚持以信息化带动工业化，以工业化促进信息化，从而达到科技含量高、经济效益好、资源消耗低、环境污染少、人力资源优势能充分发挥的目的。中国廉价劳动力时代的终结也迎来了新型工业化道路的开始。中国的工业化发展在世界上是比较成功的，各类工业产品和技术在亚洲市场上乃至全球市场上的占有率和国际竞争力都不容小觑。亚洲开发银行 2016 年发布的《2015 年亚洲经济一体化报告》显示，中国在高技术产品、中高技术产品、中低技术产品以及低技术产品这四类技术产品的亚洲出口方面都具有较强竞争力，所占亚洲市场比重也呈上升趋势。其中，中国在亚洲高技术产品出口中占比由 2000 年的 9.4% 上升至 2014 年的 43.7%，位于亚洲第一，从仅为日本占比的 37% 变成日本的 5.7 倍；中高技术产品占比从 10.1% 上升至 36.5%；中低技术产品占比从 14.9% 上升至 34.6%；低技术产品占比重 26.3% 上升至 55.4%。这些数据表明中国所走的这条新型工业化道路是非常成功的。

党的十八大提出了用信息化和工业化的两化深度融合来引领和带动整个制造业的发展。"十三五"的规划纲要明确提出实施网络强国战略。在不久的将来，制造业会充分利用中国互联网用户规模世界第一的优势，打造工业化行业的互联网生态系统，实现互联网与制造、研发、设计、机器人、协同制造、绿色制造、智能制造、云计算、大数据平台、能源互联网、物流、金融等的新工业生态系统[1]。

3. "引进来"产生的工业技术进步和产业升级效应

中国加入世界贸易组织（WTO）后，大量跨国公司在中国国内使用最先进技术，制造业是重点领域，最典型的先进产品就是笔记本电脑。据 OECD 报告称，2004 年中国超越美国成为最大 IT 产品生产国，跃居全球第一位[2]。跨国公司带来先进技术的同时，也在中国大量建立独立的研发机构，投资成立高科技企业。跨国公司在 20 世纪 90 年代中期就开始在华设立独立的研发机构，尤其

---

① 胡鞍钢：《中国进入后工业化时代》，《北京交通大学学报》（社会科学版）2017 年第 1 期，第 1~16 页。

② 《超越美国！中国成为全球最大 IT 产品生产国》，太平洋电脑网，http://arch. pconline. com. cn/news/gnyj/0512/733429. html。

是在北京、上海等地。这些海外研发机构能够同步获取母公司的技术，为把北京、上海等地建设成为国际研发中心提供了机遇，这将极大地促进中国相关知识网络的形成，提高知识应用效率。微软、英特尔、摩托罗拉、思科、诺基亚等世界顶尖的高科技公司都曾经在华进行大幅度投资，而这些投资基本上用于在中国发展高科技企业，这些研发部门与全球的其他生产部门相整合，有助于产生新的技术创新。

研发活动具有很强的溢出效应，跨国公司在中国的研发活动不仅弥补了中国企业研发投资不足的缺口，更带来了最新的技术和国际先进的管理方法，填补国内相关领域的空白，这些都是无法从其他途径获取的资源。首先，跨国公司技术扩散的重要方式之一就是带动中国的配套企业，通过要求配套企业生产高质量、高性能的配套产品以及提供相关的技术标准和援助，使得相关技术向国内企业转移。其次，跨国公司和内资企业之间的人才流动是技术溢出的重要途径，回流到国内企业的原跨国公司高级研发人员、管理人员不在少数。再次，跨国公司在国内设立的研发机构能够带来国外先进的思想和学术，国内的研发人员可以通过这些研发机构获得当今世界的前沿技术，与当今产业发展前沿进行精准的对接，发展中国家可以通过这样一个良好的学习契机，学习、吸收发达国家的先进技术，形成"赶超效应"。最后，跨国公司投资常常采用与国内企业合资或合作经营方式，在生产要素的转移使用中，能够增强国内企业的核心竞争力。同时，国内企业在面临跨国公司这样具有雄厚的技术和管理实力的强大对手时，为了保证自己在国内的市场份额与地位，会不断提升自己的技术水平和管理水平，增加 R&D 投入，提高自己的竞争力，竞争的压力是国内企业不断提升自身能力的主要推动力。

在国际产业转移过程中，中国工业吸收的大量外资，基本流入了汽车制造、微电子、通信设备、家用电器、办公用品、仪器仪表、制药、化工等资金密集型和技术密集型的行业。数据显示，20世纪90年代以来，中国增长较快行业的增长速度都与外资投资数额呈明显的正相关关系，不论是90年代的机械制造业、电子及通信设备制造业、交通运输制造业等增长最快的几个工业行业，还是现如今除制造业外，房地产、租赁和商务服务业、批发和零售业、金融业等已成为外资流入主要目标的服务业，都符合这一规律。随投资流入所带来的先进技术和现代化管理知识以及产生的溢出效应，促进了中国工业部门的技术进步和劳动生产率的提高，直接推动了产业结构的优化升级，从而成为中国产业结构转变的重要影响因素[①]。扩大服务业开放、鼓励服务业利用FDI已经成为新一轮对外开放的重要内容。2015年外资产业结构进一步优化，外商直接投资仍然以第三产业和第二产业为主，且第三产业占比已经连续三年超过第二产业，2015年在全国总量中的比重为66.71%。高新技术产业吸引外资的质量在2011年后有较大幅度地提升，主要表现为企业数量大幅减少的同时，生产效率却有进步。

二　通过"走出去"发展工业合作关系

中国的对外开放是从"引进来"起步的，并且在相当一段时间内是以"引进来"为主。面临改革开放初期的"两缺口"，中国通过在

---

① 裴长洪：《吸收外商直接投资与产业结构优化升级——"十一五"时期利用外资政策目标的思考》，《中国工业经济》2006年第1期，第33～39页。

资金、技术、管理等方面的"引进来"来提升中国的综合国力，带动中国产业结构调整、提升和对外转移。20 世纪 90 年代以来，随着资本和外汇储备状况的大大改善，中国企业日渐具备了"走出去"的条件。1992 年，党的十四大报告指出要"积极扩大中国企业的对外投资和跨国经营"。1997 年，党的十五大进一步提出"更好地利用国内国外两个市场、两种资源，积极参与区域经济合作和全球多边贸易体系，鼓励能够发挥中国比较优势的对外投资"。2000 年 3 月，在全国人大九届三次会议期间国家正式提出"走出去"战略，并于次年纳入国家"十五"的发展规划。2002 年，党的十六大提出坚持"走出去"与"引进来"相结合的方针，全面提高对外开放水平。而此前一年中国加入 WTO，为"引进来"和"走出去"相结合创造了有利的国际环境。在此背景下，当时的对外贸易经济合作部会同相关部门出台了一系列鼓励企业走出去，促进对外投资、对外援助和国际合作业务发展的扶持政策和措施[1]。在"走出去"战略中，发展比较成熟的形式既包括对外直接投资，也包括对外承包工程和国际劳务合作。而对外发展援助作为中国参与南南合作的重要途径和中国企业和产业"走出去"的先导力量，在帮助欠发达国家改善基础设施、发展民族工业，实现全球共同可持续发展方面发挥了重要作用。不管是"引进来"还是"走出去"，中国都是在积极探索参与国际竞争和产业分工，努力争取平等的发展机会和利益公平分配，改变过去由发达国家主导的国际市场和工业化发展进程，真正建立具有包容性的工业社会。

---

[1] 王晖：《大力实施"走出去"开放战略》，《中国对外经济贸易年鉴 2001》，中国对外经济贸易出版社，2001，第 66 页。

1. 对外直接投资

中国在 1979 年开始对外开放后，便开始尝试性地进行对外直接投资。经过了 1979～1991 年的萌芽阶段和 1992～2000 年的起飞阶段后，中国的对外投资开始进入稳定、高速、持续增长阶段。中国在吸引外资阶段，外资政策也在渐渐发生改变，正在从吸引外资的政策方向逐渐朝着促进对外投资方向转变。2003 年中国对外直接投资开始快速增长，从 2003 年的 29 亿美元急剧扩张到 2008 年的 559 亿美元，仅仅用了 5 年的时间。中国成为对外直接投资额最大的发展中国家，从一个吸收外资的大国变成了对外直接投资的大国。在这一期间，随着中国企业的不断壮大和现代企业制度的建立和完善，中国开始将国内已经或即将处于比较劣势的产业转移出去，进行产业结构调整。中国对外直接投资数量具有阶段性变化的特点，表 6－5 列出了 1982～2015 年中国对外投资流量及其增长率和存量及其增长率。

表 6－5　1982～2015 年中国对外投资流量和存量

单位：亿美元，%

年　份	投资流量	流量增长率	投资存量	存量增长率
1982	0.44	—	0.44	—
1983	0.93	111.36	1.37	211.36
1984	1.34	44.09	2.71	97.81
1985	6.29	369.4	9	232.1
1986	4.5	-28.46	13.5	50
1987	6.45	43.33	19.95	47.78
1988	8.5	31.78%	28.45	42.61
1989	7.8	-8.24	36.25	27.42
1990	8.3	6.41	44.55	22.9
1991	9.13	10	53.68	20.49

年　份	投资流量	流量增长率	投资存量	存量增长率
1992	40	338.12	93.68	74.52
1993	44	10	137.68	46.97
1994	20	−54.55	157.68	14.53
1995	20	0	177.68	12.68
1996	21.14	5.7	198.82	11.9
1997	25.62	21.19	224.44	12.89
1998	26.34	2.81	250.78	11.74
1999	17.74	−32.65	268.53	7.08
2000	9.16	−48.37	277.68	3.41
2001	68.85	651.64	346.54	2.48
2002	25.18	−63.43	299	−13.72
2003	28.55	13.38	332.22	11.11
2004	54.98	92.57	448	34.78
2005	122.61	123.01	572.06	27.75
2006	211.6	72.58	906.3	58.43
2007	265.1	25.3	1179.1	30.1
2008	559.1	111	1839.7	56.03
2009	565.3	1.1	2457.5	33.58
2010	688.1	21.7	3172.1	29.08
2011	746.5	8.5	4247.8	33.91
2012	878	17.62	5319.4	25.23
2013	1078.4	22.8	6604.8	24.16
2014	1231.2	14.2	8826.4	33.64
2015	1456.7	18.3	10978.6	24.38

资料来源：1982～2002年的数据根据联合国贸发会议世界投资报告计算，2003～2015年的数据根据商务部对外投资和经济合作司历年对外直接投资统计公报计算。

　　1985年以前，中国对外直接投资处于刚刚拉开帷幕的阶段，这一阶段对外直接投资的企业在数量和投资总额上都相对较小。1985～1991年，随着改革开放与经济发展的逐步深入，中国对外直接投资在1985年实现了突破性的增长，流量增长率达到了

369.4%。在这一阶段，中国政府也适当地放宽了对外直接投资政策，境外投资企业如雨后春笋般涌现，七年间共设立境外投资企业 895 家，主要投资于周边的发展中国家。投资主体也不仅仅局限于国有企业，开始逐步拓展到大中型生产企业和部分金融公司。1992 年，邓小平发表南方谈话后，全国加快改革和发展的热潮进一步升级，中国经济出现过热的迹象，在这样的背景下，中国政府实施宏观调控，使得 1992~2000 年中国对外直接投资出现放缓趋势。2000 年以后中国开始实施"走出去"战略，积极推动企业到国外开辟新的市场，中国对外直接投资总体保持强劲的增长势头，对外投资领域也不断拓展。尽管受 2008 年金融危机的影响，全球投资大幅度下滑，中国的对外直接投资却逆势而上，较上年增长 111%。2010 年，中国对外直接投资再创新高，跃居全球第五，首次超过日本、英国等传统对外投资大国。2013 年，中国对外直接投资流量首次突破千亿美元大关，连续两年位居全球第三大投资国。2015 年在世界经济整体复苏乏力的情况下，中国对外直接投资迈向新的台阶，实现连续 13 年快速增长，创下了 1456.7 亿美元的历史新高，占到全球流量份额的 9.9%，同比增长 18.3%，金额仅次于美国（2999.6 亿美元），首次位列世界第二（第三位是日本 1286.5 亿美元），同期中国实际使用外资 1356 亿美元，实现资本项下净输出①。2016 年，中国企业对外直接投资 1832 亿美元，连续第二年位列世界第二，创历史新高。目前，中国对外直接投资已经涵盖了国民经济的所有行业类别；三次产业

---

① 《三部委联合发布〈2015 年度中国对外直接投资统计公报〉》，新华网，http://news.xinhuanet.com/fortune/2016-09/22/c_129293793.htm。

中，第三产业投资流量、存量占比均超七成；投资流量规模最大的四个行业为租赁和商务服务业、金融业、采矿业、批发和零售业。

2. 对外承包工程

中国的对外承包工程市场起步于 20 世纪 70 年代末期，是在对外经济援助的基础之上发展而来的。在经历了 20 世纪 70 年代末的起步、80 年代的稳步发展、90 年代的动荡调整之后，在 21 世纪重现高速增长趋势，进入稳定发展的兴盛时期[①]。20 世纪 80 年代，在中国对外经济援助的带动之下，中国对外承包工程业务规模逐渐扩大，至 1990 年，中国对外承包工程市场已经扩大到全球 130 多个国家和地区，业务领域集中于基础设施建设。20 世纪 90 年代，中国对外承包工程营业额持续增长，经营地域和领域也不断拓宽，1999 年，中国对外承包工程新签合同额已经超过 100 亿美元。2000 年以来，在"走出去"战略的大力推动下以及中国加入 WTO 这一大背景下，中国对外承包工程进入了快速增长阶段，在业务领域、市场拓展等多方面取得了突破性进展。

2016 年，在全球承包工程市场发展总体乏力的情况下，中国对外承包工程保持了良好势头，完成营业额 1594.2 亿美元，同比增长 3.5%，新签合同额 2440.1 亿美元，同比增长 16.2%，保持了 2015 年首次突破 2000 亿美元大关的增长势头。据商务部统计，截至 2016 年 11 月 7 日，中国对外承包工程的企业共 4318 家。2015 年，对外承包工程合同数为 8662 份，同比增长 11.9%，合同

---

① 刘颖琦，李海升：《国际工程承包商经营市场分析及发展趋势》，《重庆大学学报》（社会科学版）2004 年第 2 期，第 32~34 页。

完成率也大大提升。经过几十年的发展，中国对外承包工程不仅在数量上取得了瞩目的成就，在质量上也取得了长足的进步：企业竞争力明显提高；业务范围大规模扩展；承包方式多样化；项目规模不断扩大。中国企业不仅在原材料、劳动力等成本方面具有优势，在技术、成套设备、项目管理和资源整合方面的优势也逐渐显露。在区域市场方面，中国的对外承包工程形成了以亚太地区为主，非洲、中东、欧美市场并存的格局。尤其是在非洲市场上，中国对外工程承包企业表现良好。自 2004 年以来，非洲地区业务所占份额首次超过亚洲，非洲市场在中国对外承包工程市场中将长期占据重要地位。中国对外承包市场正逐渐形成多元化的市场格局，形成了新兴领域市场份额逐渐加大，传统行业市场格局逐步减少的良好发展态势。中国对外承包工程长期持续的快速发展，积极地促进了国民经济的发展，具有良好的社会和经济效益。

3. 国际劳务合作

改革开放以后，中国国际劳务合作进行的渠道主要是对外承包工程以及与国外雇主签订劳务合同并直接派出劳务人员。根据商务部统计数据，中国企业海外承接的工程承包合同数量，从 1982 年的仅仅 195 份增长到了 2012 年的 7011 份，合同完成率也从 28.9% 上升到 74.49%，中国国际劳务合作在世界市场上越来越引人瞩目。经过多年的探索与实践，中国对外劳务合作已基本形成"商务部宏观管理、各部门协调合作、地方政府部门属地管理、行业组织协调自律、驻外经商机构一线监管、与有关劳务输入国共同管理"的体系[1]。

---

[1]　隋艳宁：《中国对外劳务合作的现状及问题对策研究》，博士学位论文，山东大学，2005。

特别是 90 年代以后，迅速增长的派出人数、日趋多元化的地区市场分布、越来越广的行业领域（工业、农业、建筑业、服务业、环保业、高科技行业等）都是中国国际劳务合作蓬勃发展的具体体现。改革开放三十多年来，中国国际劳务合作的合同数目在不断波动中仍保持上扬态势，合同完成率、经营管理效率、合作信誉和资质都大幅度攀升。中国国际劳务合作的输出人数多年来持续增加，1982 年中国对外劳务合作年末在外人数仅为 2.76 万人，而 2015 年末已经达到了 61.83 万人，变化显著。2009 年，受金融危机的影响，中国派出劳务人数有短暂的下降，在接下来的几年里，伴随国际经济环境的好转又开始稳健上升（如图 6 - 5 所示）。

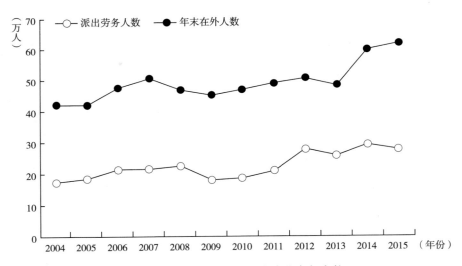

图 6 - 5 中国历年境外劳务合作参与人数

数据来源：《中国统计年鉴 2016》，http：//www.stats.gov.cn/tjsj/ndsj/2016/indexch.htm。

目前中国国际劳务合作主要行业分布在制造业、建筑业、交通运输业以及餐饮业，这四大行业所占比例已经接近 90%。改革开放后，虽然中国在全世界范围内进行国际劳务合作，但是总体格局是以亚洲国家和地区为主的，1995 年以来，中国在亚洲市场的份额一直保持在 70% 以上，且这一格局短时间内不会改变。

4. 对外援助项目

早在新中国成立之初，中国就在自身财力十分紧张、物质相当匮乏的情况下，力所能及地提供对外经济技术援助。作为世界上最大的发展中国家，中国在致力于自身发展的同时，始终不忘向其他发展中国家伸出援手，长期坚持提供多种形式的发展援助，不仅成为推动南南合作的重要力量，更为全人类共同发展和可持续发展做出了积极贡献。

中国对外援助始于 1950 年。改革开放前，中国的对外援助形式主要是向受援国提供贷款或无偿援助，援助形式多样，主要有成套项目援助、技术援助、一般物资、人力资源开发合作、援外医疗队、紧急人道主义援助、援外志愿者和债务减免 8 种。中国对外援助项目主要分布在农业、工业、经济基础设施、公共设施、教育、医疗卫生等领域。成套项目是中国最主要的对外援助方式。从 1954 年开始，中国利用成套项目援助方式为越南、朝鲜两国修复被战争破坏的铁路、公路、港口、桥梁和市政交通等设施，并援建一批基础工业，为两国战后重建和经济发展做出了巨大贡献。截至 2009 年底，中国共帮助发展中国家建成 2000 多个与当地民众生产和生活息息相关的各类成套项目，涉及工业、农业、文教、卫生、通信、电力、能源、交通等多个领域。

工业援助在中国对外援助的各个时期都发挥着重要作用。1957年，中国援助越南建成其"抗战胜利后第一个建成的社会主义型工厂"[1]：统一火柴厂。该建设项目作为新中国首次尝试的对外工

---

[1] 国务院新闻办公室：《中国的对外援助》，人民出版社，2011。

业援助项目，为之后中国对外开展工业援助做出了表率。① 20 世纪
50～70 年代，很多亚非国家的民族工业发展不足，中国帮助其中
很多国家建设工业项目，为受援国工业发展奠定了重要基础，不
少项目填补了受援国民族工业的空白。工业援助在 70 年代发展较
为迅速，一度成为中国成套项目援助的重要内容之一。从 80 年代
中后期开始，由于许多发展中国家企业私有化进程加快，中国在
工业领域的援助逐步减少。尽管如此，截至 2009 年底，中国共帮
助发展中国家建成 688 个工业生产性项目，涉及轻工、纺织、机
械、化工、冶金、电子、建材、能源等多个行业。中国援建的工业
项目对于促进受援国生产和经济发展，增加就业和税收，繁荣市
场发挥了积极作用②。与此同时，中国利用自身迅速发展起来的质
优价廉的工业生产和装备制造能力，帮助其他发展中国家建设和
改善交通、能源和信息等基础设施，加强公共设施建设，近年来
又逐步加大对环境保护领域的援助投入，为改善受援国的民生，
促进其经济社会发展做出了积极贡献。根据《中国的对外援助
2014》白皮书统计，仅 2010～2012 年这三年，中国对外援建的经
济基础设施项目就多达 156 个（其中交通运输项目 70 多个、能源
项目 20 多个，信息化项目 60 多个）③。中国充分发挥在技术、设
备材料和人力资源等方面的优势，在确保工程质量的同时，有效
降低了项目投资成本。

---

① 赵晋：《新中国对外工业援助的初次尝试——以 1955～1956 年越南统一火柴
厂的筹建为例》，《当代中国史研究》2015 年第 3 期。
② 国务院新闻办公室：《中国的对外援助》，人民出版社，2011。
③ 国务院新闻办公室：《中国的对外援助（2014）》，《北京周报》（Beijing Re-
view）2014 年第 30 期。

　　中国积极开展对外援助，不仅体现了自身作为负责任大国在帮助欠发达国家提高自主发展能力、促进全球共同及可持续发展中的使命担当，而且通过对外援助增进了与广大发展中国家政府、企业和民间的合作交往，深化了中国与受援国之间的经贸合作，一定程度上缓解了自身重要能源资源的瓶颈制约，提升了中国具有自主知识产权产品、技术和标准的国际化程度，为推动中国企业和产业"走出去"，充分利用两个市场、两种资源发挥了积极作用。①

三　新阶段：中国 "一带一路" 倡议及其实施

　　进入 21 世纪，特别是 2008 年金融危机以来，世界经济格局发生了深刻变化。曾经引领全球经济增长的西方发达国家由于产业空心化、债务危机等多重原因陷入长期衰退的泥潭，经济复苏乏力，进而引发了工业回流和贸易保护主义等逆全球化举措，导致其对外投资和进口大幅收缩。与之形成鲜明对比的是，以中国为代表的新兴经济体和发展中国家仍保持中高经济增长速度，成为稳定全球经济的重要力量。面临新的世界经济形势，中国长期以来形成的以西方发达国家为主的对外开放格局面临调整的需要，在经济持续高速增长中发展起来的巨大产能需要寻找新的市场出口和投资渠道；而周边东盟、中亚和南亚等新兴经济体国家强劲的经济发展需求和增长潜力不仅使中国看到了发展战略对接、经贸合作深化的机会，更为其调整对外开放布局，提升双向开放水平创造了条件。国家间经济联系紧密，而且全球面临新的发展瓶

---

　　①　宋微：《中国对外援助意义的再思考》，《国际经济合作》2015 年第 1 期，ht-
tp：//www. cssn. cn/zzx/gjzzx_ zzx/201509/t20150906_ 2147412. shtml。

颈，不同工业化程度的国家都在寻找工业发展的新契机，这也就对工业化发展提出了社会包容、可持续的新方向。

在此背景下，以 2013 年 9 月、10 月习近平主席先后出访哈萨克斯坦和印度尼西亚时分别提出共同建设"新丝绸之路经济带"和"21 世纪海上丝绸之路"两大倡议为标志，中国正式推出了"一带一路"这一新形势下维护全球自由贸易体系和开放型世界经济、深化区域经济合作的战略构想。

2015 年 3 月 27 日，国家发展改革委、外交部和商务部在博鳌亚洲论坛上联合发布《推动共建丝绸之路经济带和 21 世纪海上丝绸之路的愿景和行动》，全面阐述了中国政府有关共建"一带一路"倡议的时代背景、共建原则、框架思路、合作重点和机制、中国地区开放态势和中国政府行动及中国对该战略未来的畅想①。这不仅意味着"一带一路"战略已经全面展开，进入全方位落实阶段，而且标志着中国对外开放格局的重大调整和开放水平的全面提升，预示着中国包括工业合作在内的对外经贸关系即将翻开新的篇章。

"一带一路"倡议虽然立足于新时期中国经济发展的需要，但并非仅仅为了满足中国自身需求而提出，它致力于通过中国与沿线国家、地区发展需求的有效对接，要素与市场的深度开放与融合，实现各参与主体间的优势互补、利益共享、共同繁荣，因而是一个开放合作、互利共赢的区域发展倡议。从"一带一路"所涵盖的地域范围看，"一带一路"贯穿亚欧非大陆，一头是活跃的东

---

① 阿拉伯文编译部：《推动共建丝绸之路经济带和 21 世纪海上丝绸之路的愿景与行动》，外文出版社，2015。

亚经济圈，一头是发达的欧洲经济圈，中间广大腹地国家经济发展潜力巨大。丝绸之路经济带重点畅通中国经中亚、俄罗斯至欧洲（波罗的海）；中国经中亚、西亚至波斯湾、地中海；中国至东南亚、南亚、印度洋。21 世纪海上丝绸之路重点方向是从中国沿海港口过南海到印度洋，延伸至欧洲；从中国沿海港口过南海到南太平洋。"一带一路"从中国发端，一路延伸到欧洲，贯穿于东亚、西亚、东南亚、南亚，中亚、非洲东部、欧洲南部，涵盖了沿线 65 个国家，总人口约为 44 亿，经济总量约为 21 万亿美元，分别占世界的 63% 和 29%。这些国家中大多数是新兴经济体和发展中国家，正处于经济上升期，拥有巨大的资源和市场，具有广阔的发展前景。与此同时，"一带一路"秉持"开放合作"的原则，强调"一带一路"基于但不限于古代丝绸之路的范围，不设立绝对的边界，各国和国际、地区组织均可参与，让共建成果惠及更广泛的区域。

从"一带一路"所倡导的合作内容看，它以政策沟通、设施联通、贸易畅通、资金融通和民心相通为主要内容（见表 6 - 6）。其中，基础设施互联互通是"一带一路"的优先领域，不仅能为各国加强国际产能合作提供重要契机，而且将通过构建连接亚洲各次区域以及亚欧非之间的陆海空通道网络，使区域基础设施与互联互通水平迈上新台阶。投资贸易合作是"一带一路"建设的重点内容，致力于通过进一步提升投资贸易便利化水平，构建高标准的自由贸易区网络，使沿线各国的经济联系更加紧密、政治互信更加深入、人文交流更加广泛深入，打造政治互信、经济融合、文化包容的利益共同体、命运共同体和责任共同体，共同促进区域和世界的和平稳定、繁荣发展。

表 6 - 6 "一带一路"五通主要内容和指标

五 通	地 位	主要内容	主要指标
政策沟通	重要保障	加强政府间合作,积极构建多层次政府间宏观政策沟通交流机制,深化利益融合,促进政治互信,达成合作新共识	政治互信、合作机制、政治环境
设施联通	优先领域	加强沿线国家基础设施建设规划、技术标准体系的对接,共同推进国际骨干通道建设,逐步形成连接亚洲各次区域以及亚欧非之间的基础设施网络	交通设施、通信设施、能源设施
贸易畅通	重点内容	着力研究解决投资贸易便利化问题,消除投资和贸易壁垒,构建区域内和各国良好的营商环境,积极同沿线国家和地区共商共建自由贸易区,激发释放合作潜力	畅通程度、投资水平、营商环境
资金融通	重要支撑	深化金融合作,推进亚洲货币稳定体系、投融资体系和信用体系建设。扩大沿线国家双边本币互换、结算的范围和规模。推动亚洲债券市场的开放和发展	金融合作、信贷体系、金融环境
民心相通	社会根基	传承和弘扬丝绸之路友好合作精神,广泛开展文化交流、学术往来、人才交流合作、媒体合作、青年和妇女交往、志愿者服务等	旅游活动、科教交流、民间往来

资料来源:主要内容来自《推动共建丝绸之路经济带和21世纪海上丝绸之路的愿景与行动》,主要指标来自北京大学海洋研究院《"一带一路"五通指数研究报告》,http://ocean.pku.edu.cn/sub-page.asp? id =465。

"一带一路"建设从无到有、由点及面,进度和成果超出了预期。全球 100 多个国家和国际组织共同参与,40 多个国家和国际组织与中国签署合作协议,形成广泛的国际合作共识。联合国大会、安理会、联合国亚太经社会、亚太经合组织、亚欧会议、大湄公河次区域合作等有关决议或文件都纳入或体现了"一带一路"建设内容。经济走廊建设稳步推进,互联互通网络逐步成型,贸易投资大幅增长,重要项目合作稳步实施,取得了一批重要早期的收获。[1]

① 《加强国际合作共建"一带一路"实现共赢发展——杨洁篪谈"一带一路"国际合作高峰论坛筹备工作》,新华网,http://news.xinhuanet.com/world/2017-02/03/c_129464546.htm。

　　从吸引外资角度看，"一带一路"战略为中国吸引外资创造了有利局面，可以有效改善东中西部吸引外资的区域差异，促进产业结构升级，优化外资来源，进一步推进自贸区的建设。通过高速铁路、高速公路、油气管道、航空、互联网、特高压和智能电网等基础设施的互联互通建设，构建全方位多维度的道路、信息、能源网络，促进沿线及区域经济的合作与繁荣，必将产生巨大的发展机遇，吸引世界资本的投入。[1]

　　2015年第一季度，"一带一路"沿线国家对华投资额飙升，在华设立外商投资企业就高达457家，同比增加18.4%；实际投入外资金额16.8亿美元，其中蒙古国、俄罗斯及中亚国家对华实际投资金额整体增长超过1倍，中东欧、西亚北非地区国家对华实际投资金额增长超过4倍。其中对广东省的投资项目50个，同比增长6.4%；对福建省的投资项目22个，同比增长100%[2]。2016年，"一带一路"沿线国家对华投资新设立企业2905家，同比增长34.1%，实际投入外资金额71亿美元。2017年第一季度，"一带一路"相关国家对华投资新设立企业781家，同比增长40%，实际投入外资金额84.5亿元。当前，"一带一路"政策为西部地区带来了吸引外资的最佳时机，西部地区从改革开放的"末梢"一跃成为对外开放的"门户"。"渝新欧""蓉欧""长安"号等中欧、中亚班列，凭借空运1/6的价格、海运1/3的时间，正在成为货物贸易的最佳选择；"过境72小时免签"先后在成都、重庆、

---

①　中国外商投资发展报告：《国际规则变迁下的外商投资》，对外经济贸易大学出版社，2015，第229页。

②　《"一带一路"沿线国家与华在建合作区已逾70个》，中国新闻网，http：//finance. chinanews. com/cj/2015/04 – 28/7240115. shtml。

西安等城市实施，令西部与世界的商务、文化交流更加紧密；西部首个国家级国际航空枢纽成都天府国际机场已于 2016 年 5 月开工建设，将于"十三五"投入使用，这些种种过去制约西部开放引资的交通与区位问题，正在"一带一路"的大舞台上得到解决。中国的改革开放始于东部沿海，西部地区因为地理位置和交通方面的限制，长年得不到外资的"青睐"，直到中国宣布实施西部大开发战略后，外资才开始流入西部地区。曾经的西部是凭借资源和成本优势激发了外商投资设厂的热情，现如今西部又乘上"一带一路"基础设施建设的快车，加上推进城镇化过程中有待释放的巨大红利，它的投资吸引力不断增强。近两年，三星、微软、高通等知名外企的重磅级、平台级项目更纷纷落户西部。宜家在成都市的第二家卖场也建成了，这是全球最大家具零售商进入中国市场 19 年来，首度在西部城市布局"双店"。

资金融通在"一带一路"吸引外资方面起到了引领作用。首先，亚洲基础设施投资银行、丝路基金以及政策性金融机构具有市场引领的关键作用，在提供长期启动资金的同时，构建多边合作机制以及融资机制，吸引大量外资以撬动规模更大的私人部门资金。其次，金融机构的多元化跨境融资能够全方位满足企业金融服务需求，扩展金融企业的境外融资渠道和服务网点运用多元化渠道，为"走出去"的企业提供金融支持。比如积极开展项目融资、融资租赁、境外投资或承包贷款、出口买方信贷等金融服务，丰富国际并购与重组贷款、跨境现金管理等新业务品种，扩大融资信贷、融资规模和服务范围。目前，包括政策性银行、国有大型商业银行、股份制商业银行等在内的多家银行正在积极布局"一带一路"，作为资金融通的主渠道，国内银行已嗅到"一带一路"倡议带来巨大的商

机，各个金融机构都在争当"一带一路"的领头羊。据统计，截至
2017 年 5 月，国家开发银行已经为"一带一路"沿线国家提供了
1600 多亿美元的资金支持，包括雅万高铁等重大项目，未来还将投
入 2500 亿元用于"一带一路"沿线国家的建设，涉及能源、矿产、
交通基础设施、产业园区、装备制造、农业等领域。截至 2017 年 5
月，中国工商银行在"一带一路"沿线建逾 120 家分支机构，累计
支持"一带一路"沿线项目 212 个，承贷金额 674 亿美元，拥有
3372 亿美元的项目储备。截至 2016 年底，9 家中资银行在沿线 26 个
国家设立 62 家一级分支机构。

"一带一路"在贸易畅通方面着力研究解决投资贸易便利化问
题，消除投资和贸易壁垒，构建区域内和各国良好的营商环境，积
极同沿线国家和地区共同商建自由贸易区，吸引外资，激发释放合
作潜力。2016 年中国与"一带一路"沿线国家贸易总额为 6.2 万亿
元人民币，增长 0.6%。其中出口 3.8 万亿元，增长 0.7%；进口 2.4
万亿元，增长 0.5%。中国积极同"一带一路"沿线国家和地区商
建自由贸易区，加快区域全面经济伙伴关系协定、中国 – 海合会、
中日韩自贸区等谈判，推动与以色列、加拿大、欧亚经济联盟和欧
盟等建立自贸关系以及亚太自贸区相关工作。全面落实中韩、中澳
等自由贸易协定和中国 – 东盟自贸区升级议定书。继续推进中美、
中欧投资协定谈判。

2017 年 2 月 1 日，联合国贸易和发展会议发布报告称，2016
年全球外国直接投资（FDI）流入量下降 13%，至 1.52 万亿美元。
与此形成鲜明对照的是，中国吸引外资较 2015 年增长 2.3%，达
1390 亿美元，位居全球第三位。"一带一路"政策开展三年多以
来，伴随着国际产能合作的持续推进，中国经济增长模式的转变

以及产业的不断升级，高端制造业领域的蓬勃兴起和投资贸易便利化等因素为外资带来了新的增长点。尽管中国一些劳动密集的出口导向型产业吸收外资能力出现下降，但是中国利用外资的结构继续优化，质量有所提高。流入服务业特别是高附加值服务业（如研发）以及高技术制造业的外资继续增长，外资持续向资本和技术密集型产业以及高附加值领域倾斜，并继续从劳动密集型产业转移出去。

从对外投资角度看，2016 年，中国企业共对"一带一路"沿线的 53 个国家进行了非金融类直接投资 145.3 亿美元，同比下降 2%，占同期总额的 8.5%，主要流向新加坡、印度尼西亚、印度、泰国、马来西亚等国家和地区。对外承包工程方面，2016 年中国企业在"一带一路"沿线 61 个国家新签对外承包工程项目合同 8158 份，新签合同额 1260.3 亿美元，占同期中国对外承包工程新签合同额的 51.6%，同比增长 36%；完成营业额 759.7 亿美元，占同期总额的 47.7%，同比增长 9.7%。① 2016 年，中国同"一带一路"沿线国家的贸易总额为 9535.9 亿美元，占中国与全球贸易额的比重的 25.7%，较 2015 年的 25.4% 上升 0.3 个百分点。2016 年，中国企业在"一带一路"相关国家新签对外承包工程项目合同 8158 份，合同总额 1260.3 亿美元，占同期中国对外承包工程新签合同总额的 51.6%，同比增长 36%，在 2016 年新签合同额排名前十的海外市场中，"一带一路"沿线国家有 5 个。2013 年至 2016 年，中国企业对沿线国家直接投资超过 600 亿美元。截至 2016 年

---

① 《2016 年对"一带一路"沿线国家投资合作情形》，中国投资指南，http：//www.fdi.gov.cn/1800000121_ 33_ 7452_ 0_ 7.html。

底，中国企业在沿线国家合作建立初具规模的合作区 56 家，总产值超过 500 亿美元，上缴东道国税费超过 11 亿美元，为当地创造就业岗位超过 18 万个[①]。据估计，未来五年，中国的对外投资能够达到每年 1200 亿到 1300 亿美元，其中相当多会落在"一带一路"沿线。

总之，"一带一路"倡议为新时期区域乃至全球经济进一步深化开放与合作水平，实现互利共赢、共同发展提供了一个全新的合作框架和动力机制。在"一带一路"建设进程的带动下，中国工业的对外合作无论在广度还是深度上都获得了前所未有的拓展。

第二节 "一带一路"跨境基础设施建设与国际产能合作

一 跨境基础设施建设

基础设施建设是联合国提出的"当前世界包容的、可持续工业化的核心目标和任务"之一，具体来说就是发展优质、可靠、可持续和有抵御灾害能力的基础设施，包括区域和跨境基础设施，目的是支持经济发展和人类生活质量的提升。构建全方位、多层次、复合型、跨区域的交通网络等基础设施，正是"一带一路"战略的主要目标，可以有效地推动更大范围内的包容性、可持续工业化，是一种极具价值的探索。"一带一路"将以亚洲国家为主要对象、以基础设施建设为重点内容，率先实现亚洲地区互联互通。设施联通的主要内容为：加强沿线国家基础设施建设

---

① 《"一带一路"产能合作结硕果与 30 多个国家签署合作协议》，中国青年网，http：//news. youth. cn/jsxw/201705/t20170514_ 9758746. htm。

规划、技术标准体系的对接，共同推进国际骨干通道建设，逐步形成连接亚洲各次区域以及亚欧非之间的基础设施网络。基础设施互联互通是"一带一路"建设的优先领域，在资金、产能、人力等方面，中国都发挥了优势，利用金融手段积极参与"一带一路"沿线国家的基础设施建设，能够有效推进整体战略的实施，促进互联互通领域的发展，给参与国带来双赢的结果。

据有关专家初步估算，"一带一路"沿线的基础设施建设正进入加速期，投资总规模可能高达 6 万亿美元。中国在"一带一路"基础设施建设方面，2016 年在公用事业、交通、电信、社会、建设、能源和环境这七项核心基础设施领域的专案与交易总额超过 4940 亿美元。其中，中国占总量的 1/3，"一带一路"沿线其他国家与地区占 2/3。

1. "一带一路"沿线国家基础设施缺口较大

据亚洲开发银行评估，2010 ~ 2020 年的十年间，亚洲各经济体需要在内部基础设施建设方面投入 8 万亿美元，包括 989 个交通运输和 88 个能源跨境项目，在区域性互联互通基础设施建设方面投入 3000 亿美元，才能使基础设施指标达到世界平均水平。2017 年 3 月，亚洲开发银行最新发布的《满足亚洲基础设施建设需求》的报告指出，亚洲及太平洋地区若保持现有增长势头，到 2030 年其基础设施建设需求总计将超过 22.6 万亿美元（每年 1.5 万亿美元）。若将气候变化减缓及适应成本考虑在内，此预测数据将提高到 26 万亿美元（每年 1.7 万亿美元）。[①]

---

① 周武英：《亚行报告：亚洲基础设施年需求有望达 1.7 万亿美元》，《经济参考报》2017 年 3 月 1 日，http://www.yidaiyilu.gov.cn/jcsj/sjrw/8838.htm。

表 6-7　"一带一路"沿线部分国家基础设施竞争力指数

地　区	国　家	指　数	地　区	国　家	指　数
东北亚	中　国	4.73	西亚北非	沙特阿拉伯	5.09
	蒙古国	2.86		阿联酋	6.30
	俄罗斯	4.81		阿　曼	4.81
东南亚	印度尼西亚	4.19		伊　朗	4.16
	泰　国	4.62		土耳其	4.43
	马来西亚	5.51		以色列	4.89
	越　南	3.84		埃　及	3.42
	新加坡	6.49		科威特	4.32
	菲律宾	3.44		伊拉克	—
	缅　甸	2.09		卡塔尔	5.62
	柬埔寨	3.19		约　旦	4.05
	老　挝	3.23		黎巴嫩	2.73
	文　莱	—		巴　林	5.10
独联体其他	乌克兰	4.07		叙利亚	—
	格鲁吉亚	4.20		巴勒斯坦	—
	阿塞拜疆	4.15	中东欧	波　兰	4.30
	亚美尼亚	3.72		罗马尼亚	3.61
	摩尔多瓦	3.69		捷　克	4.70
南亚	印　度	3.72		斯洛伐克	4.28
	巴基斯坦	2.71		保加利亚	4.00
	孟加拉国	2.56		匈牙利	4.51
	斯里兰卡	4.16		拉脱维亚	4.47
	阿富汗	—		立陶宛	4.68
	尼泊尔	2.15		斯洛文尼亚	4.79
	马尔代夫	—		爱沙尼亚	4.87
	不　丹	3.41		克罗地亚	4.59
中亚	哈萨克斯坦*	4.25		阿尔巴尼亚	3.55
	乌兹别克斯坦	—		塞尔维亚	3.87
	土库曼斯坦	—		马其顿	3.77
	吉尔吉斯斯坦	2.84		波　黑	3.08
	塔吉克斯坦	2.93		黑　山	3.98

注：数据采用 7 分制；部分地区数据缺省。
数据来源：世界经济论坛：《2015～2016 年全球竞争力报告》。

　　从表 6-7 可以看出，除了少数国家外，"一带一路"沿线的大多数国家的基础设施竞争力指数较低，尤其是缅甸、尼泊尔、孟加拉国和巴基斯坦等国家，可见亚洲地区不少国家的基础设施建设都有很大缺口。"一带一路"沿线大多数国家的基础设施需求旺盛，大批铁路、公路、能源、港口、信息、产业园区等项目正加速提上议事日程，区域内的基础设施合作面临庞大的市场机会。

2. "一带一路"基础设施建设核心：六大经济合作走廊

基础设施合作是中国对外经济合作的重要组成部分，"一带一路"建设带来新的市场机遇，新一轮基础设施建设热潮已经启动，正在积极规划和推进的六大经济合作走廊建设，涉及铁路、公路、港口、电力、管道、园区等不同类型。

"六大经济合作走廊"即中蒙俄、新亚欧大陆桥、中国—中亚—西亚、中国—中南半岛、中巴、孟中印缅六大经济走廊，它是"一带一路"的战略支柱和"一带一路"倡议的主要内容和骨架，切实落实了"一带一路"的战略构想。

中巴经济走廊和孟中印缅经济走廊是六大经济走廊中优先推进的两个项目，将中亚、南亚、中南亚国家与中国紧密联系在一起。中巴经济走廊作为"一带一路"最为优先推进的项目，被称为"一带一路"交响乐的"第一乐章"。作为六大经济合作走廊的先行项目，中巴经济走廊为其余经济走廊的建设提供了经验。

六大经济合作走廊主要推进的项目包括港口建设，铁路、公路以及道路改造升级建设，临港经济区或产业园区，等等。

（1）中蒙俄经济走廊

2014 年 9 月 11 日，中国国家主席习近平在出席中国、俄罗斯、蒙古国三国元首会晤时提出，将"丝绸之路经济带"同俄罗斯"跨欧亚大铁路"、蒙古国"草原之路"倡议进行对接，打造中蒙俄经济走廊。中蒙俄经济走廊分为两条线路：一是从华北京津冀到呼和浩特，再到蒙古国和俄罗斯；二是东北地区从大连、沈阳、长春、哈尔滨到满洲里和俄罗斯的赤塔。两条走廊互动互补形成一个新的开放开发经济带，统称为中蒙俄经济走廊。① 中蒙俄经济走廊的建设目的是将"丝绸之路经济带"与俄罗斯"跨欧亚大铁路"、蒙古国"草原之路"倡议对接，通过公路和铁路的建设，使得通关和运输更加便利化。中蒙俄三国主要在七大方面进行合作，包括交通基础设施发展及互联互通、口岸建设和海关、产能与投资合作、经贸合作、人文交流合作、生态环保合作、地方及边境地区合作。

中蒙俄经济走廊在基础设施发展方面的项目主要是铁路、高铁及口岸项目。

①策克口岸跨境铁路。

2016 年 5 月 26 日，策克口岸跨境铁路通道项目正式开工建设。这是中国实施"一带一路"战略后，通往境外的第一条标轨铁路——采用中国标准轨距 1435 毫米。策克口岸跨境铁路通道项目建成后，将成为中国第一大陆路口岸和蒙古国最大口岸。它将与国内的京新铁路、临策铁路、嘉策铁路，及拟建的额酒铁路相连，构成南联北开、东西贯通的能源输送网。向东通过乌里亚斯太与北京至莫斯科铁路相连，再往北经斯特口岸与中西伯利亚欧洲铁路相连，最终经鹿特丹港入海，成为中俄蒙经济走廊的西翼和第四条欧亚大陆桥，为中国充分利用境外资源提供有力保障。届时，策克公路、铁路两个口岸年过货量将突破 3000 万吨②。

---

① 《"一带一路"六大经济走廊的发展现状与建设进展（上）》，搜狐网，http：//mt. sohu. com/20170202/n479778467. shtml。

② 《"一带一路"六大经济走廊的发展现状与建设进展（上）》，搜狐网，http：//mt. sohu. com/20170202/n479778467. shtml。

②中蒙"两山"铁路。

中蒙"两山"铁路作为一条国际铁路,连接了中国内蒙古阿尔山市和蒙古国东方省乔巴山市,整条路线为珲春—长春—乌兰浩特—阿尔山—乔巴山市—俄罗斯赤塔,最后与俄罗斯远东铁路相连成为一条新欧亚大陆桥。中蒙"两山"铁路预计总投资142亿元,全长476公里,大概需要3年完成。2016年11月,"两山"铁路的后方通道白阿铁路、长白铁路如期转线贯通。目前,"两山"铁路的开工建设日期尚未确定。

③莫斯科—喀山高铁项目。

莫斯科—喀山高铁项目是中俄共建的"俄罗斯(莫斯科)—中国(北京)"欧亚高速运输走廊的重要组成部分,已于2016年11月基本完成勘察设计工作。该项目造价约合1084亿元人民币,全长770公里,穿越俄罗斯的7个地区,全程计划设立15个车站,项目规划在2018年世界杯之前完工,建成后从莫斯科到喀山将只需要三个半小时。未来,线路还将继续向东,经过叶卡捷琳堡、哈萨克斯坦首都阿斯塔纳至中国境内的乌鲁木齐,并最终融入中国"八纵八横"高速铁路网络。

④乌力吉公路口岸建设项目。

乌力吉口岸开放申报工作始于2004年,2016年1月31日由申报阶段全面转入开发建设阶段。乌力吉口岸处于中蒙交接的中心节点,与欧亚大陆桥连通,不仅辐射中国西北、华北、华中等地区,还辐射蒙古国的巴音洪格尔、南戈壁等5个省。乌力吉口岸地理位置优越,区位优势得天独厚,它将成为中国连通欧亚大陆桥、连接长江经济带,打通中国、蒙古国、俄罗斯之间最便捷的陆路大通道,也是三大欧亚大陆桥和"一带一路"的重要枢纽节点,实现"北开南联""西进东出"的重要枢纽。①

（2）新亚欧大陆桥经济走廊

新亚欧大陆桥又名"第二亚欧大陆桥"，于 1992 年 12 月 1 日开通运营，是从中国的江苏连云港市到荷兰鹿特丹港的国际化铁路交通干线，中国国内由陇海铁路和兰新铁路组成。大陆桥途经国内 7 个省份，到中哈边界的阿拉山口出国境。出国境后可经 3 条线路抵达荷兰的鹿特丹港。中线与俄罗斯铁路友谊站接轨，进入俄罗斯铁路网，途经阿克斗亚、切利诺格勒、古比雪夫、斯摩棱斯克、布列斯特、华沙、柏林到达荷兰的鹿特丹港，全长 10900 公里，辐射世界 30 多个国家和地区。②

目前新亚欧大陆桥经济走廊项目建设情况如下。

①中欧班列。

往来中国与欧洲以及"一带一路"沿线各国的集装箱国际线路联运班列被称为中欧班列，它具有固定的车次、线路、班期和运行时间。目前，中欧班列已经相继开通，中国已经累计开行中欧班列达 1700 列以上，班列运行线路达 39 条。2011 年 3 月 19 日，重庆"渝新欧"班列的开行代表着中欧班列正式启动，2016 年 6 月 8 日，由中国铁路正式统一品牌后的中欧班列分别从重庆、成都、郑州、武汉、长沙、苏州、东莞、义乌等八地始发。

---

① 《"一带一路"六大经济走廊的发展现状与建设进展（上）》，搜狐网，http：//mt. sohu. com/20170202/n479778467. shtml。

② 《亚欧大陆桥》，百度百科，http：//baike. baidu. com/link？url＝SDfqhFNmEYeXy1ZXLfHyv06Vc9IgrMxcyOlrhts1JppgTK6YZ_ 872－LsQKcXyzvn2fKQgmO1DUEfamHiqgak_ wqx3bpib0VM9cQJc1xhforifCe6Ofe8QBXKWGQJ4EbBVM6DgiyvzKgtcWajSdqI_ K。

②中哈（连云港）物流合作基地。

2013 年 9 月 7 日签署的中哈（连云港）物流合作基地项目，是"一带一路"建设的首个实体平台，项目总投资超过 30 亿元，项目一期建设集装箱堆场 22 万平方米、1763 个集装箱位，拆装箱库 2.3 万平方米；堆场铁路专用线 3.8 公里，日均装卸能力 10.2 列，年最大装卸能力 41 万标箱。① 主要经营国际多式联运、拆装箱托运、仓储等国际货物运输业务。目前，一期项目主体已经建成投用，二期项目正在紧锣密鼓的筹建当中。按照规划，二期项目计划投资 4 亿元，为哈萨克斯坦建设粮食泊位和简仓；三期项目计划投资 20 亿元，规划建设国际物流合作基地，以实现上合组织成员国的共建共用。截至 2016 年 12 月，二期项目正在稳步推进中。

③中哈霍尔果斯国际边境合作中心项目。

2014 年 4 月 18 日，总面积 5.28 平方公里，中方区域 3.43 平方公里，于 2006 年开工建设的中哈霍尔果斯国际边境合作中心正式运营。该合作中心是一个综合贸易区，涉及商贸洽谈、商品展示销售、仓储运输等领域的 22 个项目，中方投资 234.5 亿元。哈方区已于 2015 年 4 月开建，共规划仓储物流、旅游购物等领域 107 个项目，预计于 2019 年完工。

（3）中国—中亚—西亚经济走廊

中国—中亚—西亚经济走廊东起中国新疆，向西经中亚五国（哈萨克斯坦、吉尔吉斯斯坦、塔吉克斯坦、乌兹别克斯坦、土库

---

① 《中哈物流基地落户连云港合作打造丝路"大通道"》，新华网，http：//www.js.xinhuanet.com/2014－05/22/c_1110805754.htm。

曼斯坦）、伊朗、土耳其等国，最终抵达波斯湾、地中海沿岸和阿拉伯半岛。

目前中国—中亚—西亚经济走廊项目建设情况如下。

①中国—中亚天然气 D 线管道。

中国—中亚天然气 D 线管道是中国—中亚天然气管道的一部分，其中 A、B、C 三线已经于 2016 年 12 月底前通气投产，目前 D 线正在铺设中，预计 2020 年完工。中国—中亚天然气管道全长 10000 公里，其中境外段约 2000 公里，其余 8000 公里位于中国境内。D 线全长 1000 公里，境外段 840 公里，设计年输量 300 亿立方米，起于土库曼斯坦复兴气田，途经乌兹别克斯坦、塔吉克斯坦、吉尔吉斯斯坦进入中国，最终到达新疆乌恰。

②卡姆奇克隧道项目。

卡姆奇克隧道全长 19.2 公里，项目金额 14.6 亿美元，是目前中国企业在乌兹别克斯坦承建的最大工程"安格连 – 帕普"铁路隧道的关键部分。"安格连 – 帕普"铁路隧道 2013 年 9 月 5 日正式开工，2016 年 2 月 25 日实现全隧道贯通，2016 年 6 月 22 日正式通车。

③安格连火电厂项目。

安格连火电厂项目是中国在乌兹别克斯坦的第一个火电厂施工项目，2012 年 9 月 26 日，哈电国际与乌兹别克斯坦国家能源股份有限公司签订了该项目。项目内容为在乌兹别克斯坦建设一台 150 兆瓦燃煤火力发电机组。2013 年 12 月 31 日项目正式生效，合同工期 36 个月。2016 年 8 月 21 日，该项目成功并网发电。

④安伊高铁二期项目。

由中国铁建总承包建设的土耳其安卡拉至伊斯坦布尔高速铁

路二期，是中国企业在海外承建的第一条高速铁路。该工程项目全长158公里，设计时速250公里，合同金额12.7亿美元，其中中国进出口银行提供贷款7.2亿美元，工程的设计和施工全部采用欧洲技术标准。该工程是中国企业在欧洲拿下的第一单高铁生意，也是中国与土耳其建交40年来最大的工程合作项目。项目主体工程于2008年9月开工，2014年1月17日宣告完工，该条铁路将成为欧亚大陆桥的一个重要路段。

⑤ "瓦赫达特—亚湾"铁路项目。

2015年5月15日开工的瓦亚铁路，是中国铁建首次在塔吉克斯坦承揽的工程项目，也是中国铁路施工企业首次进入中亚铁路市场。其全长48.65公里，总投资7200万美元。2016年8月24日上午，"瓦赫达特－亚湾"铁路正式通车，"丝绸之路经济带"框架内的首个项目顺利建成，具有标志性意义。

⑥ 杜尚别2号热电厂。

2012年10月杜尚别2号热电厂正式动工，并于2014年9月13日一期工程竣工，随后二期工程开工。杜尚别2号热电厂完工后，将向整个杜尚别市区供电，成为该国最大的热电厂。二期工程完成后，全年总发电量将达22亿度，可解决整个塔吉克斯坦电力缺口的60%，同时提供430万平方米采暖面积，覆盖杜尚别70%的供热面积①。

（4）中国—中南半岛经济走廊

中南半岛是"一带一路"的重要区域，是亚洲南部三大半岛

---

① 《杜尚别2号热电厂二期工程正拔地而起》，搜狐新闻，http：//www.sohu.com/a/1099075 47_ 436794。

之一，中国—中南半岛经济走廊以中国广西南宁和云南昆明为起点，以新加坡为终点，纵贯中南半岛的越南、老挝、柬埔寨、泰国、缅甸、马来西亚等国家，是中国连接中南半岛的大陆桥，也是中国与东盟合作的跨国经济走廊①。

目前中国—中南半岛经济走廊项目建设情况如下。

①雅万高铁建设项目。

2016 年 1 月 22 日，中国参与建设的印度尼西亚首个高铁项目举行动工仪式。该高铁线路计划连接相隔 180 公里的印尼首都雅加达和该国第三大城市万隆，总投资额达 55 亿美元，最高设计时速 350 公里，计划 3 年建成通车。届时，雅加达到万隆间的旅行时间，将由现在的 3 个多小时缩短至 40 分钟。

②中老铁路建设项目。

2015 年 11 月 13 日，中老铁路项目签约仪式在北京举行，标志着中老铁路项目正式进入实施阶段。中老铁路是第一个以中方为主投资建设并运营，与中国铁路网直接连通的境外铁路项目，全线采用中国技术标准，使用中国设备，预计于 2020 年建成通车。项目由两国边境磨憨/磨丁口岸进入老挝境内后，向南依次经过孟赛、琅勃拉邦、万荣至老挝首都万象，全长 418 公里，其中 60% 以上为桥梁和隧道。项目总投资近 400 亿元，由中老双方按照 7∶3 的股比合资建设。建设标准为国铁 I 级、单线设计、电力牵引、客货混运，时速 160 公里②。

---

① 《中国—中南半岛经济带：贸易和投资加速推进》，中国青年网，http://news. youth. cn/jsxw/201704/t20170429_ 9620550. htm。

② 《中老铁路项目正式落地》，中央政府门户网站，http://www. gov. cn/xinwen/2015－11/15/content_ 5012746. htm。

③磨憨—磨丁跨境经济合作区。

2014 年 6 月 6 日，中国、老挝签署《关于建设磨憨—磨丁经济合作区的谅解备忘录》，标志着合作区正式开始推动。磨憨—磨丁跨境经济合作区占地 21.23 平方公里。2016 年 6 月 30 日，中国磨憨口岸与老挝磨丁口岸的货运专用通道老挝段正式开工建设，总投资近 5000 万元，预计工期为 4 个月。货运通道国内段长 800 米，老挝段长 1654.461 米。其中老挝段分新建段和改扩建段，目前已动工的为新建段，长 489.52 米，总投资约 1300 万元，由中国云南省人民政府援建。

（5）中巴经济走廊

2013 年 5 月，李克强总理访问巴基斯坦时提出中巴经济走廊，是加强中巴之间交通、能源、海洋等领域的交流与合作，加强两国互联互通，促进两国共同发展。中巴经济走廊全长 3000 公里，始于新疆喀什，终到巴基斯坦瓜达尔港，北接"丝绸之路经济带"，南连"21 世纪海上丝绸之路"，是贯通南北丝路的关键枢纽，是一条包括公路、铁路、油气和光缆通道在内的贸易走廊，也是"一带一路"的重要组成部分①。按照中巴经济走廊合作协议，将有 59 亿美元用于公路项目，37 亿美元用于铁路项目，所有项目将在 2017 年前完工。

目前中巴经济走廊项目建设情况如下。

---

① 《中巴经济走廊》，百度百科，http：//baike. baidu. com/link？ url = mnqLDz1Z0
6YH－LdSNX dkfPeNMbT5IipCXzc4RwhNcOaOn6bXuBxWOD7jEZmV0UEIhyjXsBb
zPa_ LY0lwqs5n1Abuqv07 QxrMHk1RZZCsdf－ER3aRPnRa_ jwZj5dcIY5AoS1RvP_
7J8HUqnYsoCj3YK。

①卡西姆港燃煤电站项目。

卡西姆港燃煤电站项目是中巴经济走廊首个电力合作项目，预计 2017 年投产发电。电站总投资约 20.85 亿美元，75% 的资金由中国进出口银行提供贷款。该电站建成后，每年将为巴基斯坦提供约 95 亿度电量。2015 年 5 月，项目全面开工，目前各项建设进展顺利。截至 2016 年 8 月 24 日，卡西姆火电站 2016 年的 15 个关键控制进度节点中的 10 个已全部提前完成。项目电厂部分建设已完成 43%，码头及航道建设完成 51%①。

②萨希瓦尔燃煤电站项目。

2015 年 7 月 31 日，萨希瓦尔燃煤电站项目正式启动，由华能山东发电有限公司承建，规划建设 2 台 66 万千瓦超临界燃煤发电机组。电站有望在 2017 年年底前并网发电，成为中巴经济走廊框架下首个竣工的能源项目。

③喀喇昆仑公路二期改扩建工程（哈维连至塔科特段）。

作为目前中国和巴基斯坦唯一的陆路交通通道，喀喇昆仑公路项目二期将在对原有公路进行提升改造的基础上，逐渐将喀喇昆仑公路延伸至巴基斯坦腹地。喀喇昆仑公路升级改造二期项目于 2015 年 12 月签订商务合同，项目金额为 1339.8 亿卢比（约合 13.15 亿美元）。中国交通建设股份有限公司子公司中国路桥工程有限责任公司负责项目建设，预计耗时 42 个月，在哈维连至塔科特之间新建一条全长 120 公里，双向四车道（部分两车道）的高速公路及二级公路②。

---

① 《中国电力承建卡西姆港燃煤电站项目已现壮阔面貌》，中国起重机械网，http：//www. chinacrane. net/news/201609/01/108161. html。

② 《"一带一路"六大经济走廊的发展现状与建设进展》，黑龙江省人民政府，http：//www. hlj. gov. cn/zwfb/system/2017/02/06/010810889. shtml。

④卡拉奇—拉合尔高速公路（苏库尔至木尔坦段）。

2016 年 5 月 6 日，卡拉奇—拉合尔高速公路（苏库尔至木尔坦段）举行开工仪式。卡拉奇—拉合尔高速公路是中巴经济走廊框架下最大的交通基础设施项目。该项目的苏库尔至木尔坦段预计将在 3 年时间内建成价值 28.9 亿美元、全长 393 千米、双向六车道、时速 120 公里的高速公路。

⑤瓜达尔港建设与运营项目。

中巴经济走廊的旗舰项目，瓜达尔港总投资额为 16.2 亿美元，预计将在 3～5 年内完成。包括修建瓜达尔港东部连接港口和海岸线的高速公路、瓜达尔港防波堤建设、锚地疏浚工程、自贸区基建建设、新瓜达尔国际机场等 9 个早期收获项目，中国拥有该港40 年的运营权。

⑥巴基斯坦 ML-1 号铁路干线升级与哈维连陆港建设项目。

该铁路升级项目初期投入约 40 亿美元，总投资达 60 亿美元，预计 2 年内完工。巴基斯坦 1 号铁路干线从卡拉奇向北经拉合尔、伊斯兰堡至白沙瓦，全长 1726 公里，是巴基斯坦最重要的南北铁路干线。哈维连站是巴基斯坦铁路网北端尽头，规划建设由此向北延伸经中巴边境口岸红其拉甫至喀什铁路，哈维连拟建陆港，主要办理集装箱业务。截至 2016 年 11 月，该项目仍处于前期勘察与试验阶段①。

⑦卡洛特水电站。

作为中巴经济走廊首个水电投资项目，卡洛特水电站于 2016

---

① 黑龙江省人民政府：《"一带一路"六大经济走廊的发展现状与建设进展》，http://www.hlj.gov.cn/zwfb/system/2017/02/06/010810889.shtml。

年 1 月 10 日全面开工建设。该水电站采用 BOOT 方式投资建设，总投资约 16.5 亿美元，装机容量 72 万千瓦，是巴基斯坦第五大水电站。目前，水电站项目正有序推进。

⑧拉合尔轨道交通橙线项目。

拉合尔轨道交通橙线项目于 2015 年 4 月签约，是中巴经济走廊首个签约的基础设施项目。该项目合同总金额约 14.6 亿美元，全长约 25.58 公里，全线共设车站 26 座，其中高架站 24 座，地下站 2 座。目前，该项目整体工程进度约为 50%。

⑨恰希玛核电项目。

1991 年 12 月 31 日，中国核工业总公司与巴基斯坦原子能委员会在北京签订了中国向巴基斯坦出口 30 万千瓦核电站合同。这是中国自行设计、建造的第一座出口商用核电站，当时是中国最大的高科技成套出口项目。截至 2016 年底，中核集团已向巴基斯坦出口建设四台 30 万千瓦级核电机组、两台百万千瓦级核电机组，并正积极开展铀资源、人才培训等领域合作①。

⑩卡拉奇核电项目。

作为巴基斯坦国内目前最大的核电项目，卡拉奇核电项目总投资金额为 96 亿美元，中方贷款额为 65 亿美元，发电能力为 220 万千瓦，采用国产华龙一号（ACP - 1000）技术，项目由中国中原对外工程有限公司承建，计划 2020 年发电。

（6）孟中印缅经济走廊

孟中印缅经济走廊倡议是 2013 年 5 月国务院总理李克强访

---

① 《"一带一路"上的经济走廊：中巴经济走廊》，中国经济网，http://intl. ce. cn/specials/zbjj/201704/19/t20170419_ 22132099. shtml。

问印度期间提出的，得到印度、孟加拉国、缅甸三国的积极响应①。

目前孟中印缅经济走廊项目建设情况如下。

①中缅油气管道建设。

2010 年 6 月，中石油与缅甸国家油气公司签署了中缅油气管道建设的相关协议。该管道建设主要内容为：在缅甸境内建设并经营天然气与原油两条管道，经营期为 30 年。中缅天然气管道干线全长 2520 公里，缅甸段 793 公里，国内段 1727 公里；原油管道全长 771 公里。天然气管道设计输量 120 亿立方米/年，原油管道缅甸段设计输量 2200 万吨/年。缅甸每年可下载天然气总输量的 20%，以及下载 200 万吨原油②。

②缅甸皎漂工业园与深水港项目。

2015 年 12 月 30 日中信企业联合体中标该项目，项目已于 2016 年 2 月动工建设。其中工业园项目占地 1000 公顷，计划分三期建设；工业园深水港项目包含马德岛和延白岛两个港区，共 10 个泊位，计划分四期建设，总工期约 20 年。

3. "一带一路"基础设施建设前景广阔

国家基础设施建设，特别是跨国基础设施建设规划及对其他国家的基础设施援助，是"包容性的可持续工业化"的重要内容，

---

① 《孟中印缅经济走廊》，百度百科，http：//baike. baidu. com/link？url＝Dt0＿ VL T0fJQshU－jqGIzpWiAHmsOkMEkhShMKP＿ WKMbj2Os6V5s2Tq5aC2hRlXyu10GEjr vPwvvwihaTUudj2xURrkfsGUpFmSkJ6gFYL4kbNvEo2zSKdI2RbQ1UnDZFEAK1HlFtA 2eOAea8sjD＿ JbCemCAZiPjZzxB7cdoUMBoC7x201g0Eprr1SJrmHgio。

② 《"一带一路"上的经济走廊：孟中印缅经济走廊》，中国经济网，http：//in-tl. ce. cn/specials/zbjj/201704/19/t20170419＿ 22133032. shtml。

而"一带一路"建设规划的提出完全贴合了工业发展新阶段的要求，并且在推进过程中逐渐取得了不俗的成绩。"一带一路"倡议提出三年多以来，由中国企业承建的相关大型交通基础设施项目达到 38 项，涉及沿线 26 个国家。基础设施互联互通作为"一带一路"建设的优先领域，使得中国与沿线国家和地区在交通贯通、能源联通、信息畅通等领域的交流合作不断加强，各项成果不断涌现。目前基建行业在整个"一带一路"沿线国家的投资超过了1260 亿，占全球走出去的企业投资的 51% 以上[1]。据有关专家初步估算，"一带一路"沿线涉及 60 多个国家，基础设施建设正进入加速期，投资总规模或高达 6 万亿美元。据普华永道发布的针对"一带一路"倡议下 66 个国家和地区的资本项目和交易活动的研究报告显示，2016 年七项核心基础设施领域（公用事业、交通、电信、社会、建设、能源和环境）的项目与交易约为 4940 亿美元，其中，中国占总量的 1/3。由于加强基础设施的建设，2016 年"一带一路"国家和地区 GDP 增速为 4.6%，高于发展中经济体 3.6%的平均增速。2016 年 9 月 8 日，青藏高原的首趟中欧班列发出，沿线经过哈萨克斯坦、俄罗斯、白俄罗斯、波兰、德国，最终到达比利时安特卫普，全程 9838 公里，运行约 12 天，相比原来走海路所需的两个月时间，物流效率得到极大提升。目前，中欧班列运行线路已达 51 条，在中国成都、重庆、武汉等 28 个城市开通，到达欧洲 11 个国家 29 个城市。随着"一带一路"建设不断推进，中欧班列的数量快速增长。2016 年共开行 1702 列中欧班列，其

---

[1] 《焦涌："一带一路"是基建投资非常好的机遇》，人民网－国际频道，http://world.people.com.cn/n1/2017/0409/c1002-29197768.html。

中，运行在中国和德国之间的班列达 1034 列。截至 2017 年 5 月 19 日，中欧班列累计开行突破 4000 列，逐步形成了连接亚欧之间的便捷铁路交通网络。与此同时，中国对"一带一路"沿线国家和地区能源基础设施建设的输出节奏不断提速。自 2013 年 10 月至 2016 年 6 月，由中国企业在海外签署和建设的电站、输电和输油输气等重大能源项目多达 40 个，涉及 19 个"一带一路"沿线国家①。

2016 年，在"一带一路"框架下，一大批跨国基础设施已经开工建设或投入使用。中老铁路、中泰铁路、匈牙利—塞尔维亚铁路、亚的斯亚贝巴—吉布提铁路，雅加达—万隆高铁，斯里兰卡科伦坡南港集装箱码头，中国与巴基斯坦喀喇昆仑公路二期、瓜达尔港东湾快速路、中缅天然气管道、中国与中亚天然气管道 C 线和 D 线，等等。目前"一带一路"框架内的基础设施在建项目已经覆盖了 44 个国家。在"一带一路"基础设施建设如火如荼的建设过程中，我们也将见到越来越多的绿色技术应用在基础设施领域，以支持"低碳"和"环保"。伴随沿线国家不断加速的设施联通建设，"一带一路"建设正让各国人民享受到实实在在的成果，也为"一带一路"建设搭建起更为广阔的未来。

二 国际产能合作

二战以来，发端于美国的技术进步和产业升级引发了三次全球范围的产业转移浪潮，转移路径大体上沿着美国—德国、日本—

---

① 《"一带一路" 3 年中国在海外建设重大能源项目 40 个》，中国电力网，http: //www. chinapower. com. cn/guonei/20161026/61885. html。

"亚洲四小龙"—中国和东盟这样的转移—承接链条依次展开。三次产业转移不仅促进了资本、技术、人才等生产要素的全球流动和优化配置、加快了发达国家技术创新和产业升级的步伐、促进了发展中和新兴市场国家的工业化进程，而且极大地推进了经济全球化和一体化的进程。作为第三次产业转移最大的承接国，中国凭借自身的资源要素优势、巨大的消费市场以及改革开放形成的优越的制度环境，成功实现了由农业大国向工业大国的转变，成为全球最大的制造业基地。

进入 21 世纪以来，随着世界经济格局发生深刻变化，全球经济增长重心逐渐东移，以及中国自身转变经济发展方式和调整产业结构步伐的加快，新一轮产业转移的条件日渐成熟。从中国自身情况看，进入经济发展新常态的中国需要更充分地统筹国内、国外两个市场，运用两种资源，通过在全球范围内的产业转移（即国际产能合作），来化解国内富余产能、助推产业结构升级、不断溯及产业价值链高端领域，并借此更好地参与国际市场规则及标准体系建设；而从世界经济格局看，西方发达国家在金融危机之后努力寻求新的经济增长点，发展中国家工业化、城镇化进程加快，全球基础设施建设掀起新热潮，对优质基础装备和产能投资合作产生了较大需求。

在此背景下，以 2014 年 12 月国家总理李克强出访哈萨克斯坦并与哈总理马西莫夫在早餐会上初步达成两国产能合作意向为标志，中国在对外工业合作上提出了一种创新性和包容性的合作模式，即国际产能合作。2015 年 5 月，国务院发布《关于推进国际产能和装备制造合作的指导意见》（国发〔2015〕30 号），系统阐述了国际产能合作的总体目标、主要任务，以及配套的政策支撑、服务保障与风险防控举措。作为新时期中国对外工业合作的一种新模式，国际产能合作是围绕生产能力的建设、转移和提升的综合性的投资合作，它以企业为主体，以市场为导向，以国际互利共赢为目标，以制造业的发展、基础设施的建设、资源能源的开发为主要内容，以直接投资、承包工程、装备贸易和技术合作为主要形式。① 国际产能合作不仅在工业合作方式与商业模式上体现了诸多创新之处，而且为新形势下区域和全球工业经济提供了互利多赢、共同发展的新机制。

目前，中国已与几大洲的 15 个国家签订了开展产能合作的框架协议或谅解备忘录，包括哈萨克斯坦、巴西、马来西亚、埃塞俄比亚等，并与 33 个国家正在进行磋商。

1. 合作方式创新

从"走出去"角度看，国际产能合作最大的着力点在于改变过去通过贸易进行产品输出的单一模式，而侧重于产业能力的输出。因此强调企业在继续发挥传统工程承包优势的同时，充分发挥自身的资金、技术优势，积极开展"工程承包＋融资""工程承包＋融资＋运营"等合作，有条件的项目鼓励采用 BOT、PPP 等方式，大力开拓国际市场，开展装备制造合作。产能合作还强调要根据所在国的实际和特点，灵活采取投资、工程建设、技术合作、技术援助等多种方式，推动产业合作由加工制造环节为主向合作研发、联合设计、市场营销、品牌培育等高端环节延伸，提高国际合作水平。为实现优势互补，还鼓励与发达国家合作，共同开发第三方市场，致力于将发达国家的研发优势与中国制造业的丰富经验与富余产能

① 《中国国际产能合作已取得积极成果》，搜狐财经，http://mt.sohu.com/d20161214/1215845 00_ 498851. shtml。

相结合，以合作而非恶性竞争的方式提升发展中国家基建水平。2015 年底，李克强总理在《经济学人》杂志撰文称，"通过国际产能合作，将中国制造业的性价比优势同发达经济体的高端技术相结合，向广大发展中国家提供'优质优价'的装备，帮助它们加速工业化、城镇化进程，以供给创新推动强劲增长。"①

为助推产能合作顺利推进，中国政府面向亚洲、非洲、拉美及发达地区先后提出了国际产能合作的四大合作框架，着力构建以周边重点国家为"主轴"，以非洲、中东和中东欧重点国家为"西翼"，以拉美重点国家为"东翼"，"一轴两翼"产能合作新布局。

（1）中国与亚太国家"互联互通"新体系

2013 年 9 月，习近平主席在访问哈萨克斯坦期间首次提出建设"丝绸之路经济带"的倡议，同年 10 月他在访问印度尼西亚时提出建设"21 世纪海上丝绸之路"的构想。同月，习近平主席在印尼巴厘岛出席亚太经合组织领导人非正式会议时提出，要共同构建覆盖太平洋两岸的亚太互联互通格局，做好互联互通这篇大文章。至此，中国在亚洲地区以"互联互通"为主体，以"一带一路"为两翼，以"亚太自贸区"为方向，初步构建起了立体多元的合作新体系。2015 年，中方牵头在境内相继成立了亚洲基础设施投资银行、金砖国家新开发银行、丝路基金等国际开发性金融机构。这预示着，中国与亚太国家的产能合作已进入快车道。

（2）中国与非洲国家"三网一化"新框架

2015 年 1 月 27 日，中国与非盟在埃塞俄比亚首都签署谅解备

---

① 中华人民共和国驻维也纳联合国和其他国际组织代表团：《中国经济的蓝图——李克强总理给〈经济学人〉年刊〈世界 2016〉的撰文》，http：//www.fmprc.gov.cn/ce/cgvienna/chn/ gdxw/t1323281. htm。

忘录，开展双边"三网一化"合作。"三网一化"是指合作建设非洲铁路、公路和区域航空"三大网络"以及帮助非洲实现工业化。2015 年 12 月 4 日，习近平主席在中非合作论坛约翰内斯堡峰会上再次申明，中非双方要"以产能合作、三网一化为抓手，全面深化中非各领域合作"。当前非洲国家正处于经济发展腾飞初期阶段，尤其在工业化和基础设施等方面有着巨大需求，而中国的产能、技术和市场则为非洲的工业化提供了坚实后盾。

（3）中国与拉美国家"3×3"新模式

2015 年 5 月 21 日，李克强总理访问巴西时表示，中方愿意"重点以国际产能合作为突破口，推动中拉经贸转型，打造中拉合作升级版"，并提出了中拉产能合作"3×3"新模式，即一是契合拉美国家需求，共同建设物流、电力、信息三大通道，实现南美大陆互联互通；二是遵循市场经济规律，实现企业、社会、政府三者良性互动的合作方式；三是围绕中拉合作项目，拓展基金、信贷、保险三条融资渠道。这一合作模式充分考虑了中拉双边合作的互补性特征，能够有效克服拉美国家的"去工业化"困境，解决该地区因过于依赖大宗商品出口所形成的经济发展波动性和脆弱性。

（4）中国与发达经济体的"1 + 1 + 1 > 3"新思维

2015 年 6 月 30 日，李克强总理访问法国期间，中法两国政府发表了《关于第三方市场合作的联合声明》。中法两国将以企业为主导，联合在新兴发展中国家开展市场合作，这在国际合作历史上尚属首例。当前的世界经济体系已演变为双循环经济体系，一方面，中国与发达国家之间形成了以产业分工、贸易、投资、资本间接流动为载体的循环体系；另一方面，中国又与亚非拉等广大发展中国家形成了以贸易、直接投资为载体的循环经济体系。中国处于发达国家和欠发达国家两个循环体系的中间环节，其枢纽和联结作用难以替代。"第三方市场合作"的实质，就是中国与发达国家联手帮扶发展中国家，从而实现三方的互利共赢和共同发展，这就是"1＋1＋1＞3"的国际合作新思维。[①]

2. 商业模式创新

为提升企业和产业"走出去"的能力和水平，中国政府鼓励企业积极谋求商业模式创新，通过参与境外产业集聚区、经贸合作区、工业园区、经济特区等合作园区建设，营造基础设施相对完善、法律政策配套的具有集聚和辐射效应的良好区域投资环境，助力国内企业抱团出海、集群式"走出去"。通过以大带小合作出海，鼓励大企业率先走向国际市场，带动一批中小配套企业"走出去"，构建全产业链战略联盟，形成综合竞争优势。

作为产能合作的重要载体，境外经贸合作区建设已初具规模。据商务部数据，截至 2016 年底，中国企业共在 36 个国家投资建设了 77 个境外经贸合作区，涉及轻纺、家电、钢铁、建材、化工、汽车、机械、矿产品加工等产业，累计投资 241.9 亿美元，入区企业 1522 家，总产值 702.8 亿美元。境外经贸合作区大体分为三类：资源利用型合作区，如赞比亚中国经贸合作区；加工制造型合作区，如埃及苏伊士经贸合作区；综合型合作区，如泰国泰中罗勇工业园。在建的 70 多个经贸合作区中，有 56 个分布在"一带一路"沿线 20 个国家，累计投资超过 185.5 亿美元，为东道国创造了 10.7 亿美元的税收和 17.7 万个就业岗位。中国－白俄罗斯工业园、中国－马来

---

① 田志：《"国际产能合作"是中国多大一盘棋》，财经网，http：//comments.caijing.com.cn/20160519/4121490.shtml，2016 年 5 月。

西亚关丹产业园、中哈霍尔果斯国际边境合作中心等一批重点园区正在加快推进建设，越来越多的中外企业到这些园区投资设厂。① 目前通过商务部确认考核的境外经贸合作区已有 20 家（见表 6 - 8）。

表 6 - 8 已通过确认考核的 20 家境外经贸合作区名录

1	柬埔寨西哈努克港经济特区	江苏太湖柬埔寨国际经济合作区投资有限公司
2	泰国泰中罗勇工业园	华立产业集团有限公司
3	越南龙江工业园	前江投资管理有限责任公司
4	巴基斯坦海尔 - 鲁巴经济区	海尔集团电器产业有限公司
5	赞比亚中国经济贸易合作区	中国有色矿业集团有限公司
6	埃及苏伊士经贸合作区	中非泰达投资股份有限公司
7	尼日利亚莱基自由贸易区（中尼经贸合作区）	中非莱基投资有限公司
8	俄罗斯乌苏里斯克经贸合作区	康吉国际投资有限公司
9	俄罗斯中俄托木斯克木材工贸合作区	中航林业有限公司
10	埃塞俄比亚东方工业园	江苏永元投资有限公司
11	中俄（滨海边疆区）农业产业合作区	黑龙江东宁华信经济贸易有限责任公司
12	俄罗斯龙跃林业经贸合作区	黑龙江省牡丹江龙跃经贸有限公司
13	匈牙利中欧商贸物流园	山东帝豪国际投资有限公司
14	吉尔吉斯坦亚洲之星农业产业合作区	商丘贵友食品有限公司
15	老挝万象赛色塔综合开发区	云南省海外投资有限公司
16	乌兹别克斯坦"鹏盛"工业园	温州市金盛贸易有限公司
17	中匈宝思德经贸合作区	烟台新益投资有限公司
18	中国·印尼经贸合作区	广西农垦集团有限责任公司
19	中国印尼综合产业园区青山园区	上海鼎信投资（集团）有限公司
20	中国·印度尼西亚聚龙农业产业合作区	天津聚龙集团

资料来源：《通过确认考核的境外经贸合作区名录》，"走出去"公共服务平台，http：//fec. mof-com. gov. cn/article/jwjmhzq/article01. shtml。

———————

① 《2016 年商务工作年终综述之四："一带一路"经贸合作取得积极进展》，中华人民共和国商务部，http：//www. mofcom. gov. cn/article/ae/ai/201612/20161202379998. shtml。

部分海外港口投资项目通过打造"港口＋工业园"的创新发展模式，带动产能合作。在中国港口发展过程中与临港经济互相促进，极大地提高了港口效益，促进了经济发展。中国已形成的各类临港经济发展政策和模式，如保税港区、综合保税区、出口加工区等取得了良好政策效果，并形成可复制可推广的发展模式。①

3. 互利多赢的合作机制

如同"一带一路"倡议一样，尽管国际产能合作也是中方首先立足于自身产业升级和结构调整的需要，为寻求新的工业增长动力而提出的一个工业合作新方略，但国际产能合作得以顺利推进的前提必须是合作双方或多方均能从中获益，因此它必然是一个互利多赢的合作机制，它为新形势下世界经济保持稳定和增长提供了新的模式和契机。平等参与工业化发展的机遇，共同享有工业化发展新阶段的成果，这正是"包容性的可持续工业化"的本质。

2015 年 7 月，李克强总理在经济合作与发展组织总部发表演讲时指出："发展中国家有近 60 亿人口，对基础设施建设和装备有很大需求。中国已进入工业化中期，经济体量大，200 多种工业品产量居世界首位，装备水平处于全球产业链中端，性价比高。而发达国家处于工业化后期或后工业化阶段，拥有高端技术装备。中方愿将自身的装备与发展中国家的需求和发达国家的优势结合起来，推动国际产能合作。既采用发达国家先进技术设备，也面向发展中国家就地生产装配，还与金融机构进行融资合作，向全球市场提供物美价廉、节能环保的装备、产能以及有保障的金融

---

① 《中企海外投资运营港口取得初步成果中国已成全球第一港口大国》，中国一带一路网，https://www.yidaiyilu.gov.cn/xwzx/gnxw/16033.htm。

服务，不仅可以提升发展中国家工业水平，也可以倒逼中国装备等产业升级，还可以带动发达国家核心技术和创意出口，实现'三赢'。这是促进南北合作、南南合作的新途径，也是应对气候变化和世界经济复苏乏力的一剂良方。"①

国际产能合作起步两年多来，无论在合作机制的建设、支撑保障体系的完善，还是合作成效方面都取得了积极进展。具体表现为以下几点。

（1）合作机制稳步建立，中国已经与哈萨克斯坦、柬埔寨、埃及等20多个发展中国家建立了双边产能合作机制，还要跟菲律宾签订产能合作的机制。与法国、德国、加拿大等多个发达国家建立了第三方市场的合作机制。

（2）合作的支撑更加有利。中方发起设立了中拉、中非、中哈等一系列多边和双边产能合作的基金，各类双多边产能合作基金规模超过1000亿美元，目前十只最大的合作基金总规模已经超过1300亿美元。

（3）合作保障持续强化。中方与外方积极商签投入保护协定，推进风险防控体系建设，注重对企业的分类指导和风险提示，把握国际产能合作的力度和节奏。

（4）合作的成效不断显现。中国与俄罗斯、哈萨克斯坦、巴基斯坦、伊朗等国开展核电合作，推动中国自主三代核电技术"华龙一号"等核电技术走出国门。印度尼西亚的雅万高铁、巴基斯坦的卡拉奇2号核电机组、马来西亚的350万吨钢铁等一批产能

---

① 《以国际产能合作推动互利多赢》，新华网，http：//news. xinhuanet. com/mrdx/2015 - 07/03/c_ 134378338. htm。

合作的重大项目稳步实施，这既带动了中国产品、中国装备、中国技术、中国标准"走出去"，也有力地提升了项目所在国基础设施的水平、工业生产的能力，还在当地创造了几百万就业，缴纳了数百亿的税金，达到了互利共赢的效果。[①]

第三节　自由贸易区建设

自由贸易区是全球贸易自由化演进过程中的阶段性表现，是一种比多边贸易体制开放程度更高的制度安排。[②] 在世界多边贸易组织的规则中，有两个概念的自由贸易区：一个是世界贸易组织（WTO）界定的自由贸易区（Free Trade Area，FTA），另一个是世界海关组织（WCO）定义的自由贸易区（Free Zone/Free Trade Zone，FZ/FTZ），两者的内涵是不同的。根据商务部、海关总署《关于规范"自由贸易区"表述的函》，前者一般是指两个以上的国家或地区，通过签订自由贸易协定，在 WTO 最惠国待遇基础上，相互进一步开放市场，分阶段取消绝大部分货物的关税和非关税壁垒，在服务业领域改善市场准入条件，开放投资，促进商品、服务、资本、技术、人员等生产要素的自由流动，实现贸易和投资的自由化，实现优势互补，促进共同发展，从而形成涵盖所有成员的一种特殊的功能区域，国内通称自由贸易区（FTA）。后者是指在某一国家或地区境内设立的实行优惠税收和特殊监管政

---

① 井华、王南海：《中国国际产能合作已取得积极成果》，《国际融资》2016 年第 12 期。

② 《十七大报告解读：把自由贸易区建设提到战略高度》，中华人民共和国中央人民政府网，http://www.gov.cn/jrzg/2007 - 12/14/content_ 833950. htm。

策的小块特定区域，进入这一区域的任何货物，就进口税费而言，通常视为在关境之外，并免于实施通常的海关监管措施，国内通称自由贸易园区（FTZ）。两者的主要区别在于，FTA 是经济体之间签订的，效力涵盖缔约方全部关税领土的一种制度安排，FTZ 则是某一经济体在境内自主设立的，效力仅限于指定区域的一种开放性安排和举措。

自由贸易区战略，是一个国家或地区对外开放战略的重要组成部分，是拓展对外开放广度和深度、提高开放型经济水平、深层次参与经济全球化进程的重要举措。2000 年 11 月，国家总理朱镕基在新加坡举行的第四次中国—东盟领导人会议上首次提出建立中国—东盟自由贸易区的构想（即 "10＋1"）。两年后中国与东盟领导人签署《中国与东盟全面经济合作框架协议》，决定到 2010 年建成中国—东盟自由贸易区，这标志着中国正式启动首个自由贸易区工程。随后，中国又陆续与一些国家谈判建立了双边自贸区，并提出了一系列以周边国家为基础的自贸区构想。2007 年，在党的十七大报告中，自由贸易区建设上升为国家战略。五年后，为应对新一轮区域经济一体化浪潮，党的十八大报告提出要加快实施自由贸易区战略。2015 年 12 月，国务院发布中国开启自贸区建设进程以来首份战略性文件《关于加快实施自由贸易区战略的若干意见》（国发〔2015〕69 号），提出要形成包括邻近国家和地区、涵盖 "一带一路" 沿线国家以及辐射五大洲重要国家的全球自由贸易区网络的中长期目标。至此，中国的自贸区战略不仅进入加快发展的新阶段，而且以优化自贸区的建设布局和提升自贸区内贸易和双向投资的自由化程度为主要任务，致力于建设高水平、高标准的全球自贸区网络。

一　建设高规格的境内自贸园区（FTZ）

改革开放以来，中国设立了众多的经济特区、保税区、出口加工区、保税港、经济技术开发区等特殊经济功能区，这些都具有"自由贸易园区"（FTZ）的某些特征。而 2013 年 9 月 29 日中国（上海）自由贸易试验区（简称上海自由贸易区或上海自贸区）正式成立，标志着中国"自由贸易园区"（FTZ）建设进入了新的阶段。

2014 年 12 月 28 日十二届全国人大常务委员会第十二次会议通过关于授权国务院在中国（广东）自由贸易试验区、中国（天津）自由贸易试验区、中国（福建）自由贸易试验区以及中国（上海）自由贸易试验区扩展区域暂时调整有关法律规定的行政审批的决定。会议决定在上述自由贸易园区内，暂时调整《中华人民共和国外资企业法》《中华人民共和国中外合资经营企业法》《中华人民共和国中外合作经营企业法》和《中华人民共和国台湾同胞投资保护法》规定的有关行政审批，自 2015 年 3 月 1 日起施行。但是，国家规定实施准入特别管理措施的除外。上述行政审批的调整在三年内试行，对实践证明可行的，修改完善有关法律；对实践证明不宜调整的，恢复施行有关法律规定。会议决定，上海、广东、天津、福建四个自贸区将在 2015 年使用同一张负面清单。

上海自贸区是中国政府设立在上海的区域性自由贸易园区，位于浦东境内，属中国自由贸易区范畴。刚成立时面积为 28.78 平方公里，涵盖上海市外高桥保税区、外高桥保税物流园区、洋山保税港区和上海浦东机场综合保税区四个海关特殊监管区域。2014 年 12 月 28 日全国人大常务委员会授权国务院扩展上海自贸区区域，将面积扩展到 120.72 平方公里，至此上海自贸区范围涵盖上海市外高桥保税区、外高桥保税物流园区、洋山保税港区和上海浦东机场综合保税区、金桥出口加工区、张江高科技园区和陆家嘴金融贸易区七个区域。

中国（广东）自由贸易试验区（简称广东自贸区）涵盖三个片区：广州南沙新区片区（广州南沙自贸区）、深圳前海蛇口片区（深圳前海蛇口自贸区）、珠海横琴新区片区（珠海横琴自贸区），总面积 116.2 平方公里。广东自贸区将建立粤港澳金融合作创新体制、粤港澳服务贸易自由化，以及通过制度创新推动粤港澳交易规则的对接，助推港澳台深度融合。

中国（福建）自由贸易试验区（简称福建自贸区）包括了福州片区、厦门和平潭片区。福建自贸区着重进一步深化两岸经济合作。总面积 118.04 平方公里，包括平潭片区 43 平方公里、厦门片区 43.78 平方公里、福州片区 31.26 平方公里。其中，平潭自贸区是福建自贸区的核心，平潭自贸区将重点建设自由港和国际旅游岛，而福州是自贸区和国家级新区双覆盖的城市。

中国（天津）自由贸易园区（简称天津自贸区）是设立在天津市滨海新区的区域性自由贸易园区，属中国自由贸易区范畴。天津自贸区总面积为 119.9 平方公里，主要涵盖三个功能区，天津港片区、天津机场片区以及滨海新区中心商务片区。天津自贸区着力打造成为北方国际航运中心和国际物流中心，在国际船舶登记制度、国际航运税收、航运金融业务和租赁业务四个方面的政策创新试点，积极开展建设中国特色自由贸易港区的改革探索。

上海、广东、天津、福建四个自贸试验区实施三年多来，以制度创新为核心，在投资、贸易、金融、事中事后监管体系建设等多个方面进行了改革探索，取得了重要的阶段性成果，以负面清单管理为核心的外商投资管理制度基本建立、以贸易便利化为重点的贸易监管制度有效运行，以资本项目可兑换和金融服务业开放为目标的金融制度创新有序推进，以政府职能转变为核心的事中事后监管制度初步形成。这些都极大地促进了中国工业与世界市场的联系，便利了国内外资金在工业领域的相互投资，降低了工业企业生产经营成本，有利于中国工业的可持续发展和中国工业更好地为世界经济发展做出更大贡献。

以上海自贸试验区为例，一方面，基本形成了以负面清单管理为核心的投资管理制度。在现代服务业和先进制造业领域有重点地扩大外资准入限制，实施《上海自贸区总体方案》提出的54条扩大开放措施，融资租赁、工程设计、旅行社、认证检测等累计落地超过1800个外资项目。境外投资便利度不断提高，除敏感地区和敏感行业外，对境外投资实行以备案制为主的管理方式，区内企业境外投资占上海全市比重从2013年的10%提升到2016年前三季度的70%左右，其中来自外省市投资占比在2015年底达到25%，"走出去"的桥头堡作用凸显。另一方面，基本形成了以贸易便利化为重点的贸易监管制度。率先建立国际贸易"单一窗口"，目前国际贸易"单一窗口"2.0版汇集整合了贸易监管和通关作业全流程，货物申报数据由135项合并为103项，运输工具（船舶）申报数据由1112项整合为388项，上海口岸货物申报80%以上，船舶申报99%已通过"单一窗口"办理。①

---

① 《中国自贸区建设不断向纵深推进》，新华网，http://news.xinhuanet.com/fortune/2017-01/13/c_1120302119.htm。

随着投资开放程度和贸易便利化程度的不断提升，自贸试验区作为沿海开放新高地的作用不断显现。据商务部介绍，2016 年1～12 月，全国新设立外商投资企业 27900 家，同比增长 5%；实际使用外资金额 8132.2 亿元人民币，同比增长 4.1%（未含银行、证券、保险领域数据，下同）。而上海、广东、天津、福建四个自贸试验区实际使用外资达 879.6 亿元人民币，同比增长81.3%，四个自贸试验区以万分之五的国土面积吸收了全国占比10.8% 的境外投资。[①]

2016 年 8 月，国家在原有四个自贸试验区基础上，决定在辽宁省、浙江省、河南省、湖北省、重庆市、四川省、陕西省新设立七个自贸试验区，至此，中国形成"1 + 3 + 7"共计 11 个自贸区的格局，兼顾东北和中部地方特色，开展差异化改革试点，从而在更多领域、更广地域，形成各具特色各有侧重的自贸区试点布局。随着自贸区布局在全国范围内的逐渐铺开，一个立足东中西协调、陆海统筹的全方位的区域开放新格局正在迅速形成。

表 6 - 9　新增七大自贸区定位

辽宁	打造提升东北老工业基地发展整体竞争力和对外开放水平的新引擎
浙江	推动大宗商品贸易自由化，提升大宗商品全球配置能力
河南	建设服务于"一带一路"建设的现代综合交通枢纽
湖北	发挥在实施中部崛起战略和推进长江经济带建设中的示范作用
重庆	发挥重庆战略支点和连接点重要作用、带动西部大开发战略深入实施
四川	打造内陆开放型经济高地，实现内陆与沿海沿边沿江协同开放
陕西	打造内陆型改革开放新高地，探索内陆与"一带一路"沿线国家经济合作和人文交流新模式

资料来源：申万宏源宏观（ID：swsmacro）。

---

① 《商务部：2016 年中国实际使用外资 8132.2 亿元增长 4.1%》，中国网财经，http://finance.china.com.cn/news/20170113/4068884.shtml。

建设自贸区是党中央国务院从国内外大势出发，统筹国内国际两个大局，顺应全球经贸发展新趋势，推进中国改革的重大举措和重大尝试。自 2013 年以来，自贸试验区不断产生可复制可推广的经验。而设立新自贸区的决议正是借鉴以往四个自贸区实践过程中取得的改革试点经验的基础上，因地制宜，进一步促进中西部地区发展，深化落实"两横三纵"战略，体现了中国区域经济设计新版图。

新设自贸区的战略意义主要体现在对内和对外两个方面。对内落实"两横三纵"战略设计，优化中国中长期区域规划宏观布局：伴随着中国经济结构调整、产业转型创新以及新的区域规划思路的展开，过去 30 多年来中国基本形成的东部对外开放、中部承接产业转移、西部能矿、东北重工业的单一层级的线性区域经济地理格局正在出现分化裂变。新设七个自贸试验区在布局上强调了连贯东西、打通沿海到内陆的战略联结渠道、加大中西部门户城市的开放需求，优化布局、合理分工、功能互补、协同发展。实现了"两横三纵"战略所强调的具体目标，即在中西部和东北有条件的地区，依靠市场力量和国家规划引导，逐步发展形成若干城市群，成为带动中西部和东北地区发展的重要增长极，推动国土空间均衡开发。同时进一步塑造中国以开放促改革、促发展新红利的新优势。

对外探索国际合作新形式，主动顺应全球化经济治理新趋势新格局、对接国际贸易投资新规则新要求，推动新一轮对外开放：后金融危机时代，发达国家构建新型经济结构、加快推进再工业化和制造业回归；新兴经济体加快崛起，在全球经贸发展中的话语权和地位不断提升；全球金融贸易投资治理结构的大调整，新的国际金融体系、国际投资体系、多边贸易体系正在重构，新产业革命促成新业态新模式引至新的贸易新的投资。自贸区进一步扩大有助于中国推进新的更高标准贸易自由化、投资自由化，扩大开放领域、提升开放能级，接轨国际贸易投资新规则。

二 构建高标准的全球自贸区 （FTA） 网络

自 2002 年以来，中国已对外签署 14 个自由贸易协定，涉及东盟、新加坡、新西兰、智利、秘鲁、韩国、澳大利亚等 22 个国家和地区，货物贸易额占到中国对外货币贸易总额的 38%，初步搭建起周边的自由贸易平台和全球自由贸易网络。《关于加快实施自由贸易区战略的若干意见》实施一年来，中国又成功推进 8 个自贸区谈判或研究取得实质性进展，同时新启动 8 个自贸区谈判或研究，谈判领域涵盖服务贸易、货物贸易、双边投资、知识产权保护、原产地规则、环境保护等多方面内容（见表 6 - 10、表 6 - 11）。中国的自贸区战略正沿着多个方向快速推进和发展，具体表现为以下几点。

（1）周边自贸区建设向纵深推进。2012 年 11 月，东盟与中国、日本、韩国、印度、澳大利亚、新西兰的领导人共同发布了《启动〈区域全面经济伙伴关系协定〉（RCEP）谈判的联合声明》，正式启动这一覆盖 16 个国家的自贸区建设进程。RCEP 是东盟为应对经济全球化和区域经济一体化的发展而提出的一个新的自由贸易协定组织，主要目标是消除内部贸易壁垒，创造和完善自由的投资环境，扩大服务贸易。RCEP 是由东盟主导、东亚主要经济体积极支持参与的互利共赢区域经济组织，此前东盟已分别与中、日、韩、印以及澳新签署了 5 个自贸协定，5 个 "10 + 1" 自贸协定的实施为 RCEP 奠定了有利基础。2016 年，亚洲地区规模最大的《区域全面经济伙伴关系协定》（RCEP）谈判进入关键阶段，各方就货物、服务、投资准入和其他规则进一步缩小分歧，力争在 2017 年完成谈判，努力建成世界上涵盖人口最多、区域最广、成员构成最多元化、发展最具活力的自贸区。RCEP 的成功建设，使得消费市场进一步扩大，促进了中日韩贸易禁区的深度合作，进一步消除中日韩贸易区质检的贸易壁垒①。中日韩自贸区谈判从 2012 年启动以来，已就协定领域范围达成一致，货物、服务、投资等谈判均取得进展；中韩自贸协定加快实施、完成亚太贸易协定第四轮关税减让谈判，中国—东盟自贸区升级议定书正式生效。

（2）"一带一路"自贸区建设形成良好势头。投资贸易合作是"一带一路"建设的重要内容。2016 年，中国与海合会宣布重启中断 7 年之久的自贸区谈判并推动谈判进入快车道；正式启动与以色列的自贸区谈判，恢复与斯里兰卡的自贸区谈判，积极推进中国—马尔代夫自贸区、中国—巴基斯坦自贸区第二阶段等谈判；启动与尼泊尔、孟加拉国、毛里求斯的自贸区联合可行性研究。2016 年，中国与沿线国家贸易额达 9536 亿美元，占同期中国外贸总额的 25.7%，其中出口 5875 亿美元，进口 3661 亿美元。同期中国对"一带一路"沿线国家直接投资 145 亿美元，占同期中国对外投资总额的 8.5%。同时，不断优化外商投资环境，吸引更多的沿线国家企业来华投资。2016 年，沿线国家对华投资新设立企业 2905 家，同比增长 34.1%，实际投入外资金额 71 亿美元。"一带一路"战略与自贸区的对接，可以促进国内过剩产能的转移，通过自贸区建立，搭建起与国际经贸投资新规则架构的桥梁，帮助中国实现经济结构的转型。并且对于中国中西部边远地区可以更好地发

---

① 赵羊：《RCEP 对中日韩自贸区的影响及中国的对策》，《经营管理者》2014 年第 23 期，第 200 页。

挥其资源优势，提高产品附加值，延伸价值链合作，加强与"一带一路"沿线国家的经贸往来与交流，有助于缩小中国国内地区间的经济差距。将二者对接，不仅有助于中国国内各个省市的资源向外流通和利用，关税壁垒的降低更是方便国民在国内轻轻松松便可拥有世界各国所生产的物美价廉的商品，同时刺激国内各个产业的转型升级，重视产品的质量，增强企业的竞争力。而且将二者对接，还有助于遏制欧美国家主导的重返亚太和美国再平衡战略，稳固中国在国际上的大国影响力和竞争力。"一带一路"战略构想的提出，不仅可以实现亚欧地区的贸易便利化，还可以为与沿线国家构建自由贸易区奠定基础，为最终成功对接做准备[1]。

（3）积极推动与主要贸易伙伴和大国的自贸区建设，自贸区全球布局更趋优化。2016 年 11 月，中国宣布与智利、新西兰和秘鲁启动双边自贸区升级谈判或升级联合研究，扩展了双边自贸内涵。同年 9 月，中国与加拿大启动自贸区"探索性研究"。此外，中国还与太平洋岛国巴布亚新几内亚和斐济联合开展加快推进自贸可行性研究，形成了以点带面的格局。

表 6 – 10   中国已经签署的自由贸易协定

协定名称	时间	主要内容	意义
中国 – 东盟自贸区	2002 年 11 月 4 日签署，2010 年全面建成	明确中国 – 东盟自贸区联合委员会的法律地位和职责范围，以及双方在技术性贸易壁垒和卫生与植物卫生措施方面的权利、义务和合作安排	中国与东盟签署的《框架协议》是中国正式签署的第一个自由贸易协定，标志着中国区域经济一体化进程正式启动

---

① 权江辉、许佳佳、李思然：《"一带一路"与自贸区的对接》，《商》2016 年第 19 期。

续表

协定名称	时间	主要内容	意义
内地与港澳更紧密经贸关系安排	分别于 2003 年 6 月、10 月签署香港、澳门 CEPA，2004 年 1 月 1 日开始实施。2010 年 6 月 29 日签署两岸 ECFA	CEPA 内容包括货物贸易自由化、服务贸易自由化和贸易投资便利化 ECFA 内容包括逐步减少或消除双方之间实质多数货物贸易的关税和非关税壁垒；逐步减少或消除双方之间涵盖众多部门的服务贸易限制性措施；提供投资保护，促进双向投资；促进贸易投资便利化和产业交流与合作	内地与香港、澳门 CEPA 是中国国家主体与香港、澳门单独关税区之间签署的自由贸易协议，也是第一个全面实施的内地自由贸易协定，是内地与港澳经贸交流与合作的重要里程碑。内地与台湾 ECFA 是两岸经贸关系史上的重要里程碑，标志着两岸经济关系进入了制度化合作的新的发展阶段
亚太贸易协定（亚洲及太平洋经济和社会委员会发展中成员国关于贸易谈判的第一协定）	2005 年 11 月 2 日将 1975 年签订的《曼谷协定》更名为《亚太贸易协定》，2006 年 9 月 1 日开始实施	中国将向其他成员国的 1717 项 8 位税目产品提供优惠关税，平均减让幅度 27%；另外，还将向最不发达成员国孟加拉国和老挝的 162 项 8 位税目产品提供特别优惠，平均减让幅度 77%	亚太贸易协定为中国深化与亚太各成员国的经贸合作奠定了良好的基础
中国－智利自贸区	2005 年 11 月 18 日签署，2006 年 10 月 1 日开始实施	两国从 2006 年 7 月 1 日开始，全面启动货物贸易的关税减让进程。其中，占两国税目总数 97% 的产品将于 10 年内分阶段降为零关税。两国还将在经济、中小企业、文化、教育、科技、环保、劳动和社会保障、知识产权、投资促进、矿产、工业等领域进一步开展合作	中国－智利自贸协定是继中国－东盟自贸协定之后中国对外签署的第二个自贸协定，也是中国与拉美国家签署的第一个自贸协定，将在国际上树立南南合作的新典范
中国－巴基斯坦自贸区	2006 年 11 月 18 日签署，2007 年 7 月 1 日开始实施	该自由贸易协定以货物贸易为主，双方承诺分两个阶段对 90% 的货物进行关税减让	中巴自由贸易协定是中国与南亚国家的第一个自由贸易协定

续表

协定名称	时间	主要内容	意义
中国－新西兰自贸区	2008 年 4 月 7 日签署，2008 年 10 月 1 日生效	相互降低货物贸易关税、开放服务贸易市场、便利两国人员流动、保护及促进双向投资，并在海关、检验检疫、知识产权等领域加强沟通与合作	中国－新西兰自由贸易协定是中国与其他国家签署的第一个涵盖货物贸易、服务贸易、投资等诸多领域的全面自由贸易协定，也是与发达国家签署的第一个自由贸易协定
中国－新加坡自贸区	2008 年 10 月 23 日签署	《协定》涵盖了货物贸易、服务贸易、人员流动、海关程序等诸多领域。新方承诺在 2009 年 1 月 1 日取消全部自华进口产品关税；中方承诺在 2010 年 1 月 1 日前对 97.1% 的自新进口产品实现零关税。双方还在医疗、教育、会计等服务贸易领域做出了高于 WTO 的承诺	中国－新加坡自贸协定进一步全面推进中新双边经贸关系的发展，对东亚经贸一体化进程产生了积极的影响
中国－秘鲁自贸区	2009 年 4 月签署，2010 年 3 月 1 日正式实施	在货物贸易方面，中秘双方对各自 90% 以上的产品分阶段实施零关税；在服务贸易方面，双方在各自对世贸组织承诺的基础上，相互进一步开放服务部门；在投资方面，双方相互给予对方投资者及其投资以准入后国民待遇、最惠国待遇和公平公正待遇。双方还在知识产权、贸易救济、原产地规则等众多领域达成广泛共识	中国－秘鲁自由贸易协定是与拉美国家的第一个一揽子自由贸易协定，是两国关系发展史上新的里程碑
中国－哥斯达黎加自贸区	2010 年 4 月签署，2011 年 8 月 1 日正式实施	在货物贸易领域，中哥双方对各自 90% 以上的产品分阶段实施零关税，共同迈进"零关税时代"。在服务贸易领域，在各自对世贸组织承诺的基础上，哥方在电信服务、商业服务、建筑等 45 个部门或分部门进一步对中方开放，中方则在计算机服务、房地产等 7 个部门或分部门对哥方进一步开放。双方还在知识产权、贸易救济、原产地规则等众多领域达成广泛共识	中国－哥斯达黎加自贸协定涵盖领域广，开放水平高，是中国与中美洲国家签署的第一个一揽子自贸协定

续表

协定名称	时间	主要内容	意义
中国－冰岛自贸区	2013 年 4 月 15 日签署	协议涵盖货物贸易、服务贸易、投资等诸多领域，双方就服务贸易做出了高于 WTO 的承诺，并对投资、自然人移动、卫生与植物卫生措施、技术性贸易壁垒、原产地规则、海关程序、竞争政策、知识产权等问题做出了具体规定	该自贸协定是中国与欧洲国家签署的第一个自由贸易协定
中国－瑞士自贸区	2013 年 7 月签署，2014 年 7 月 1 日正式生效	瑞方对中方 99.7% 的出口立即实施零关税，中方对瑞方 84.2% 的出口最终实施零关税，货物贸易的零关税比例高。工业品方面，瑞方对我降税较大的产品有纺织品、服装、鞋帽等；农产品方面关税削减力度大。在钟表等领域为双方合作建立了良好的机制，并涉及环境、知识产权等许多新规则。就政府采购、环境、劳工与就业合作、知识产权、竞争等中方以往自贸谈判中很少碰到的规则问题达成一致	中国－瑞士自贸协定是近年来中国对外达成的水平最高、最为全面的自贸协定之一
中国－韩国自贸区	2015 年 6 月 1 日签署	协定范围涵盖货物贸易、服务贸易、投资和规则共 17 个领域，包含了电子商务、竞争政策、政府采购、环境等 "21 世纪经贸议题" 承诺未来采用准入前国民待遇和负面清单开展服务贸易和投资谈判；设立电子商务章节；涉及地方经济合作相关内容	中国－韩国自贸区是东北亚地区第一个自由贸易区，是中国迄今为止对外签署的覆盖议题范围最广、涉及国别贸易额最大的自贸协定

续表

协定名称	时间	主要内容	意义
中国－澳大利亚自贸区	2015 年 6 月 17 日签署	关税减免方面，中国对澳大利亚出口的产品获得 16.6 亿美元的关税减免，协定生效时即可获得 10.2 亿美元减免（占减免总额的 61.5%），协定生效 3 年内可获得 16 亿美元的减免（占减免总额的 96.4%）	中国－澳大利亚自由贸易区是中国首次与经济总量较大的主要发达经济体谈判达成自贸协定，首次中医"走出去"，实现了全面、高质量和利益平衡的目标。服务贸易领域，澳大利亚是首个对中国以负面清单方式做出服务贸易承诺的国家
中国－东盟（"10＋1"）升级	2015 年 11 月 22 日签署	主要内容涵盖货物贸易、服务贸易、投资、经济技术合作等领域。推进泛亚铁路等互联互通建设，推动金融合作与融资平台建设，密切行业对接和产业合作	该自贸区协议是中国在现有自贸区基础上完成的第一个升级协议

资料来源：中国自由贸易区服务网，http://fta.mofcom.gov.cn/index.shtml。

表 6-11 中国正在谈判的自贸区

自由贸易区名称	最新进展	备注
中国－海合会自贸区	2016 年 10 月 25 日至 27 日，中海自贸区第八轮谈判在北京举行，双方就服务贸易、投资、电子商务以及货物贸易遗留问题等内容进行了深入磋商	中国－海合会自贸区即中国－海湾阿拉伯国家合作委员会自由贸易区。海湾阿拉伯国家合作委员会（简称海合会）由六个海湾阿拉伯国家组成，包括阿拉伯联合酋长国、阿曼苏丹国、巴林国、卡塔尔国、科威特国和沙特阿拉伯王国。中国－海合会自贸区有望在 2017 年达成协议
中国－挪威自贸区	2010 年 9 月 14~16 日中挪自由贸易协定第八轮谈判在挪威奥斯陆举行，双方就货物贸易、服务贸易、原产地规则、卫生和植物卫生标准/技术贸易壁垒、贸易救济、贸易便利化等议题进行了磋商	

续表

自由贸易区名称	最新进展	备注
中日韩自贸区	2016 年 6 月 27 日，中日韩自贸区第十轮谈判首席谈判代表会议在韩国首尔举行，三方将就货物贸易、服务贸易、投资、协定领域范围等议题深入交换意见	
《区域全面经济合作伙伴关系协定》（RCEP）	2016 年 12 月 2 ~ 10 日，《区域全面经济伙伴关系协定》（RCEP）第 16 轮谈判在印度尼西亚唐格朗举行	2012 年 11 月 20 日，在柬埔寨金边举行的东亚领导人系列会议期间，东盟十国与中国、日本、韩国、印度、澳大利亚、新西兰的领导人，共同发布《启动〈区域全面经济伙伴关系协定〉（RCEP）谈判的联合声明》，正式启动这一覆盖 16 个国家的自贸区建设进程。该协定有望在近期达成
中国 - 斯里兰卡自贸区	2016 年 8 月 2 ~ 4 日，中国—斯里兰卡自贸区第三轮谈判在斯里兰卡首都科伦坡举行。中斯双方就货物贸易、服务贸易、投资、经济技术合作、原产地规则、海关程序和贸易便利化、技术性贸易壁垒和卫生与植物卫生措施、贸易救济以及法律相关议题等充分交换了意见，谈判取得积极进展	中斯自贸协定将是一个覆盖货物贸易、服务贸易、投资和经济技术合作等内容的全面协定
中国 - 巴基斯坦自贸协定第二阶段谈判	2015 年 10 月 14 ~ 16 日，中巴自贸区第二阶段谈判在北京举行，双方就第二阶段货物贸易降税模式、服务贸易领域进一步扩大开放、巴调节税、原产地直接运输、海关数据交换合作等议题进行了磋商	
中国 - 马尔代夫自贸区	2016 年 9 月 26 ~ 30 日，中国—马尔代夫自贸协定第四轮谈判在香港举行。双方就货物贸易、服务贸易、投资、经济技术合作等议题深入交换了意见，达成广泛共识	

续表

自由贸易区名称	最新进展	备注
中国－格鲁吉亚自贸区	2016 年 10 月 5 日中格两国签署《关于实质性结束中国－格鲁吉亚自由贸易协定谈判的谅解备忘录》，实质性结束自由贸易协定谈判	中格自贸协定谈判于 2015 年 12 月启动，共经过三轮正式谈判和三次非正式磋商，是中国在欧亚地区开展的第一个自贸协定谈判
中国－以色列自贸区	以色列国总理本雅明·内塔尼亚胡于 2017 年 3 月 19 日至 22 日对中国进行正式访问。以中两国已同意加快自贸协定谈判进程	
中国－新加坡自贸协定升级谈判	2017 年 11 月 21 日，新西兰总理约翰·基在亚太经合组织（APEC）利马会议后宣布，与中国的自贸协定升级谈判即将启动	这是中国与西方发达国家第一次以较高标准升级贸易与投资协定，将是一次突破性进展
中国－新西兰自贸协定升级谈判	中国－新西兰自贸协定第二轮升级谈判将于 2017 年 7 月初举行。在第二轮升级谈判中，贸易便利化、服务贸易、关税配额等仍将是谈判桌上的焦点	
中国－智利自贸协定升级谈判	2017 年 11 月 22 日，在习近平主席对智利进行国事访问期间，在两国领导人的见证下，中国商务部部长高虎城与智利外交部部长穆尼奥斯共同签署《中华人民共和国商务部和智利共和国外交部关于启动中国－智利自由贸易协定升级谈判的谅解备忘录》，宣布启动升级谈判	中智两国自贸协定启动于 2005 年，双边于 2005 年 11 月签署了自贸区协定，并于 2006 年 10 月开始实施。协定主要覆盖货物贸易和合作等多项内容，是中国对外签署的第二个自贸协定，也是中国与拉美国家签署的第一个自贸协定

资料来源：中国自由贸易区服务网，http://fta.mofcom.gov.cn/index.shtml。

三 设立跨境电子商务综合试验区

2015 年 3 月 12 日，国务院正式批准了国内唯一的中国（杭州）跨境电子商务综合试验区，标志着发展跨境电商正式上升到了国家战略，相当于在杭州建立了一个"网上自贸区"。2016 年 1 月 6 日，国务院常务会议决定，在宁波、天津、上海、重庆、合肥、郑州、广州、成都、大连、青岛、深圳、苏州12个城市新设一批跨境电子商务综合试验区，用新模式为外贸发展提供新支撑。

跨境电子商务是指不同关境的交易主体，通过电子商务平台达成交易、进行支付结算，并通过跨境物流送达商品、完成交易的一种国际贸易活动。跨境电子商务是一种新型的贸易方式，它依靠互联网和国际物流，直接对接终端，满足客户需求，具有门槛低、环节少、成本低、周期短等方面的优势，已在全球范围内蓬勃发展。按照进出境货物流向，跨境电子商务可分为跨境电子商务出口和跨境电子商务进口。其中，跨境电子商务出口模式主要有外贸企业间的电子商务交易（B2B）、外贸企业对个人零售电子商务（B2C）与外贸个人对个人网络零售业务（C2C），并以外贸B2B和B2C为主；进口模式以外贸B2C以及海外代购模式为主。按照运营模式，中国跨境电子商务可分为跨境B2B贸易服务和跨境网络零售两大类。支持跨境电子商务发展，有利于用"互联网＋外贸"实现优进优出，发挥中国制造业大国优势，扩大海外营销渠道，合理增加进口，扩大国内消费，实现外贸转型升级；有利于带动就业，推进大众创业、万众创新，打造新的经济增长点，为中国经济发展提供新动力。

在全球一体化趋势推动下，跨境电商互联互通正成为许多国家促进区域经济一体化的重要途径。以云南省为例，云南益民食易购电子商务股份有限公司此前与泰国上品有限公司携手打造跨境电商平台，已有上千家国内企业与该平台达成合作意向。① 在国

---

① 黄楚婷：《跨境电商搭共享经济快车由乱而治比拼服务》，《通信信息报》2017年2月11日，http：//www.ebrun.com/20170211/214004.shtml？eb＝com_ dtl_ lcol_ xgyd_ z。

内城市中，广州跨境电商规模高居第一，同比激增 1.2 倍。据海关统计，2016 年全年，广州市跨境电商进出口总值 146.8 亿元人民币，同比增长 1.2 倍。其中，出口 86.5 亿元，增长 1.5 倍；进口 60.3 亿元，增长 83.2%，进出口位列全国首位。2016 年，全国跨境电商进出口总值 499.6 亿元，增长 38.7%。在全国 60 个开展跨境电商进出口业务的城市中，广州以 146.8 亿元的规模继续领跑，占全国跨境电商进出口总值的 29.4%，占全省的 64%。其中，广州跨境电商出口占全国跨境电商出口总值的 36.3%；进口占 23.1%，均居全国首位。[①]

随着消费升级和海淘电商平台的普及，2016 年中国海淘产业增速迅猛。据日前第三方机构 iiMedia（艾媒咨询）发布的《2016 ~ 2017 中国跨境电商市场研究报告》显示，2016 年中国跨境电商交易规模达到 6.3 万亿元，是 2013 年的 2 倍多，海淘用户规模达到 4100 万人次。艾媒预计 2018 年中国跨境电商交易规模将达到 8.8 万亿元，海淘用户规模达到 7400 万人次。[②]

第四节　科技领域国际合作

新中国成立以来，受战后国际格局影响，中国的对外科技交流与合作在很长时期内主要局限于社会主义阵营以及亚非拉的发展中

---

① 李天研：《广州跨境电商贸易额近 150 亿规模居全国第一》，《广州日报》2017 年 2 月 9 日，http://www.ebrun.com/20170209/213682.shtml? eb = com_ dtl_ lcol_ xgyd_ z。

② 叶丹：《2018 年中国跨境电商交易规模或超 8 万亿》，《南方日报》2017 年 2 月 12 日，http://www.ebrun.com/20170212/214021.shtml。

国家。改革开放以后，伴随国家工作重心的转移以及科技作为"第一生产力"的重要性得到普遍认同，中国对外科技交流与合作的格局发生根本改变，不仅政府间的科技合作得以在全球范围内广泛开展，民间科技交流也呈现空前活跃的局面，中国在保持与传统国家的科技交流的同时，与美国、欧洲、日本等科技发达国家建立了广泛的科技合作关系。截至 2016 年，中国已经与 158 个国家、地区和国际组织建立了科技合作关系，签订了 111 个政府间科技合作协定，加入了 200 多个政府间国际科技合作组织，向全球 71 个驻外使领馆派驻了 146 名科技外交官。我们还与世界主要国家和地区开启了八大创新对话机制［中美、中欧、中德、中法、中以、中巴（西）、中俄以及中国和加拿大］，与广大发展中国家建立了六大科技伙伴计划（中国非洲、中国东盟、中国南亚、上合组织国家、拉美国家、阿拉伯国家），基本实现了对发展中国家的全球覆盖。[①] 全方位、多渠道、多形式、多层次的国际科技交流与合作，有助于各国参与创新驱动的科技革命，这是实现"包容的可持续工业化"的重要驱动力，也是新时期工业化进程更具内涵的发展内容，对中国与世界的科技进步和经济社会发展发挥了十分积极的作用。

　　进入 21 世纪以来，国际国内的经济增长格局都面临重大转变，一方面中国在经济总量跃居世界第二后，经济结构面临转型升级的迫切需求；另一方面在全球经济增长需要新动能的形势下，一国的创新能力特别是科技创新能力成为未来国际竞争力的重要保障。与此同时，随着经济实力和整体科技水平的不断提升，中国

　　[①]　科技部：《中国在国际科技创新合作中发挥关键作用》，http：//www. stdaily. com/zhuanti01/02chang/2017 – 02/16/content_ 515768. shtml。

科技的自主创新能力不断增强，在科技前沿方面从过去以"跟踪"为主逐步向"跟踪、并行、领跑"并行转变，中国科技发展已经进入由量的增长向质的提升的跃升期。在此背景下，中国继十八大之后在国家发展战略上做出重大调整，确立了创新驱动发展这一新时期重大战略部署。配合发展战略的转变，中国不仅制定了中长期科技发展规划，而且在对外科技交流与合作方面也做出调整；新时期的中国对外科技合作不仅呈现诸多新特点，而且对中国在全球视野下推动科技创新，实施全方位对外开放发挥了重要的支撑作用。

一 创新合作机制提升全球科技资源利用能力

围绕建设创新型国家的总体目标，国家从"十一五"开始探索实行更加务实长效的科技合作机制，推动科技合作从重项目合作、轻资源集成和人才培养向整体推进"项目—人才—基地"相结合的战略转变，构建"项目—人才—基地"三位一体、相互依托、互为促进的国际科技合作新模式，实现国家、部门、地方、企业等资源的有机结合，实现人才、资本、技术等创新要素的高效集成，实现国际科技合作与区域创新体系乃至国家创新体系的有效衔接。[①]

为统筹、整合中国产学研的科技资源和力量，广泛深入地开展国际科技合作与交流，有效利用全球科技资源，提高中国科技创新能力，中国政府于2001年设立了国家国际科技合作与交流专项（简称"国合专项"，2014年底纳入国家重点研发计划）。国合专项重点支持三类国际科技合作项目：一是通过政府间双边和多边科技合作

[①] 《中国国际科技合作将力争实现五大转变》，新华网，http://news.xinhuanet.com/tech/2006 – 12/01/content_ 5417314. htm。

协定或者协议框架确定，并对中国科技、经济、社会发展和总体外交工作有重要支撑作用的政府间科技合作项目；二是立足国民经济、社会可持续发展和国家安全的重大需求，符合国家对外科技合作政策目标，着力解决制约中国经济、科技发展的重大科学问题和关键技术问题，具有水平较高、需求迫切等特点的国际科技合作项目；三是与国外一流科研机构、著名大学、企业开展实质性合作研发，能够吸引海外杰出科技人才或者优秀创新团队来华从事短期或者长期工作，有利于推动中国国际科技合作基地建设，有利于增强自主创新能力，实现"项目—人才—基地"相结合的国际科技合作项目。

2015 年，国合专项共立项支持 414 个项目，各个渠道投入的项目资金 37.64 亿元。从项目的学科分布看，生命科学、材料、信息、工程与技术、能源等学科是合作的重点领域，占到总项目数的 3/4（见表 6 - 12）。从项目的研发性质看，技术创新型项目（包括应用研究、实验发展、产业化开发）占 72%。从合作的对象国别看，与俄罗斯、美国、德国、以色列、英国、乌克兰、加拿大、日本等科技发达国家的合作占据绝对优势。这些项目涵盖节能环保、新能源、生物医药、新材料、电子信息等若干领域的高新技术，取得了一大批国际先进水平的技术成果，攻克了中国在相应发展产业中的若干技术瓶颈，疏通了中国科研机构和企业进入国际合作与竞争平台的渠道。实施国合专项所取得的成果，为推动战略性新兴产业的发展发挥了不可或缺的重要作用，对促进中国传统产业转型升级起到了事半功倍的成效。①

---

① 靳晓明、孙洪等：《国家国际科技合作与交流专项 2015 年度报告》，http：//www. istcp. org. cn/2015% E7% A7% 91% E6% 8A% 80% E5% B9% B4% E6% 8A% A5/index. html。

表 6 – 12   2015 年国合专项项目学科领域分布

专业领域分布	专项经费（亿元）	总经费（亿元）	项目数（个）
生命科学领域	2.42	5	104
材料科学技术领域	2.59	7.4	74
信息科学技术领域	1.87	5.92	59
工程与技术领域	2.05	9.34	56
能源科学技术领域	1.22	4.42	50
环境科学技术领域	0.37	1.06	18
化学与化工领域	0.39	1.37	15
交通科学技术领域	0.46	1.77	15
地球科学领域	0.35	0.65	12
前沿与交叉领域	0.25	0.66	10
国际科技合作管理	0.02	0.05	1

截至 2016 年，科技部先后共认定了 25 个国际创新园、131 家国际联合研究中心、34 家国际技术转移中心和 359 家示范型国际科技合作基地，形成了不同层次不同形式的国际科技合作与创新平台。国家国际科技合作基地（简称国合基地）的区域和领域布局进一步优化和完善，基本形成配置合理的国际合作创新集群。国合基地作为国家在利用全球科技资源、扩大科技对外影响力等工作中的骨干和中坚力量，对相关领域或地区国际科技合作的发展产生了重要的引领和示范效果。

二　构建 "一带一路" 协同创新共同体

2013 年 9 月和 10 月，习近平主席出访中亚和东南亚后提出了共建 "丝绸之路经济带" 和 "21 世纪海上丝绸之路"，"一带一路" 战略由此产生。2014 年，中国出资 400 亿美元成立丝路基金。2015 年 3 月，国家发改委、外交部、商务部共同发布《推动共建丝绸之路经济带和 21 世纪海上丝绸之路的愿景与行动》，其中的

第四部分"合作重点"强调了要加强科技合作，共建联合实验室（研究中心）、国际技术转移中心、海上合作中心，促进科技人员交流，合作开展重大科技攻关，共同提升科技创新能力。丝绸之路不仅是经济贸易合作之路，也是科技发展和文化交流之路，"一带一路"的建设和发展需要科技创新的引领和驱动。

推进"一带一路"建设是对外开放的重要举措，聚焦构建合作网络、新型合作模式、多元合作平台，让"一带一路"造福各国人民。目前中国政府已与49个"一带一路"沿线国家签署了政府间科技合作，启动了沿线国家一系列科技伙伴计划，包括"中国东盟科技伙伴计划""中国南亚科技伙伴计划""中国阿拉伯国家科技伙伴计划"等。为贯彻落实"一带一路"战略，推动中国与沿线国家的科技合作深入开展，发挥科技创新在"一带一路"建设中的引领和支撑作用，2016年9月，科技部、发改委、外交部、商务部四部委联合印发了《推进"一带一路"建设科技创新合作专项规划》，致力于到21世纪中叶建成发展理念相通、要素流动畅通、科技设施联通、创新链条融通、人员交流顺通的"一带一路"创新共同体，形成互学互鉴、互利共赢的区域协同创新格局。《规划》不仅明确了包括农业、能源、交通、信息通信、资源、环境、海洋、先进制造、新材料、航空航天、医药健康、防灾减灾等在内的科技合作重点领域，而且部署了包括密切科技人文交流合作、加强国家实验室、技术示范基地、技术转移中心等平台建设，以科技合作支撑重大工程建设，共建特色科技园区，强化合作研究等五个方面的重点任务。

规划发布以来，"一带一路"沿线在科技人文交流、联合科研平台建设、技术转移协作网络、科技园区合作等方面的多项行动加速推进。2016年2月，"上海合作组织科技伙伴计划"在新疆正式启动实施,自治区将每年安排财政资金 1000 万元,为上海合作组织成员国共同面对的社会经济发展中的重大科技问题,提供项目、人才、基地支持。由中方倡导的丝绸之路高科技园区联盟也于同年 7 月在山东烟台成立,其主要目的是构建起覆盖中国国家级高新区和丝绸之路沿线国家高科技园区的技术转移协作网络和合作对接平台,以促进各方科技交流、人才培养和成果转化,进一步助力各国科技能力建设和区域经济社会的可持续繁荣发展。此外,还相继举办了首届中国—中东欧国家创新合作大会,中国—南亚、中国—东盟技术转移与创新合作大会。

2016 年甘肃先后与白俄罗斯、马其顿、波兰、以色列等"一带一路"沿线国家在航天工程材料、动物疫病防控等领域开展技术转移合作,引进关键应用设备。地处中国西部的甘肃拥有较强的旱作农业和荒漠化治理等技术,因此向肯尼亚等非洲国家输入旱作农业技术,与蒙古国合作开展植被、土地、沙尘暴和荒漠化防治检测,向其传授技术。截至 2016 年底,甘肃省代表国家与马来西亚合作建设了"中国—马来西亚清真食品国家联合实验室",与巴基斯坦合作建立了"中巴生态农业和生物质能技术研发联合实验室"。甘肃还为"一带一路"沿线国家提供"技术援外"服务,累计培训了来自巴基斯坦、阿富汗、印度、孟加拉国、吉尔吉斯斯坦、斯里兰卡等国家的技术人员和科技管理人员 400 多人次,培训内容包括太阳能、风能、生物质能等可再生能源利用、荒漠化防治、水资源管理等。此外,甘肃还实施了一批援外项目,包括清真食品研发与检测、旱作农业生产、绿洲生态保护等,项目拨款资金累计达 4100 万元人民币。①

---

① 《甘肃与"一带一路"沿线国家开展多领域科技合作》,中国新闻网,http://www.chinanews.com/sh/2016/10 – 14/8031497.shtml。

作为中国和东盟战略合作伙伴关系的重要体现，中国和东盟国家之间的科技合作随着"一带一路"建设进程加快日益紧密。自 2012 年中国—东盟技术转移中心成立以来，已取得阶段性的重大成果。技术转移协作网络成员目前已达 2053 家，其中东盟国家 579 家，在国内外共举办了 45 场技术转移对接活动，促成了 422 项合作协议的签订，合同金额达 6.3 亿元人民币。[①]

2016 年 12 月，几十名来自巴基斯坦各大科研机构的科学家接受了中国兰州大学生物质能源领域科研团队为期 20 天的技术培训。2011～2016 年，科技部共举办了 200 多个发展中国家技术培训班，学员总数超过 5000 人，涵盖大部分"一带一路"沿线国家和地区。

三 以"科技伙伴计划"为载体推动"南南合作"

"包容的可持续工业化"所提出的工业领域国际科技合作，是一种支持发展中国家和最不发达国家发展的扶贫手段，通过支持其国内技术开发、研究与创新，实现工业多样化，增加产品附加值。长期以来，科技合作一直是中国对外援助，帮助发展中国家增强自主发展能力的重要方式。几十年来，中国与非洲等发展中国家在双方共同关注的科技领域开展了广泛的合作与交流，领域涉及农业、医药、卫生、环境、新能源、信息、通信、交通、生物、新材料、空间等众多方面。2006 年，中非在开启外交关系 50 周年之际，宣布建立和发展新型战略伙伴关系，中方提出了全面

---

① 《"一带一路"战略下，中国—东盟如何打造科技创新共同体？》，中国财经，http：//finance. china. com. cn/roll/20160922/3913788. shtml。

提升中非合作水平的八项政策措施。作为推动中非合作的八项举措之一，双方于 2009 年正式启动"中非科技伙伴计划"，选择共同关注的与社会民生和国家经济发展息息相关的科技领域，开展包括技术示范与推广、联合研究、技术培训、政策研究、科研设备捐赠等形式的具体合作内容。2011 年，在全面建成中国－东盟自由贸易区基础之上，为深化中国与东盟在科技与可持续发展领域的合作，双方着手启动"中国－东盟科技伙伴计划"，以政策咨询、技术服务、人力资源开发、合作研究、共建实验室和科技园区、技术转移等多种形式加强在重点技术领域的交流与合作。随着"一带一路"建设进程的推进，中国加快了与周边、非洲、拉美等地区发展中国家推进科技合作的步伐，先后启动了中国—南亚科技伙伴计划、中国—上合组织科技伙伴计划、中国—金砖国家科技创新合作框架计划、中国—拉美科技伙伴计划、中国—阿拉伯国家科技伙伴计划。

2015 年习近平主席在出席联合国发展峰会时宣布中国将设立"南南合作援助基金"，中国将提供 600 万美元资金，支持推动应对气候变化南南合作。作为新时期中国开展对外援助，推动"南南合作"的新模式，中国以"科技伙伴计划"为载体，以平等互利、成果共享为原则，以科技人才培养、共建联合实验室（联合研究中心）、共建科技园区、共建技术示范推广基地、共建技术转移中心、推动科技资源共享、科技政策规划与咨询等方面的合作为重点，向发展中国家推广中国行之有效的科技政策、管理和服务模式，帮助其开展和完善科技能力建设，促进科技与经济发展更紧密结合，最终实现经济社会可持续发展发挥了特有的作用。

四　深入参与全球科技创新与治理

二战以来，以曼哈顿计划为标志，人类科技发展进入大科学研究时代。所谓大科学研究是指那些需要跨学科合作的大规模、大尺度的前沿性科学研究项目，或者需要巨额投资建造、运行和维护大型研究设施的"工程式"的研究项目。由于这些研究项目往往投资巨大、参与人员超多、需要先进复杂的实验设备且研究目标宏大，因而常常需要借助国际合作的力量才能完成。通过国际科学合作实施大科学研究计划代表着人类对最高科学目标的追求。任何国家要想成为世界科技强国，就必须要通过以我为主的国际科技合作与大科学计划的成功实施来证明和体现自身的真实能力与贡献，因此它也是通往世界科技强国的必经之路。

进入 21 世纪以来，中国积极参与了"国际热核聚变实验堆计划（ITER）""伽利略计划""综合大洋钻探计划（IODP）""第四代核能系统"等一系列国际大科学工程和研究计划。我们在 ITER 计划中承担了项目 10% 左右的建造费用。2015 年 11 月，中国电子科技集团公司第 54 研究所提交的平方公里阵列射电望远镜（SKA）天线设计方案成功通过批准，顺利被选为后续唯一研发方案。这标志着中国参与 SKA 国际大科学工程取得历史性突破，并将在 SKA 的核心设备研发中发挥引领作用。近年来，中国还发起了"可再生能源与新能源国际合作计划"和"中医药国际科技合作计划"，标志着中国在国际大科学研究计划中扮演越来越重要的角色，正逐步由参与者向发起者和主导者的方向迈进。

2016 年 11 月 4 日，二十国集团（G20）科技创新部长会议在北京举行，本次 G20 科技创新部长会议是 G20 杭州峰会后第一个落实创新增长方式的行动，也是第一次在 G20 框架下建立科技创新部长会议机制。会议发布了《二十国集团科技创新部长会议声明》，重点强调了创新对推动全球经济增长、可持续发展和促进二十国集团科技创新合作与对话的重要作用，表达了在创新驱动增长的政策和实践、创新创业、科技创新合作的优先领域和模式、科技人力资源与创新人才交流方面采取一致行动的意愿。这次会议的成功举办，标志着中国在全球科技创新与治理中，正通过参与重大国际科技合作规则制定，主动设置全球性议题，不断提升自身对国际科技创新的影响力和制度性话语权。

参考文献：

1. 《中国统计年鉴 2016》，中国统计出版社，2016。

2. 《世界投资报告》，经济管理出版社，2002～2016。

3. 商务部：《中国吸收外资连续 25 年居发展中国家首位》，http：//www. chinanews. com/jingwei/12 – 26/24887. shtml。

4. 《2016 年中国外资统计》，商务部外资统计网站，http：//www. fdi. gov. cn/CorpS-vc/Temp/T3/Product. aspx？idInfo = 10000544&idCorp = 1800000121&iproject = 33&record = 7109。

5. 《统计局：2016 年全年全部工业增加值 247860 亿元》，新浪财经，http：//finance. sina. com. cn/roll/2017 – 02 – 28/doc – ifyavwcv9185534. shtml。

6. 王瑜：《外商直接投资对中国工业结构与贸易结构之影响实证研究》，博士学位论文，复旦大学，2008。

7. 《苏州工业园区简介》，http：//www. sipac. gov. cn/zjyq/yqgk/201703/t20170317_541391. html。

8. 《中国制造 2025》，360 百科，http：//baike. so. com/doc/8385315 – 8703052. html。

9. 世界银行：《制造业，增加值（2010 年不变价美元）》，http：//data. worldbank.

org. cn/indicator/NV. IND. MANF. KD？end = 2014&name_ desc = false&start = 1997&view = chart。

10. 胡鞍钢：《中国进入后工业化时代》，《北京交通大学学报》（社会科学版）2017 年第 1 期。

11. 《超越美国！中国成为全球最大 IT 产品生产国》，太平洋电脑网，http：//arch. pconline. com. cn/news/gnyj/0512/733429. html。

12. 裴长洪：《吸收外商直接投资与产业结构优化升级——"十一五"时期利用外资政策目标的思考》，《中国工业经济》2006 年第 1 期。

13. 中国外商投资发展报告：《国际规则变迁下的外商投资》，对外经济贸易大学出版社，2015。

14. 王晖：《大力实施"走出去"开放战略》，《中国对外经济贸易年鉴 2001》，中国对外经济贸易出版社，2001。

15. 《联合国贸发会议世界投资报告》，中国财政经济出版社，2015。

16. 《对外直接投资统计公报》，中国统计出版社，2003～2015。

17. 《三部委联合发布〈2015 年度中国对外直接投资统计公报〉》，新华网，http：//news. xinhuanet. com/fortune/2016 - 09/22/c_ 129293793. htm。

18. 刘颖琦、李海升：《国际工程承包商经营市场分析及发展趋势》，《重庆大学学报》（社会科学版）2004 年第 2 期。

19. 隋艳宁：《中国对外劳务合作的现状及问题对策研究》，博士学位论文，山东大学，2005。

20. 国务院新闻办公室：《中国的对外援助》，人民出版社，2011。

21. 国务院新闻办公室：《中国的对外援助（2014）》，《北京周报》（*Beijing Review*）2014 年第 30 期。

22. 赵晋：《新中国对外工业援助的初次尝试——以 1955～1956 年越南统一火柴厂的筹建为例》，《当代中国史研究》2015 年第 3 期。

23. 阿拉伯文编译部：《推动共建丝绸之路经济带和 21 世纪海上丝绸之路的愿景与行动》，外文出版社，2015。

24. 李文娟：《推动共建丝绸之路经济带和 21 世纪海上丝绸之路的愿景与行动出台》，《交通财会》2015 年第 4 期。

25. 北京大学海洋研究院：《"一带一路"五通指数研究报告》，http：//o-cean. pku. edu. cn/subpage. asp？ id = 465。

26. 《加强国际合作共建"一带一路"实现共赢发展——杨洁篪谈"一带一路"国际合作高峰论坛筹备工作》，新华网，http：//news. xinhuanet. com/world/2017 - 02/03/c_ 12 9464546. htm。

27. 中国外商投资发展报告：《国际规则变迁下的外商投资》，对外经济贸易大学出版社，2015。

28. 《"一带一路"沿线国家与华在建合作区已逾 70 个》，中国新闻网，ht-tp：//finance. chinanews. com/cj/2015/04 - 28/7240115. shtml。

29. 中国投资指南：《2016 年对"一带一路"沿线国家投资合作情形》，ht-tp：//www. fdi. gov. cn/1800000121_ 33_ 7452_ 0_ 7. html。

30. 《"一带一路"产能合作结硕果与 30 多个国家签署合作协议》，中国青年网，http：//news. youth. cn/jsxw/201705/t20170514_ 9758746. htm。

31. 周武英：《亚行报告：亚洲基础设施年需求有望达 1. 7 万亿美元》，《经济参考报》2017 年 3 月 1 日，https：//www. yidaiyilu. gov. cn/jcsj/sjrw/8838. htm。

32. 佚名：《2015～2016 年全球竞争力报告》，《上海城市规划》2015 年第 5 期。

33. 《"一带一路"六大经济走廊的发展现状与建设进展（上）》，搜狐网，ht-tp：//mt. sohu. com/20170202/n479778467. shtml。

34. 《亚欧大陆桥》，百度百科，http：//baike. baidu. com/link？ url = SDfqhFNm EYeXy 1ZXLfHyv06Vc9IgrMxcyOlrhts1JppgTK6YZ_ 872 - LsQKcXyzvn2fKQgmO1DUEfam Hiqgak _ wqx3bpib0VM9cQJc1xhforifCe6Ofe8QBXKWGQJ4EbBVM6DgiyvzKgtcWa jSdqI_ K。

35. 《中哈物流基地落户连云港合作打造丝路"大通道"》，新华网，http：//www. js. xinhuanet. com/2014 - 05/22/c_ 1110805754. htm。

36. 《杜尚别 2 号热电厂二期工程正拔地而起》，搜狐新闻，http：//www. sohu. com/a/109907547_ 436794。

37. 《中国—中南半岛经济带：贸易和投资加速推进》，中国青年网，http：//news. youth. cn/jsxw/201704/t20170429_ 9620550. htm。

48. 《中老铁路项目正式落地》，中央政府门户网站，http：//www. gov. cn/xin-wen/2015 – 11/15/content_ 5012746. htm。

39. "中巴经济走廊"，百度百科，http：//baike. baidu. com/link？url = mnqLDz1Z06 YH – LdSNXdkfPeNMbT5IipCXzc4RwhNcOaOn6bXuBxWOD7jEZmV0UEIhyjXsBbzPa _ LY0lwq s5n1Abuqv07QxrMHk1RZZCsdf – ER3aRPnRa_ jwZj5dcIY5AoS1RvP_ 7J8HU qnYsoCj3YK。

40. 《中国电力承建卡西姆港燃煤电站项目已现壮阔面貌》，中国起重机械网，http：//www. chinacrane. net/news/201609/01/108161. html。

41. 黑龙江省人民政府：《"一带一路"六大经济走廊的发展现状与建设进展》，http：//www. hlj. gov. cn/zwfb/system/2017/02/06/010810889. shtml。

42. 《"一带一路"上的经济走廊：中巴经济走廊》，中国经济网，http：//in-tl. ce. cn/specials/zbjj/201704/19/t20170419_ 22132099. shtml。

43. "孟中印缅经济走廊"，百度百科，http：//baike. baidu. com/link？url = Dt0_ VLT0fJQ shU – jqGIzpWiAHmsOkMEkhShMKP_ WKMbj2Os6V5s2Tq5aC2hRlXyu10 GEjrvPwvvwihaTUudj2xURrkfsGUpFmSkJ6gFYI4kbNvEo2zSKdI2RbQ1UnDZFEAK1Hl FtA2eOAea8sjD_ JbCemCAZiPjZzxB7cdoUMBoC7x201g0Eprr1SJrmHgio。

44. 《"一带一路"上的经济走廊：孟中印缅经济走廊》，中国经济网，ht-tp：//intl. ce. cn/specials/zbjj/201704/19/t20170419_ 22133032. shtml。

45. 《焦涌："一带一路"是基建投资非常好的机遇》，人民网 – 国际频道，ht-tp：//world. people. com. cn/n1/2017/0409/c1002 – 29197768. html。

46. 《"一带一路"3 年中国在海外建设重大能源项目40 个》，中国电力，ht-tp：//www. chinapower. com. cn/guonei/20161026/61885. html。

47. 《中国国际产能合作已取得积极成果》，搜狐财经，http：//mt. sohu. com/

d201612 14/121584500_ 498851. shtml。

48. 中华人民共和国驻维也纳联合国和其他国际组织代表团：《中国经济的蓝图——李克强总理给〈经济学人〉年刊〈世界 2016〉的撰文》，http：//www. fmprc. gov. cn/ce/cgvienna/chn/gdxw/t1323281. htm。

49. 田志：《"国际产能合作"是中国多大一盘棋》，财经网，http：//comments. caijing. com. cn/20160519/4121490. shtml，2016 年 5 月。

50. 中华人民共和国商务部：《2016 年商务工作年终综述之四："一带一路"经贸合作取得积极进展》，http：//www. mofcom. gov. cn/article/ae/ai/201612/20161202 379998. shtml。

51. "走出去"公共服务平台：《通过确认考核的境外经贸合作区名录》，http：//fec. mofcom. gov. cn/article/jwjmhzq/article01. shtml。

52. 中华人民共和国商务部：《2016 年商务工作年终综述之四："一带一路"经贸合作取得积极进展》，http：//www. mofcom. gov. cn/article/ae/ai/201612/20161202 379998. shtml。

53. 《以国际产能合作推动互利多赢》，新华网，http：//news. xinhuanet. com/mrdx/2015 - 07/03/c_ 134378338. htm。

54. 井华、王南海：《中国国际产能合作已取得积极成果》，《国际融资》2016 年第 12 期。

55. 《十七大报告解读：把自由贸易区建设提到战略高度》，中华人民共和国中央人民政府网，http：//www. gov. cn/jrzg/2007 - 12/14/content_ 833950. htm。

56. 《中国自贸区建设不断向纵深推进》，新华网，http：//news. xinhuanet. com/fortune/2017 - 01/13/c_ 1120302119. htm。

57. 《2016 年中国实际使用外资 8132. 2 亿元增长 4. 1%》，中国网财经商务部，http：//finance. china. com. cn/news/20170113/4068884. shtml。

58. 赵羊：《RCEP 对中日韩自贸区的影响及中国的对策》，《经营管理者》2014 年第 23 期。

59. 权江辉、许佳佳、李思然：《一带一路"与自贸区的对接》，《商》2016 年第 19 期。

60. 黄楚婷：《跨境电商搭共享经济快车由乱而治比拼服务》，《通信信息报》2017 年 2 月 11 日，http：//www. ebrun. com/20170211/214004. shtml？eb = com_ dtl_ lcol_ xgyd_ z。

61. 李天研：《广州跨境电商贸易额近 150 亿规模居全国第一》，《广州日报》2017 年 2 月 9 日，http：//www. ebrun. com/20170209/213682. shtml？eb = com_ dtl_ lcol_ xgyd_ z。

62. 叶丹：《2018 年中国跨境电商交易规模或超 8 万亿》，《南方日报》2017 年 2 月 12 日，http：//www. ebrun. com/20170212/214021. shtml。

63. 科技部：《中国在国际科技创新合作中发挥关键作用》，http：//www. stdaily. com/zhuanti01/02chang/2017 – 02/16/content_ 515768. shtml。

64. 《中国国际科技合作将力争实现五大转变》，新华网，http：//news. xinhuanet. com/tech/2006 – 12/01/content_ 5417314. htm。

65. 靳晓明、孙洪等：《国家国际科技合作与交流专项 2015 年度报告》，http：//www. istcp. org. cn/2015% E7% A7% 91% E6% 8A% 80% E5% B9% B4% E6% 8A% A5/index. html。

66. 《甘肃与"一带一路"沿线国家开展多领域科技合作》，中国新闻网，http：//www. chinanews. com/sh/2016/10 – 14/8031497. shtml。

67. 《"一带一路"战略下，中国—东盟如何打造科技创新共同体?》，中国财经网，http：//finance. china. com. cn/roll/20160922/3913788. shtml。

第七章　展望

要点：

（1）新时期中国推进包容的可持续工业化进程中面临着机遇与挑战，但机遇大于挑战：新型城镇化成为推进包容的可持续工业化提供持久的动力源泉；《中国制造2025》的颁布与施行促进中国从"制造大国"向"制造强国"迈进；消费结构的转型升级极大地拓展了工业发展空间；大力推进供给侧结构性改革显著提升工业发展质量；"双创"战略促进工业的包容发展和创新发展；"互联网＋"战略有力塑造工业转型发展；区域协调发展战略有助于工业协调发展和包容性发展；"一带一路"战略则致力于将中国包容的可持续工业化推向国际舞台。

（2）为进一步推进包容的可持续工业化进程，中国需加快政府职能的转变，深化体制机制改革，全面提升产业治理水平；切实加强市场监管力度，营造公平竞争的市场环境；加强基础设施建设，提高基础设施韧性；构建工业创新网络，完善工业创新体系；合理使用、节约和保护资源，提高资源利用率；强化环境监督管理，加强污染防治力度，全面推行清洁生产；大力推进国际合作尤其是工业领域的国际合作。

2016 年 4 月，中国发表了《中国落实 2030 可持续发展议程立场文件》，明确了以"创新、协调、绿色、开放、包容"的新发展观作为中国推进落实工作的指导思想，同时提出了包括"和平发展""合作共赢""全面协调""包容开放""自主自愿""共同但有区别"六项指导原则。中国将坚持以"成果导向""本土导向""创新导向"和"合作导向"的精神来推进 2030 可持续发展目标，与世界各国携手并肩，应对各种全球性挑战，合力打造人类命运共同体。

从现在起到 2030 年，正是中国全面建设小康社会、全面实现工业化的关键时期。在此期间，我们要抓住历史性机遇，避免过早"去工业化"，推动中国经济社会转型升级，跨越"中等收入陷阱"，促进中国从"工业大国"到"工业强国"转变；坚持走新型工业化发展道路，统筹推进包容的可持续工业化和信息化、城镇化、农业现代化建设，促进中国从工业化社会向后工业化社会转型。

第一节　新时期中国包容的可持续工业化机遇

新时期中国工业迈上了新台阶，尽管今后中国工业发展面临诸多困难和挑战，但与此同时存在促进工业转型发展、创新发展、包容发展、绿色发展和可持续发展的良好机遇。应该说，未来 20 ~ 30 年，中国推行包容的可持续工业化面临的机遇大于风险和挑战，中国完全有可能实现真正意义上的"工业化"，进入后工业化社会。

一　新型城镇化为包容的可持续工业化提供持久的动力源泉

曾有专家指出：21 世纪对世界发展有影响的两件大事，一个是美国的高科技，另一个就是中国的城镇化。13 亿人的现代化和近 10 亿人的城镇化，在人类历史上是没有的，中国这条路走好了，不仅造福中国人民，对世界也是贡献。进入 21 世纪以来，中国城镇化率平均每年以超过 1% 的速率在增长。城镇化与工业化协同推进，为中国的可持续工业化注入强大的发展动力。

据统计，2016 年中国常住人口城镇化率为 57.35%，户籍人口城镇化率为 41.2%。① 按照规划，到 2020 年，常住人口城镇化率达到 60%、户籍人口城镇化率达到 45%。世界银行曾预计，20 年内中国将有 2/3 的人住在城市（户籍人口的概念），这意味着未来 20 年内，中国城镇化率仍将以每年近 1 个百分点的速率在增加，也就是说，每年有 1000 多万人实现从农村居民向城镇居民的转化。中国城镇化、工业化、农业现代化的推进，几亿人进入城市将释放出巨大的消费需求，足以支撑未来中国经济的持续发展。

中国的城镇化还存在不少难题，出路是走新型城镇化道路，即坚持走以人为本，坚持"四化"同步（"四化"即农业现代化、工业化、信息化、城镇化），优化布局，生态文明，传承文化的新型城镇化道路，建设更加包容、更加和谐的城市。当前，特别要解决好"三个 1 亿人"问题，即到 2020 年要让进城务工农民中的 1 亿人在城镇落户，变成真正的城里人；加快中西部地区城镇化进程，引导 1 亿农民自愿就近就地进城；集中力量进行棚户区和城市危房改造，解决好 1 亿人的居住问题。② 解决这"三个 1 亿人"问题，将有力促进社会劳动生产率的提高，促进人的全面发展，带

① 《2016 年中国户籍人口城镇化率为 41.2%》，中国经济网，http://www.ce.cn/xwzx/gnsz/gdxw/201702/28/t20170228_20584805.shtml。

② 李克强：《中国城镇化要解决好"三个 1 亿人"问题》，《京华时报》（微博）2015 年 7 月 1 日。

动各类消费和投资需求，从而为可持续工业化提供持久的动力源泉和新空间。

在新形势下，新型城镇化还要注重推进海绵城市建设和智慧城市建设。海绵城市是指通过加强城市规划建设管理，充分发挥建筑、道路和绿地、水系等生态系统对雨水的吸纳、蓄渗和缓释作用，有效控制雨水径流，实现自然积存、自然渗透、自然净化的城市发展方式。2015年10月国务院办公厅印发《关于推进海绵城市建设的指导意见》（国办发〔2015〕75号），要求综合采取"渗、滞、蓄、净、用、排"等措施，最大限度地减少城市开发建设对生态环境的影响，将70%的降雨就地消纳和利用。到2020年，城市建成区20%以上的面积达到目标要求；到2030年，城市建成区80%以上的面积达到目标要求。2017年3月5日十二届五次人大会上，李克强总理在《政府工作报告》中提到：统筹城市地上地下建设，再开工建设城市地下综合管廊2000公里以上，启动消除城区重点易涝区段三年行动，推进海绵城市建设，使城市既有"面子"，更有"里子"。

智慧城市有狭义和广义层次的理解。狭义层次的是指使用各种先进的技术手段尤其是信息技术手段改善城市状况，使城市生活便捷；广义上理解应是尽可能优化整合各种资源，城市规划、建筑让人赏心悦目，让生活在其中的市民可以陶冶性情心情愉快而不是压力，总之是适合人的全面发展的城市。基于国际上的智慧城市研究和实践，"智慧"的理念被解读为不仅仅是智能，即新一代信息技术的应用，更在于人类智慧的充分参与。推动智慧城市形成的两股力量：一是以物联网、云计算、移动互联网为代表的新一代信息技术；二是知识社会环境下逐步形成的开放城市创新生态。一个是技术创新层面的技术因素，另一个则是社会创新层面的社会经济因素。总之，智慧城市战略可以概括为：以先进信息技术特别是物联网技术的研发与推广应用为核心，逐步构建一个经济充满活力、社会管理高效、大众生活便利、环境优美和谐的城市生态，并通过这种立体、动态、自适应的智慧环境，进化出一种全新的城市文明方式，实现城市的科学发展和包容发展。

二 《中国制造2025》规划"制造强国"路线图

正在兴起的第三次工业革命，对中国制造业发展既带来极大的机遇，也形成极大的挑战。人工智能、数字制造、工业机器人、3D打印等现代制造技术的突破和成熟，正带领人类工业社会步入新的时代。这场以智能化、数字化、信息化技术为基础，以大规模定制和个性化制造为特点的第三次工业革命，从根本上解决了传统制造技术下新产品开发周期、产能利用、生产成本、产品性能、个性化需求等关键产品维度之间的冲突，实现了生产制造的综合优化和产品质量的大幅提升。在第三次工业革命所引致制造技术范式变化条件下，过去中国制造业发展所依赖的比较成本优势将被弱化，制造环节的全球重新布局可能导致国际直接投资的回溯，加上当前部分发达国家提出了"再工业化"战略，这些都迫使中国制造业要适应新的形势，必须提升在全球产业分工链中的位置，努力实现由低附加值向高附加值、由低技术密集向高技术密集、由粗放发展向精益制造、由大规模生产向大规模定制的全面战略转型。

《中国制造2025》（国发〔2015〕28号）是在全面评估第三次工业革命对中国制造业可能影响情况下而制定的。《中国制造

2025》是一种新的"赶超战略"，是中国实施制造强国战略第一个十年的行动纲领。该文件明确提出了通过"三步走"实现制造强国的战略目标：第一步：力争用十年时间，迈入制造强国行列；第二步：到 2035 年，中国制造业整体达到世界制造强国阵营中等水平；第三步：新中国成立一百年时，制造业大国地位更加巩固，综合实力进入世界制造强国前列。

《中国制造 2025》要点主要是以下内容。

◉一个使命。促进中国制造业向中高端发展，加快从制造大国转向制造强国进程。

◉一条主线。以信息化与工业化深度融合的数字化、网络化、智能化制造为主线，改造提升中国制造业。

◉两大方向。促进中国制造业智能制造、绿色制造。

◉两大任务。不仅要促进高新技术产业和战略性新兴产业发展，更要注重利用高新技术和新一代信息技术、互联网技术等促进传统产业改造升级。

◉三大愿景。希望通过持续努力，实现中国制造向中国智造、中国创造，中国速度向中国质量，中国产品向中国品牌的转变。

◉四大转型。促进中国制造业转型发展：一是由要素驱动向创新驱动转变；二是由低成本竞争优势向质量效益竞争优势转变；三是由资源消耗大、污染物排放多的粗放制造向绿色制造转变；四是由生产型制造向服务型制造转变。

◉五大工程。五大工程是战略任务的重点：一是制造业创新中心（工业技术研究基地）建设工程；二是智能制造工程；三是工业强基工程；四是绿色制造工程；五是高端装备创新工程。

◉十大领域。《中国制造 2025》确定了 10 个重点领域，包括重点发展新一代信息技术、高档数控机床和机器人、航空航天装备、海洋工程装备及高技术船舶、先进轨道交通装备、节能与新能源汽车、电力装备、农机装备、新材料、生物医药及高性能医疗器械。通过推进十大领域的智能制造和绿色制造，打造中国制造业升级版。

《中国制造 2025》颁布后，出台了一系列配套文件，很快形成"1＋X"文件支撑体系。目前的 11 个配套文件包括五大工程落实方案、四个专项规划和两个三年行动计划。五大工程方案即《中国制造 2025》已经确定的智能制造工程、高端装备创新工程、制造业创新中心工程、工业强基工程、绿色制造工程的落实方案。四个战略性领域专项规划分别是制造业人才发展规划、新材料产业发展规划、信息产业发展规划、医药工业发展规划。两个重要支撑性行动计划是制造业质量品牌提升三年行动计划和发展服务型制造三年行动计划。

实施《中国制造 2025》的纲领计划，促进工业由大变强是一项长期而艰巨的任务，必须紧紧抓住当前难得的战略机遇，积极应对挑战，坚持问题导向，加强统筹规划，突出创新驱动，制定特殊政策，发挥制度优势，动员全社会力量奋力拼搏，更多依靠中国装备、依托中国品牌，培育有中国特色的制造文化，实现制造业由大变强的历史跨越。

三　消费升级极大拓展工业发展空间

2011 年以来，中国消费贡献率开始超过投资贡献率，中国经济增长模式从投资主导转变为消费主导，消费已经取代投资成为中国经济增长的第一驱动力。据统计，2016 年最终消费支出对

GDP 增长贡献率高达 64.6%，正在逐步靠近发达国家平均水平（约 70%）。在消费主导经济增长的背后，是消费升级和新消费的崛起。今天，中国正步入大众消费和消费升级的新时代，城乡居民消费结构正在由生存型消费向发展型消费升级，由物质型消费向服务型消费升级，由传统消费向新型消费升级。

2015 年 11 月 23 日《国务院关于积极发挥新消费引领作用加快培育形成新供给新动力的指导意见》（国发〔2015〕66 号）指出，以传统消费提质升级、新型消费蓬勃兴起为主要内容的新消费，及其催生的相关产业发展、科技创新、基础设施建设和公共服务等领域的新投资新供给，蕴藏着巨大发展潜力和空间。具体来说，这些新消费主要有以下几种。

①服务消费。随着物质生活水平提高，教育、健康、养老、文化、旅游等既满足人民生活质量改善需求，又有利于人力资本积累和社会创造力增强的服务消费迅速增长。

②信息消费。信息技术的广泛运用特别是移动互联网的普及，正在改变消费习惯、变革消费模式、重塑消费流程，催生跨区跨境、线上线下、体验分享等多种消费业态兴起。

③绿色消费。生态文明理念和绿色消费观念日益深入人心，绿色消费从生态有机食品向空气净化器、净水器、节能节水器具、绿色家电、绿色建材等有利于节约资源、改善环境的商品和服务拓展。

④时尚消费。随着模仿型排浪式消费阶段的基本结束，个性化多样化消费渐成主流，特别是年轻一代更加偏好体现个性特征的时尚品牌商品和服务。

⑤品质消费。随着居民收入水平不断提高，广大消费者特别是中等收入群体对消费质量提出了更高要求，更加安全实用、更

为舒适美观，更有品味格调的品牌商品消费发展潜力巨大。

⑥农村消费。随着农村居民收入持续较快增长、城市消费示范效应扩散、消费观念和消费方式快速更新，农村消费表现出明显的梯度追赶型特征，在交通通信、文化娱乐、绿色环保、家电类耐用消费品和家用轿车等方面还有很大提升空间。

新消费和消费升级将为中国工业发展和科技创新提供巨大的成长空间。比如，信息消费催生互联网与协同制造、机器人、汽车、商业零售、交通运输、农业、教育、医疗、旅游、文化、娱乐等产业跨界融合，并且促进云计算、大数据、物联网等基础设施建设，以及可穿戴设备、智能家居等智能终端相关技术研发和产品服务发展提供了广阔前景。时尚消费将推动与消费者体验、个性化设计、柔性制造等相关的产业加速发展。绿色消费将推动循环经济、生态经济、低碳经济蓬勃发展，为生态农业、新能源、节能节水、资源综合利用、环境保护与污染治理、生态保护与修复等领域技术研发、生产服务能力提升和基础设施建设提供大量投资创业机会。品质消费则涉及几乎所有传统消费品和服务，将会带动传统产业改造提升和产品升级换代。

四　供给侧结构性改革提升工业发展质量

供给侧结构性改革，是党中央提出的适应和引领经济"新常态"的战略任务和政策方向，作为"十三五"时期的发展主线，重点是解放和发展生产力，用改革的办法推进结构调整，减少无效和低端供给，扩大有效和中高端供给，增强供给结构对需求结构的适应性和灵活性，提高全要素生产率。供给侧结构性改革，可以有效提升中国工业发展质量。

短期来看，供给侧结构性改革的重点是以"去产能、去库存、去杠杆、降成本、补短板"为核心的五大战术任务。在工业领域，集中解决钢铁、电解铝、水泥、平板玻璃、船舶等行业的产能过剩问题，提高产能利用率；提高企业研发强度，并加速技术创新转化为工业生产，驱动工业创新发展；在资源紧张和生态环境问题突出的背景下，逐步淘汰低效益的资源依赖型发展方式，实现工业发展与社会、自然的和谐，进一步推进中国包容的可持续工业化进程。

长期来看，供给侧结构性改革在落实"创新、协调、绿色、开放、共享"的五大发展理念基础上，促进工业发展方式的根本性转变。从历史发展上看，伴随着每一次科技革命都带来工业的新发展，工业生产力的快速发展必然会与已有的增长方式、发展模式、工业制度等相偏离，从而出现增长停滞。[1] 在经济放缓的新常态阶段，供给侧结构性改革能够有意识形成工业强国建设的有效体制机制，助推工业新理念的落实，加快实现工业增长新旧动能转换，从企业、产业和区域三个层面再造工业发展的新常态系统，从发展理念、制度安排等顶层设计上扫清工业发展新阶段的桎梏。[2]

五　"大众创业、万众创新"促进包容发展和创新发展

目前正在推进的"大众创业、万众创新"，通过激发全体民众的创造力，正在成为中国经济增长的新动能和"新引擎"。

① 贾康、苏京春：《"三驾马车"认知框架需对接供给侧的结构性动力机制构建——关于宏观经济学的深化探讨》，《全球化》2015 年第 3 期，第 63～69、117 页。
② 黄群慧：《论中国工业的供给侧结构性改革》，《中国工业经济》2016 年第 9 期，第 5～23 页。

"大众创业、万众创新"，既可以扩大就业、增加居民收入，又有利于促进社会纵向流动和公平正义，既需要大企业发挥旗舰作用，也需要中小企业千帆竞发，从而推动工业包容性发展。推进大众创业、万众创新，有利于弘扬"敢为人先、追求创新、百折不挠"的创业精神，厚植创新文化，不断增强创业创新意识，使创业创新成为全社会共同的价值追求和行为习惯，促进工业创新发展。

《国务院关于大力推进大众创业万众创新若干政策措施的意见》（国发〔2015〕32 号）提出，推进大众创业万众创新要"改革完善相关体制机制，构建普惠性政策扶持体系，推动资金链引导创业创新链、创业创新链支持产业链、产业链带动就业链"。《国务院关于加快构建大众创业万众创新支撑平台的指导意见》（国发〔2015〕53 号）则指出，众创、众包、众扶、众筹（以下统称四众）等大众创业万众创新支撑平台快速发展，新模式、新业态不断涌现，线上线下加快融合，对生产方式、生活方式、治理方式产生广泛而深刻的影响，动力强劲，潜力巨大。推进"双创"和发展"四众"，有利于激发蕴藏在人民群众之中的无穷智慧和创造力，将中国的人力资源优势迅速转化为人力资本优势，促进科技创新，拓展就业空间，汇聚发展新动能；有利于加快网络经济和实体经济融合，充分利用国内国际创新资源，提高生产效率，助推"中国制造2025"，加快转型升级，壮大分享经济，培育新的经济增长点；有利于促进政府加快完善与新经济形态相适应的体制机制，创新管理方式，提升服务能力，释放改革红利；有利于实现机会公平、权利公平、人人参与又人人受益的包容性增长，探索一条中国特色的众人创富、劳动致富之路。

六　"互联网＋"全方位塑造工业转型发展

"互联网＋"是把互联网的创新成果与经济社会各领域深度融合，推动技术进步、效率提升和组织变革，提升实体经济创新力和生产力，形成更广泛的以互联网为基础设施和创新要素的经济社会发展新形态。[①] 在制造业领域，随着云计算、物联网、移动互联网、智能终端、大数据等技术研发和产业化的重大突破和进展，"互联网＋"行动正在改变传统的制造业资源配置方式、研发模式、生产经营模式乃至企业组织和产业结构，在大幅提升制造业创新能力与生产效率的同时，使全球产业竞争格局面临深刻调整和重构。[②]

为抓住"互联网＋"对制造业变革与发展带来的重大历史机遇，同时为应对全球金融危机以来的经济复苏乏力，以美国工业互联网、德国"工业4.0"为代表，发达国家纷纷提出了以重振制造业为核心的"再工业化"战略。其核心思想就是通过深化互联网技术与工业技术的融合，构建万物互联、信息深度挖掘的信息物理系统（CPS），并以此为基础提升制造业生产效率和智能化水平，实现生产制造方式的智能化、网络化、绿色化和服务化，抢占全球制造业竞争的制高点。[③] 在此背景下，国务院于2015年5月制定出台了面向未来十年的制造业发展规划《中国制造2025》，该规划再次强调要以信息化与工业化深入融合为主线，以智能制造为主攻方向的，

---

① 《国务院关于积极推进"互联网＋"行动的指导意见》（国发〔2015〕40号），政府网，http://www.gov.cn/zhengce/content/2015-07/04/content_10002.htm。

② 童有好：《互联网＋制造业的路径与依据》，《企业管理》2015年第6期。

③ 杨帅：《工业4.0与工业互联网：比较、启示与应对策略》，《当代财经》2015年第8期，第99~107页。

致力于使中国制造业由大变强，在未来十年迈入制造强国的行列。同年 7 月，国务院印发《关于积极推进"互联网＋"行动的指导意见》，着力推进互联网由消费向生产领域拓展的同时，明确了国家重点支持的"互联网＋"行动的 11 个领域。2016 年 5 月，国务院印发《关于深化制造业与互联网融合发展的指导意见》，进一步明确制造业作为国民经济的主体，是实施"互联网＋"行动的主战场。

上述各国致力于重振或提升制造业竞争力的战略部署表明了一种全球性的共识，即互联网与制造业的深度融合代表了制造业未来的发展方向和各国打造产业竞争力的主要途径。对面临经济结构调整和发展方式转变的中国而言，互联网＋制造业为中国推进工业转型升级、实现制造业由大变强提供了难得的战略机遇。自 1994 年中国全功能接入国际互联网以来，中国的互联网企业、产业应用规模在全球处于举足轻重的地位，全球十大互联网公司中国占了 4 家，前 30 家中国占 40％以上；中国互联网产业的实力仅次于美国，拥有全球级别的竞争力。与此同时，2010 年以来，中国制造业增加值世界占比接近或超过 20％，已经成为全球制造业第一大国。中国互联网与制造业不仅拥有其他国家无法比拟的规模优势，而且为互联网与制造业融合提供了广阔空间，两者深度融合形成的叠加效应、聚合效应、倍增效应，将有效激发制造企业的创新活力、发展潜力和转型动力，加快推动"中国制造"提质增效升级，实现从工业大国向工业强国迈进。

七 国内区域协调发展要求工业协调发展

当前，中国地区经济发展仍不平衡，这既是中国工业化非均衡发展的结果，又为中国下一步工业的包容性发展和转型升级提供了机遇。总体来看，中国从 20 世纪 80 年代起进入加速工业化时期，工业以年增长率超过 10% 以上的速度推动 GDP 年增长率达到 9% ~ 10%，使得中国在 2010 年已成为仅次于美国的世界第二大经济体。但从工业发展的区域特征来看，中国不同区域工业发展不均衡、不协调状况普遍存在。目前中国东部地区正逐步进入工业化后期阶段，北京、上海、天津已步入后工业化阶段，中西部地区大多仍处于工业高速增长的工业化中期阶段。因此，中国区域发展所面临的"不平衡、不协调、不可持续"矛盾大都同工业增长有关，工业既是中国的骄傲，也是中国的问题。目前中国产业转型升级在区域结构方面存在的挑战，主要表现为城镇化发展滞后、中西部地区发展滞后、城乡和区域之间生活条件和基本公共服务差距较大等问题。促进中国区域经济协调发展，既是当前中国工业转型升级的重要历史任务，也是中国工业继续保持可持续发展的动力。

当前，中国正在推动京津冀一体化发展、长江经济带建设、"一带一路"建设等区域协调发展战略，一方面，区域协调发展战略的实施有利于工业在不同区域的梯度发展，有利于工业协调发展和包容性发展；另一方面，不同地区工业形成协调发展的分工格局，有利于推动区域协调发展。区域协调发展要求工业协调发展，这为中国经济发展提供了足够广阔的市场空间和增长潜力，有利于包容性、可持续工业化发展。

八　"一带一路"建设打造可持续工业化国际舞台

中国"一带一路"倡议和联合国"2030 可持续发展议程"都将可持续发展作为长远目标。"一带一路"所确定的国际发展合作五大重点领域，包括政策沟通、设施联通、贸易畅通、资金融通、民心相通，与 2030 议程中的 17 项可持续发展目标有着内在的密切关系。"一带一路"作为国际发展合作的一个开放和包容的新型平台，可以为可持续工业化做出重大贡献。"一带一路"建设，既是中国经济发展到今天的客观需要，也契合发展中国家工业化和发达国家再工业化的需求，是扩大南南合作、深化南北合作的重要途径。

"一带一路"在经济领域方面以基础设施建设和工业制造业合作作为重点。大力发展基础设施建设，是基于"一带一路"沿线国家大部分是发展中国家，基础设施发展相对落后的事实。"一带一路"基础设施投资将带来对建筑、建材和机械交通等各类设备的巨大需求，而这些领域对于中国而言具有较强的比较优势。通过区域基础设施投资，"一带一路"能促进资源、资金、人员和知识在各沿线国家的相互流通，其正外部性将提高整体生产率和社会福利①。

在工业制造业领域合作方面，"一带一路"为中国工业企业重塑产业链提供了重要平台。通过向"一带一路"国家投资，一些领先的中国制造业企业可以在更广的范围配置资源。这一方面有利于中国企业获取有效和稳定的资源及市场，另一方面也帮助一些"一带一路"沿线国家融合进现代的全球制造业产业链。随着"一带一路"区域产业链的形成，"一带一路"倡议下的贸易关系可以从传统的基于比较优势的产业间贸易升级为更加动态的、基于直接投资的现代产业内贸易。通过境外经贸产业合作区建设的方式进行国际制造业合作是"一带一路"倡议的主要内容之一。合作区不仅仅是为制造业提供必要的基础

---

① 翟凡、张岸天：《从"中国工厂"到"一带一路产业链"》，http：//finance.sina.com.cn/zl/bank/2017 - 05 - 12/zl - ifyfeivp5632800.shtml。

设施，同时助力创建贸易与商业网络。在与沿线国家的合作中，工业合作园区作为产能合作的重要模式，中国通过与"一带一路"沿线国家工业合作园区的建设，有力地推动了东道国工业化进程和相关产业发展，特别是轻纺、家电、钢铁、建材、化工、汽车、机械等重点产业，不断发展和升级①。

第二节　推进中国可持续工业化的对策建议

在中国彻底实现工业化之前，工业继续发挥着"大国筋骨"的作用。《中国落实 2030 可持续发展议程立场文件》把"推动工业化进程"作为九个重点领域和优先方向之一，提出"统筹推进包容和可持续工业化和信息化、城镇化、农业现代化建设，为城乡区域协调发展、经济社会协调发展注入动力；在改造提升传统产业的基础上，培育壮大先进制造业和新兴产业"。为推进中国包容的可持续工业化进程，提出如下对策建议。

一　深化体制机制改革，提升政府产业治理水平

加快转变政府职能，全面推进依法行政，创新政府管理方式，加强制造业发展战略、规划、政策、标准等制定和实施，强化行业自律和公共服务能力建设，提高产业治理水平。简政放权，深化行政审批制度改革，规范审批事项，简化程序，明确时限；适时修订政府核准的投资项目目录，落实企业投资主体地位。深化国有

---

① 《"一带一路"工业合作园促当地工业化进程》，中国新闻网，http：//news. china. com/finance/11155042/20170510/30509078. html。

企业改革，完善公司治理结构，有序发展混合所有制经济，进一步破除各种形式的行业垄断，取消对非公有制经济的不合理限制。

加快生产要素价格市场化改革，完善主要由市场决定价格的机制，合理配置公共资源。推行节能量、碳排放权、排污权、水权交易制度改革，加快资源税从价计征，推动环境保护费改税。完善排污收费制度，健全自然资源有偿使用制度和价格体系。在允许排污限度内，建立污染生产者（排放者）对污染受损者的补偿制度。

二 创新市场监管方式，营造公平竞争市场环境

深化工业产品和服务的市场准入制度改革，实施负面清单管理，加强事中事后监管，全面清理和废止不利于全国统一市场建设的政策措施。实施科学规范的行业准入制度，制定和完善制造业节能节地节水、环保、技术、安全等准入标准，加强对国家强制性标准实施的监督检查，统一执法，以市场化手段引导企业进行结构调整和转型升级。

切实加强监管，打击制售假冒伪劣行为，严厉惩处市场垄断和不正当竞争行为，为企业创造良好生产经营环境。加快发展技术市场，健全知识产权创造、运用、管理、保护机制。完善工业淘汰落后产能工作涉及的职工安置、债务清偿、企业转产等政策措施，健全市场退出机制。进一步减轻企业负担，实施涉企收费清单制度，建立全国涉企收费项目库，取缔各种不合理收费和摊派，加强监督检查和问责。推进制造业企业信用体系建设，建设中国制造信用数据库，建立健全企业信用动态评价、守信激励和失信惩戒机制。强化企业社会责任建设，推行企业产品标准、质量、安

全自我声明和监督制度。

三 加强基础设施建设，提高基础设施韧性

目前，中国工业化和城镇化发展正处于深化阶段，一方面由于中国区域发展不平衡、不协调，很多地区基础设施还很不完备；另一方面，一些城市基础设施已经陈旧，大量的洪涝灾害、高温、干旱等极端气候现象不断考验着城市基础设施的安全性与可靠性，尤其是信息化基础设施与国外相比还相差较大，建立质量高和复原能力强的基础设施，建设具备抵御灾害能力的基础设施，已是中国目前工业发展和城市建设的当务之急。

贯彻落实国家"十三五"规划，实施重大公共设施和基础设施工程，加快构建高速、移动、安全、泛在的新一代信息基础设施，加快完善水利、铁路、公路、水运、民航、通用航空、管道、邮政等基础设施网络，加强城市公共交通、防洪防涝等设施建设，实施城市地下管网改造工程。

着力推进新型城镇化建设，落实《国家新型城镇化规划（2014~2020）》，重点加强城市道路交通（地铁、轻轨、大容量公交等）、城市管网（供水、污水、雨水、燃气、供热、通信、电网、排水防涝、防洪以及城市地下综合管廊试点等）、污水和垃圾处理、生态园林四个方面的城市基础设施建设。

积极落实《关于推进海绵城市建设的指导意见》，加快推进海绵城市建设，修复城市水生态、涵养水资源，增强城市防涝能力，扩大公共产品有效投资，提高新型城镇化质量，促进人与自然和谐发展。发挥市场配置资源的决定性作用和政府的调控引导作用，加大政策支持力度，营造良好发展环境。积极推广政府和社会资

本合作（PPP）、特许经营等模式，吸引社会资本广泛参与海绵城市建设。

四 构建工业创新网络，完善工业创新体系

加强顶层设计，加快建立以创新中心为核心载体、以公共服务平台和工程数据中心为重要支撑的制造业创新网络，建立市场化的创新方向选择机制和鼓励创新的风险分担、利益共享机制。完善政产学研用协同创新机制，改革技术创新管理体制机制和项目经费分配、成果评价和转化机制，促进科技成果资本化、产业化，激发制造业创新活力。

充分利用现有科技资源，围绕制造业重大共性需求，采取政府与社会合作、政产学研用产业创新战略联盟等新机制新模式，形成一批制造业创新中心（工业技术研究基地），开展关键共性重大技术研究和产业化应用示范。强化企业技术创新主体地位，支持企业提升创新能力，推进国家技术创新示范企业和企业技术中心建设。发挥行业骨干企业的主导作用和高等院校、科研院所的基础作用，建立一批产业创新联盟，开展政产学研用协同创新。建设一批促进制造业协同创新的公共服务平台，规范服务标准，开展技术研发、检验检测、技术评价、质量认证等专业化服务。

完善科技成果转化运行机制，研究制定促进科技成果转化和产业化的指导意见，建立完善科技成果信息发布和共享平台，健全以技术交易市场为核心的技术转移和产业化服务体系。完善科技成果转化激励机制，推动事业单位科技成果使用、处置和收益管理改革，健全科技成果科学评估和市场定价机制。完善科技成果转化协同推进机制，引导政产学研用按照市场规律和创新规律

加强合作，促进科技成果转化和推广应用。

五　合理使用、节约和保护资源，加强工业污染防治力度

合理使用、节约和保护资源，提高资源利用率。加快淘汰能耗高、效率低、污染重的技术、工艺和设备，重点发展节约和替代石油技术、洁净煤、节电、多联供、余热余压回收、"三废"综合利用、共伴生矿产资源综合回收利用以及再生资源回收利用等技术。实行"以水定供、以供定需"的布局原则，缺水地区严格限制新上高耗水项目，大力推广先进的节水技术、工艺和设备。加强工业废水循环利用，大量使用清洁能源，大幅度减少煤炭消费量，关闭一批污染严重、缺乏规模经济的火电项目，鼓励和促进风能、太阳能、地热、生物能源等可再生能源的开发利用。

切实推进工业污染控制方式的"三转变"，即从终端控制向全过程控制转变，从分散治理向集中和分散相结合的方式转变，从浓度控制向浓度与总量控制相结合的方式转变。组织实施传统制造业能效提升、清洁生产、节水治污、循环利用等专项技术改造。开展重大节能环保、资源综合利用、再制造、低碳技术产业化示范。国家和地方应制定更为严格的总量控制目标和行动方案，进一步加强重点区域的环境整治。

建立工业污染限期达标时间表，力争在5年内逐步实现各类污染源的达标排放，使全社会明确环保政策预期，对厂商和投资者形成环保压力。对污染严重的企业实行强制性关停，鼓励公民举报。加强工业绿色化技术的开发和应用，重点安排高浓度、难降解的工业废水治理、燃煤除尘脱硫、汽车尾气控制、固体废物污染控制、无害环境技术等重大关键技术的开发。

六　强化环境监督管理，全面推行清洁生产

建立适应市场经济的新型资源与环境管理体制，尤其要健全环境保护的法规体系、管理体系、监督体系。各级环保执法部门必须履行环保工作统一监督管理的职能，规范执法行为，严格环保执法，提高执法的透明度，加强国家和各地环保部门和监察部门对环境执法的行政监察。创造群众和社会团体参与环保执法监督的渠道，建立政府、民间、非政府组织、企业之间的伙伴关系；鼓励公众参与，发挥新闻的监督作用，广泛披露环保信息，提高全民的环保意识。

定期调整清洁生产标准和原则，实施重点区域、流域、行业清洁生产水平提升计划，扎实推进大气、水、土壤污染源头防治专项。引入"谁投资、谁收益"的环境治理原则，采用税收、环境认证、环境标志等市场手段鼓励企业采用清洁生产技术。积极鼓励外资、企业和私人资本向环境治理和生态建设投资。提高重点行业清洁生产的技术标准、生产标准和进入门槛，淘汰落后产能，限制产能过剩行业的无序扩张，全面推行清洁生产。研究、引进、消化和推广实用的清洁生产技术，努力从产品设计、原料选择、工艺改革、基础设施管理、生产过程内部循环、产品环境审计等多方面促进企业推行清洁生产，逐步对工业产品和服务实施环境标志强制认证。制定绿色产品、绿色工厂、绿色园区、绿色企业标准体系，开展绿色评价。

七　优化工业结构和布局，重视对中小企业的指导和服务

优化工业结构，使技术密集型、资本密集型和劳动密集型产业协调发展。既要考虑中国参与国际竞争抢占产业未来制高点的

需要，大力发展"互联网＋"、物联网、生物技术工程、航空航天、新材料和新能源等高新技术产业，增强中国在高精尖工业技术领域的竞争力；也要考虑中国人口规模大、人力资源结构不合理的实际，选择性发展一些劳动密集型产业以达到充分就业，通过劳动密集型产业来发展民生、扶贫脱困；还应贯彻资源生态可持续发展的要求，大力发展环保产业，建立环保产业服务体系，规范和培育环保产业市场；限制或禁止发展高物耗、高能耗、高水耗、高排放、高污染的产业，逐步实现工业绿色化目标。

改善工业区域布局。鼓励加工工业集中的沿海发达地区，重点发展附加值高、技术含量高、能源和原材料消耗低的技术密集型产业和服务业；中西部资源富集地区，重点发展能源、原材料工业，并根据技术经济条件逐步发展资源深加工和高新技术产业。不同区域中由于中小企业排放点分散、污染物种类多，大多没有经过处理直接排放到环境中，容易成为监督盲点、难点。因此，对中小企业要根据其特点重点加强指导，在实施预防为主的同时，应为中小企业提供环保技术服务，建设废物处理的公共设施，集中处理废弃物。

八 完善对外交流合作长效机制，开展工业可持续发展领域国际合作

充分利用多边和双边合作机制，加强节能减排、气候变化、清洁技术、清洁能源开发等方面的交流对话，积极参与工业绿色发展相关谈判和相关规则制定，推动建立公平、透明、合理的全球绿色发展新秩序。加强与联合国开发计划署、全球环境基金等的合作，继续推进与联合国工业发展组织在工业绿色发展领域的

合作交流。在中欧、中美及相关国际组织等合作框架下，推动双边及多边政府部门、研究机构、行业协会、相关企业间的交流互动，深入推进中欧绿色产品政策交流与对话，加强中美绿色能源开发利用领域交流合作。支持港澳等地区与内地合作开展节能环保展示交流活动。

积极参与全球环境合作，承担全球环境责任，利用国际社会对环境保护项目的支持，以多种方式吸引国外资金和技术，缩短中国在环境保护方面与发达国家的差距，提高中国的资源综合利用和环保技术水平。共同开发国际资源，以补充那些国内勘探投入大而且又十分稀缺的矿产资源和森林资源。大幅度降低高能耗高污染强度原材料（如钢材、化工原料、合成纤维、化肥、纸浆、水泥等）进口关税税率，提高进口比率。

积极推进国际产能合作，尤其是与"一带一路"沿线国家跨境基础设施建设和产能合作。依托多年来积累的技术优势和丰富经验，凭借较低的成本和可靠的质量，中国企业与沿线国家共建高速铁路、地铁、公路、港口等现代化设施；推进产能合作特别是制造业领域的合作，与沿线农业国、资源国共建现代化产业体系，通过工业化的手段，通过项目的合作，带动这些国家解决就业和民生问题；大力推进"一带一路"经贸合作园区建设，打造中国企业集群式走出去的平台，使境外经贸合作区建设发展成为深化投资合作、移植复制中国发展经验的重要载体。

参考文献：

1. 黄群慧：《论中国工业的供给侧结构性改革》，《中国工业经济》2016 年第 9 期。

2. 李克强：《中国城镇化要解决好"三个 1 亿人"问题》，《京华时报》2015年 7 月 1 日。

3. 贾康、苏京春：《"三驾马车"认知框架需对接供给侧的结构性动力机制构建——关于宏观经济学的深化探讨》，《全球化》2015 年第 3 期。

4. 郭朝先、王宏霞：《中国制造业发展与"中国制造 2025"规划》，《经济研究参考》2015 年第 31 期。

5. 童有好：《互联网＋制造业的路径与依据》，《企业管理》2015 年第 6 期。

6. 杨帅：《工业 4.0 与工业互联网：比较、启示与应对策略》，《当代财经》2015 年第 8 期。

索　引

可持续工业化　　1，2，7，9～
　　11，28～30，36，39，41，
　　44～46，49～51，53，55，
　　62，78，92，102，116，
　　186，241，242，252，267，
　　343，349，358，359，367，373

比较优势　　23，150，206，
　　216，222，241，246，282，372

产能过剩　　241～244，262，
　　367，378

产学研协同创新　　79～81，85，
　　126

创新驱动　　1，9～11，29～
　　32，44，94，108，117，
　　185～187，223～225，236，
　　237，245，258，263～265，
　　267，343，344，352，
　　363，364

大众创业、万众创新　　41，
　　367，368

工业比重　　128，129，138，
　　140

工业化　　1～29，31，32，
　　34～39，41～49，51～55，
　　60，64，70，91～96，99，
　　102，104，106，108，124～
　　130，135，138～140，156～
　　161，163，168～189，194～
　　197，200，202，204，206，
　　209，216，219～225，231～
　　233，235～242，246，250，
　　252～258，263，264，266～
　　268，276～279，282，292，
　　299，314，317，319，320，
　　323，331，343，353，359～
　　361，363，369～373，375，

380，382

工业结构 16，34，129，
139，140，145 ~ 147，150，
170，171，179，184，185，
232，239，264，274，
352，378

工业强国战略 1，29

工业体制改革 189

工业增长 1，45，124，
129，130，184，209，221 ~
223，225，227，237 ~ 239，
265，323，367，371

供给侧结构性改革 35，39 ~
42，149，243，358，366，
367，380

国际产能合作 220，266，
267，293，297，299，316 ~
321，323 ~ 325，355，
356，380

国家创新体系 30，44，45，
77，78，86，344

过早地去工业化 6，7

核心技术 31，103，104，
241，244 ~ 246，324

互联网+ 16，72，164，224，

255，358，368 ~ 370，379

基础设施韧性 2，32，358，
375

精准产业政策 2，40

境内自贸园区（FTZ） 326

科技伙伴计划 349，350

跨境基础设施建设 299，
380

两端挤压 241，254，255

两化融合 27，90，102，
160，224，225，227，245，
264

绿色制造 2，9，33 ~ 35，
42，51，92，155，223，
230，231，279，363，364

南南合作 349，350

区域协调发展 2，10，29，
39，40，233，249，358，
370，371，373

全球价值链 30，31，241，
247，248，254，264

全球治理 217，220

全球自贸区（FTA） 332

人才强国 45，107，108，
124

人口红利　241，258，
259

韧性城市　60，66~68，124，
127

四化同步　1，28，29

脱实向虚　37，92，241，
260，262，263

五化协同　189，221，
223

新工业革命　241，255~257

新型城镇化　237，358~
361，375

新型工业化道路　1，26，
27，29，46，52，124~126，
150，222，223，225，253，
254，276，278，279

要素驱动　187，222~224，
237，363

"一带一路"倡议　16，23，
24，220，266，267，291，
299，302，315，323，
371，372

有为政府　186，189，235

有效市场　186，189，235

再工业化　5，6，16，26，
27，31，38，44，90~94，
124，125，255，362，369

智能制造　2，6，32，35，
36，39，42，51，95，99，
105，106，276，279，363，
364，369

中国制造2025　16，22，27，
30，31，33，34，40，105，
155，159~161，224，229，
255，263，276，352，358，
362~364，369

中小企业发展　2，10，40，
45，115~117，119~121，
123，126

资源环境约束　222，241，
252，253

自由贸易区　267，293，
294，297，322，325~328，
332，334，337~340，350，
356

后　记

　　本书是"2030 年可持续发展议程研究书系"中的一本，对应联合国可持续发展目标（SDGs）之目标 9：建造有抵御灾害能力的基础设施，促进包容性的可持续工业化，推动创新。

　　本书的研究框架和写作提纲是在课题组反复讨论的基础上形成的。初稿提供情况如下：第一章，黄群慧；第二章，胡文龙、王路；第三章，黄群慧、郭朝先、徐佳婧、熊丽；第四章，刘艳红；第五章，郭朝先、刘芳、胡雨朦；第六章，刘艳红、邓雪莹、皮思明；第七章，郭朝先、胡文龙、刘艳红等。全书最后由黄群慧、郭朝先、刘艳红审阅、定稿。

　　值本书付梓之际，我们衷心地感谢本丛书的相关组织者，感谢社会科学文献出版社，你们的努力和辛勤劳动为本书出版提供了极大帮助！

　　由于成书时间仓促和我们的研究水平有限，书中的疏漏和不足之处在所难免，恳请读者批评指正。

黄群慧

2017 年 6 月 15 日

图书在版编目（CIP）数据

可持续工业化与创新驱动／黄群慧等著. -- 北京：
社会科学文献出版社，2017.12
（2030年可持续发展议程研究书系）
ISBN 978 - 7 - 5201 - 1460 - 8

Ⅰ.①可…　Ⅱ.①黄　Ⅲ.①工业化 - 可持续性发展
- 研究 - 中国　Ⅳ.①F424

中国版本图书馆 CIP 数据核字（2017）第 240076 号

·2030 年可持续发展议程研究书系·

可持续工业化与创新驱动

著　　者／黄群慧　郭朝先　刘艳红　胡文龙　等

出 版 人／谢寿光
项目统筹／恽　薇　陈凤玲
责任编辑／宋淑洁

出　　版／社会科学文献出版社·人文分社（010）59367215
　　　　　地址：北京市北三环中路甲 29 号院华龙大厦　邮编：100029
　　　　　网址：www. ssap. com. cn
发　　行／市场营销中心（010）59367081　59367018
印　　装／北京季蜂印刷有限公司

规　　格／开 本：787mm × 1092mm　1/16
　　　　　印 张：24.5　字 数：286 千字
版　　次／2017 年 12 月第 1 版　2017 年 12 月第 1 次印刷
书　　号／ISBN 978 - 7 - 5201 - 1460 - 8
定　　价／99.00 元

本书如有印装质量问题，请与读者服务中心（010 - 59367028）联系